LECTIONES

Tercera edición

MARGARITA FUENTESECA

CATEDRÁTICA DE DERECHO ROMANO
UNIVERSIDAD DE VIGO

LECTIONES

Tercera edición

Barcelona
2024

JMB
BOSCH EDITOR

Primera edición: Septiembre 2020
Segunda edición: Julio 2021
Tercera edición: Junio 2024

 **BOSCH EDITOR**

Librería Bosch, S.L.
http://www.jmboscheditor.com
http://www.libreriabosch.com
E-mail: editorial@jmboscheditor.com

ISBN papel: 978-84-10044-84-5
ISBN digital: 978-84-10044-85-2
D.L: B 11876-2024

Diseño portada y maquetación: CRISTINA PAYÁ ☏ +34 672 661 611

Printed in Spain – Impreso en España

Índice

EVOLUCIÓN HISTÓRICA Y FUENTES DEL DERECHO ROMANO. SUJETOS DE DERECHO Y NEGOCIO JURÍDICO

LECCIÓN 1

Evolución histórica y fuentes del Derecho romano: etapa republicana

1. Contexto histórico del Derecho romano y etapas evolutivas

El Derecho romano se puede definir, para establecer un primer encuadramiento histórico, como el sistema jurídico bajo el cual se organizó la vida social y política del pueblo romano, desde los tiempos de la fundación de Roma (753 a.C.) hasta la muerte de Justiniano (565 d.C.). Este emperador intentó la reconstrucción territorial del imperio romano, sin lograrlo, pero, en cambio, obtuvo el gran éxito de lograr la promulgación de una gran compilación del Derecho romano, que se denominó más tarde *Corpus Iuris Civilis*.

Cuando se produjo la promulgación de esta compilación en la parte oriental del imperio romano, la parte occidental del imperio ya había sido conquistada por pueblos de procedencia germánica. Se sitúa la caída del imperio romano de Occidente en el año 476 d.C. Fue posteriormente, a inicios de la Edad Media, cuando retomó el estudio de los manuscritos latinos de la compilación justinianea, que sirvieron de base para la ciencia del derecho europeo occidental.

Es imprescindible, antes de comenzar con el estudio del Derecho romano, conocer las diferentes fases o etapas que pueden diferenciarse en su evolución histórica. Sirven para situar, con mayor exactitud, las instituciones jurídicas que son objeto de estudio, cuyo significado varía según la etapa histórica de la que se trate. La distinción de las etapas se puede hacer desde diferentes puntos de vista.

Según la evolución del Estado romano, las formas sucesivas en que se organizó la vida política romana son: la monarquía, la república y el imperio. En cada una de estas formas políticas existe una concepción propia de la justicia y del derecho. Los conceptos fundamentales como el de ley (*lex*) o el de derecho (*ius*) tienen distinto significado en la monarquía, en la república o en el imperio. Hay un orden jurídico distinto según la forma política imperante.

Otra forma de periodizar el sistema jurídico romano toma como base la evolución de la jurisprudencia romana (*iurisprudentia*), que estaba constituida por el conjunto de los escritos que contenían resoluciones dadas a los diferentes problemas jurídicos por los conocedores y estudiosos del derecho (los *iurisprudentes*). Se pueden distinguir etapas sucesivas, tomando como base la etapa clásica de la jurisprudencia, en la que el pensamiento romano alcanzó la más alta calidad, una etapa previa, la preclásica, y otra posterior, la postclásica. Pero aunque la labor jurisprudencial fue extraordinaria en Roma, su evolución se explica únicamente en función de cada una de las formas políticas, antes mencionadas, que adoptaba el Estado romano.

2. Fundamentos del Derecho romano: *ius Quiritium* y *ius gentium*

El derecho primitivo romano está constituido por una serie de normas, costumbres y usos sociales o modos de vivir que se consideraban reglas de conducta que debían ser respetadas porque provenían de los antepasados (*mores maiorum*) y que constituyeron de hecho el sistema normativo del periodo monárquico romano.

El Derecho romano arcaico surge a partir de estas costumbres de los antepasados y se va consolidando cuando se empieza a distinguir la noción de derecho (*ius*) frente a las normas o ritos de contenido religioso o sagrado (*fas*), y sobre todo tras la reunión de las reglas del derecho, aplicables a los ciudadanos romano (*ius civile*), en una sola norma, la ley las XII Tablas.

La noción de Derecho surge cuando el *ius* se desliga de la concepción religiosa para convertirse en normas de naturaleza jurídica, pues entonces *fas* significa licitud religiosa más que jurídica. El *ius* sería licitud jurídica y el *fas* licitud religiosa. Por ejemplo, en el proceso, a partir de las XII Tablas, se decide lo que es justo (*ius*) frente a lo que es injusto (no es *ius: iniustum*).

Y la noción más antigua es la del *ius Quiritium*, que es el derecho de los ciudadanos romanos armados con lanza, los *quirites*. El término *ius Quiritium* está ligado a la fundación de Roma, y puede estar relacionado bien con el dios *Quirinus*, identificado con Rómulo, el fundador de Roma, o bien con los habitantes sabinos del monte quirinal, o bien con el término sabino *curis* o *quiris*, que significaba lanza.

Los *quirites* eran los más antiguos ciudadanos romanos, esto es, los titulares plenos de los derechos de los ciudadanos. Se piensa que el *ius Quiritium* correspondió en un principio a los patricios. Con el tiempo la expresión *ius Quiritium* se empleó para referirse a los derechos propios de los ciudadanos romanos, y la adquisición de la ciudadanía romana implicaba la adquisición del *ius*

Quiritium. Es, por tanto, el derecho del ciudadano romano (*civis*) que vive en la *civitas*. El derecho de propiedad de los ciudadanos romanos se llamó *dominium ex iure Quiritium* y a partir de este concepto se formaron la mayoría de las instituciones de derecho privado romano.

Por otra parte, en un plano distinto a la noción de derecho del ciudadano romano se encuentra la noción de *ius gentium*, que era el derecho de la razón natural, que se consideraba que estaba vigente entre todos los pueblos. En ciertos casos, en Roma, se reconocían como vigentes normas y principios procedentes del *ius gentium*, que Gayo define como el derecho que por la razón natural se observa igualmente entre todos los hombres, y que es más antiguo y nació con el mismo género humano (D. 41.1.1pr.).P. ej., la entrega de una cosa o *traditio* es una forma de enajenar que pertenece al *ius gentium*, porque se entiende, por derecho natural, que el dueño que entrega una cosa, quiere transferirla a otro (D. 41.1.9.3).

3. La ley de las XII Tablas

En algunos relatos históricos se afirma que hacia mediados del siglo V a.C. se produjo el nombramiento de una comisión de diez personas, a la que se dio el encargo de escribir las leyes (*decemviri legibus scribundis*). Esta comisión habría redactado en el año 450 a.C. las diez primeras tablas, a las que se añadieron otras dos redactadas en el año siguiente. Las normas atribuidas a los decenviros se denominaron ley de las XII Tablas (*lex duodecim tabularum*) o también leyes decenvirales (*leges decemvirales*). Según Pomponio (D. 1.2.2.4), fueron colgadas en los púlpitos del foro, para que pudieran conocerse con claridad.

Es cuestionable que se realizase una redacción unitaria del *ius civile* en ese momento tan remoto. Lo que sí parece cierto es que se pueden tomar las XII Tablas como momento fundacional del derecho civil, al que se puede remontar la vigencia de una serie de principios o normas, sobre las cuales se fundamentó y a partir de las que emanó todo el *ius* civile (D. 1.2.2.6). Las XII Tablas han servido para fijar un momento a partir del cual existe la certeza de la existencia de unas normas sobre las que se basó la ordenación jurídica de la vida ciudadana romana, y se pueden considerar sentadas las bases de un ordenamiento jurídico dotado de estabilidad. Y ya puede aceptarse como vigente la diferenciación entre el concepto de ley (*lex*) y de derecho (*ius*), que sería el que emana de la ley.

Las normas que contenía la ley de las XII Tablas han sido reconstruidas por los estudiosos del Derecho romano, gracias a las menciones y remisiones que, en las fuentes romanas, se hacen al contenido de esta ley. En los escritos de los juristas clásicos, en las constituciones imperiales y también en las fuentes literarias –Cicerón y Varrón, entre otros–, aparecen remisiones a normas de las XII Tablas, que nos dan seguridad de su existencia. Pero hay otras normas respecto a las cuales los estudiosos dudan incluso que hayan existido, o de su verdadero contenido.

Sea como fuere, se puede resumir el contenido de las XII Tablas agrupándolo en cinco temas esenciales, sobre los que se fundamentará luego todo el Derecho romano.

En primer lugar, en las tres primeras tablas aparecen normas sobre las que se sientan las bases del más arcaico proceso romano y se establecen los trámites rituales mediante los cuales se encauzaba la resolución de los conflictos entre los ciudadanos. En la primera tabla se regula la llamada a juicio. El que es llamado a juicio está obligado a ir, y si se niega, en presencia de testigos, podrá ser obligado por la fuerza a acudir mediante la *manus iniectio* (tabla I, 1-3). Las normas procesales de las XII Tablas se sitúan en el contexto del más antiguo ritual procesal romano, que fue el procedimiento de las *legis actiones*, y por eso las estudiamos más adelante.

En segundo lugar, existen también normas relativas a la familia y la herencia, cuya regulación se atribuye a las tablas IV y V. La emancipación del hijo se hacía mediante la repetición por tres veces de una ceremonia de venta formal y simulada, tras las cuales quedará liberado el hijo de la potestad (*potestas*) del padre (tabla IV, 1). Por otra parte, se admite que una persona haga una manifestación verbal y vinculante, estableciendo la ley por la que se regirá su sucesión, esto es, cómo se repartirán sus bienes después de su muerte (tabla IV, 6 o tabla VI, 1). Y en el caso de que una persona muera sin haber hecho esta manifestación solemne, se dispone cómo tendrá lugar la sucesión intestada (tabla V, 1-3).

En tercer lugar, también existen normas reguladoras de la *mancipatio* y la adquisición de la propiedad (tablas VI y VII). La *mancipatio* es un negocio jurídico formal y solemne, que es traslativo de la propiedad (*dominium ex iure Quiritium*) cuando se realiza a cambio de un precio (*emptionis causa*), porque a la vez el que vende asume la responsabilidad por *auctoritas*, esto es, responde de que ha transmitido el verdadero título de dueño (tabla VI, 2). Pero se puede utilizar también la *mancipatio* como negocio jurídico formal para la consecución de otros efectos jurídicos, porque las palabras pronunciadas en el acto de celebración deben cumplirse como una ley entre las partes (*uti lingua nuncupassit, ita ius esto*… tabla VI, 1).

En cuarto lugar, se atribuyen también a las XII Tablas normas que regulan las relaciones de vecindad, p. ej. la que se refiere a las vigas entre los edificios (tabla VI, 8-9), o las que permiten el corte de la rama del árbol del vecino, que se extiende sobre el fundo propio, o la recogida de los frutos que caigan en el fundo vecino, que puede realizarse en días alternos (tabla VII, 8-9).

En quinto lugar, se establecen sanciones para los delitos en las tablas VIII y IX. En la tabla VIII, 1 se sanciona con la pena de muerte al que realiza un hechizo o un encantamiento contra otro. Se impone la pena del talión al que arrancó o desgarró una extremidad del cuerpo de otro (tabla VIII, 2: *si membrum rupit ni cum eo pacit talio esto*). La rotura de un hueso se sanciona con 300 ases, si la sufrió un hombre libre, y con 150 ases si la sufrió un esclavo (tabla VIII, 3); la injuria menos grave u ofensa al honor se sanciona con 25 ases (tabla VIII, 4).

El ladrón que comete *furtum* (*manifestum*) puede ser matado si es sorprendido por la noche y también, aunque no sea de noche, si se defiende con un arma (tabla IX, 1-2). En el caso de que el ladrón no sea atrapado en flagrante delito (*furtum nec manifestum*), la condena que se le impone será del doble del valor de la cosa robada (tabla IX, 6).

Finalmente se establecen normas de orden en la ciudad, prohibiendo quemar o enterrar cadáveres en la ciudad (tabla X, 1) y normas para la ordenación de los funerales (tabla X, 4-5), y se prohíben las reuniones nocturnas (tabla X, 9).

4.   La república romana: organización política

Antes de la república romana, los historiadores mencionan la existencia de un reino, normalmente con intención de mitificar los orígenes del pueblo romano. En las fuentes aparecen mencionados un *regnum*, en los primeros tiempos de Roma, y una serie de reyes sucesivos, a partir de Rómulo, que fue el mitológico héroe fundador de la ciudad, el último de los cuales, Tarquinio el Soberbio, habría sido derrocado en una revuelta que dio paso a la República.

A partir del siglo III a.C. Roma llevó a cabo un movimiento de expansión, que comenzó con las dos guerras púnicas contra Cartago (264-241 y 218-201 a.C.), por medio de las cuales fue adquiriendo la hegemonía en el ámbito del mar Mediterráneo, hasta imponerse definitivamente al poderío comercial de Cartago, tras la tercera de las guerras púnicas (149-146 a.C.). Desde el establecimiento de la provincia oriental de Macedonia (año 146 a.C.), y hasta la conquista de las Galias por Cesar, en la época final de la república (58-51 a.C.), prosigue el movimiento expansivo romano, que incluso anexiona territorios del Norte de África, p. ej. el Reino de Numidia, convertido en *Africa Nova*.

La organización jurídico-política de la república romana fue un ejemplo del máximo equilibrio en el reparto de las funciones de los poderes públicos que actuaban en la *civitas*: las magistraturas, el senado y las asambleas del pueblo.

Las magistraturas eran cargos públicos desempeñados por personas que realizaban diferentes y específicas funciones de gobierno. Su elección se realizaba por el pueblo, reunido en asambleas o comicios. Las asambleas organizadas por centurias (*comitia centuriata*) elegían a los magistrados de mayor rango, las asambleas organizadas por tribus (*comitia tributa*) elegían a los cuestores, *aediles curules* y otras magistraturas menores, y las asambleas de la plebe (*concilia plebis*), elegían a los tribunos y ediles plebeyos. La duración en el cargo era limitada, generalmente un año, salvo los censores, que ejercían su función durante 18 meses, y el *dictator*, que no podía ejercerlo durante más de seis meses. Otro rasgo muy relevante era el carácter honorífico o no remunerado de la magistratura; tenía su recompensa por el prestigio social que su ejercicio conllevaba.

El cónsul era la magistratura de más alto rango, al que correspondía la suprema *potestas* y el máximo *imperium*. Se elegían dos en los *comitia centuriata* y su característica principal era la colegialidad en el ejercicio del poder. Cada cónsul tenía todo el *imperium* y lo ejercía de forma independiente y autónoma, pudiendo oponer el veto a cualquier acto realizado por el otro en ejercicio de su *imperium*.

Aunque el *imperium* de los cónsules comprendía todo el mando militar y civil, y, por tanto, la administración de la ciudad (*civitas*) y de la justicia, no era un poder ilimitado, porque existían otras magistraturas con su propia esfera de poder. El *imperium* era un poder con amplísimas atribuciones, como el supremo mando militar (*imperium militiae*), el supremo mando dentro de la ciudad de Roma (política de impuestos, gestión de dinero público, también mantenimiento del orden público) y el *ius agendi cum patribus* (o *cum populo*), el derecho a convocar el senado (o los comicios), y el derecho a presidirlos y proponer las leyes que deberían ser votadas.

Otro magistrado fue el dictador (*dictator*), que era la más alta magistratura para realizar determinadas funciones en situaciones especiales. Era designado por los cónsules, previo acuerdo entre ellos, o por uno sin que el otro pudiera interponer la *intercessio*. La duración del cargo no podía exceder de seis meses, ni prorrogarse más allá de la fecha en que cesaban los cónsules que le nombraron. Podía ser nombrado como último recurso en caso de guerra o con el fin de realizar actos políticos o religiosos (ej. convocar comicios centuriados). El *imperium* de los dictadores era máximo, pero circunscrito a los límites de la actividad que le era encomendada.

El censor era un magistrado sin *imperium*, cuya elección correspondía a los *comitia centuriata*, cada cinco años. La permanencia del censor en su cargo no podía prolongarse más de 18 meses. Tenía la *potestas censoria* que le confería poder para la elaboración y renovación quinquenal del *census* de los ciudadanos romanos. En un edicto especificaba los criterios para valorar los bienes muebles e inmuebles de los *cives*, y así quedaban estos clasificados por categorías, según la cuantía de su patrimonio. También podía en el censo inscribir la *nota censoria*, junto al nombre de un determinado ciudadano, por ejemplo, si se le impuso por un juez una condena que llevaba aparejada la *infamia*, que tenía graves consecuencias, como la exclusión del cargo de juez, o la imposibilidad de actuar en juicio, tanto por sí mismo, como por medio de representantes.

Los cuestores eran una magistratura *sine imperium*. En la época más arcaica existieron los *quaestores parricidii* que juzgaban casos de homicidios. Aunque en su origen eran sólo dos, que ayudaban a los cónsules en las funciones de administración de la ciudad, su número fue aumentando hasta cuarenta en época de Cesar y sus funciones también, consistentes p. ej.: vigilancia del erario público, de los documentos públicos y de las insignias militares. También había *quaestores aquarii*, que vigilaban los servicios de acueductos o cuestores que se ocupaban de la administración de las legiones.

El tribuno de la plebe es una magistratura cuyo origen se remonta a las luchas entre patricios y plebeyos. El cargo era anual y los tribunos gozaban de inviolabilidad en el ejercicio de sus funciones. Su función era defender los intereses de la plebe. Tenía el *ius agendi cum plebe*, que era el poder exclusivo de convocar y presidir asambleas de la plebe; el *ius intercessionis*, que era el poder de vetar la actividad de otros magistrados ordinarios, excluido el censor, cuando un plebeyo denunciaba la violación de sus intereses, y el *ius coercitionis*, para sancionar a cualquier ciudadano, imponiendo multas o deteniendo a los que se resistían. A lo largo del siglo IV a.C., cuando terminaron las luchas entre patricios y plebeyos, pasaron a ser defensores de todo el pueblo frente a los abusos de los magistrados, manteniendo su inviolabilidad y su poder de *intercessio* para enfrentarse a los magistrados.

Existieron otros magistrados, como los ediles de la plebe, magistrados plebeyos que surgieron al mismo tiempo que los *tribuni*, como sus auxiliares, y los ediles curules, con funciones muy variadas, p.ej. la *cura urbis*, mantenimiento del orden de la ciudad, vigilancia de las actividades comerciales en los mercados, o bien la *cura ludorum*, la supervisión de los juegos públicos.

Pero la magistratura más relevante en cuanto a la administración de justicia se refiere, la ostentaba el pretor, como vamos a ver.

5.   El pretor y el derecho pretorio

El cargo del pretor fue creado por las Leyes *Liciniae-Sextiae* (367 a.C.). Estaba dotado de *imperium* para el ejercicio de la función jurisdiccional. El proceso formulario, como veremos, estaba dividido en dos partes: la fase *in iure*, que se celebraba ante el pretor, y la *apud iudicem*, que se celebraba ante el juez. El pretor presidía la primera y establecía las bases del procedimiento, ya que concedía o denegaba la acción para iniciarlo, una vez fijados los hechos y las circunstancias del caso que cada una de las partes alegaba. El pretor urbano tenía la *iurisdictio*, esto es, ordenaba la administración de justicia en la ciudad entre ciudadanos romanos (*qui inter cives ius dicit*, según la *lex Papiria de sacramentis* y *lex Laetoria de iurisdictione*).

Como magistratura con *imperium*, también tenía el pretor derecho a promulgar edictos (*ius edicendi*). El edicto era una colección de directrices procesales, que emitía el pretor en ejercicio del cargo, y que normalmente era adoptada, cada año, por su sucesor. Así se formó un fondo invariable de normas, que siempre aparecían en el edicto, y que se llamó *edictum traslaticium*. El edicto del pretor constituyó desde el siglo III a.C. una de las fuentes más importantes del derecho, porque servía para completar las rígidas normas del *ius civile*, renovándolo o adaptándolo a las nuevas situaciones sociales. Sobre el año 242 a.C. se creó el *praetor peregrinus*, que tenía competencia jurisdiccional (*iurisdictio*) cuando una de las partes era extranjera (D. 1.2.2.28, *praetor, qui ...inter peregrinos ius dicebat*).

Por mandato del emperador Adriano el jurista Salvio Juliano en el año 130 (d.C) reunió las normas del edicto del pretor urbano, lo que sirvió para que otros juristas escribieran comentarios al edicto del pretor. A su vez, los comentarios de estos juristas fueron recogidos en la compilación de Justiniano. Por estos motivos, el edicto del pretor ha sido objeto de intensa investigación por romanistas del siglo pasado y es todavía una fuente de conocimiento y estudio del Derecho romano.

El número de pretores que tenían jurisdicción en la *civitas* fue aumentando, elevándose su número a cuatro, una vez conquistadas Cerdeña, Sicilia e *Hispania* y la provincia de Narbona, esto es, uno por cada provincia conquistada, para que conociesen en parte de los asuntos urbanos y en parte de los provinciales. En época de Augusto ya eran 16, número que con Nerva ascendió a 18, con la función de administrar justicia en la ciudad (*in civitate ius dicunt*, D. 1.2.2.32 y D. 1.2.2.34). Pero en la etapa imperial romana existían también otros magistrados con *iurisdictio*, además del pretor, como veremos.

En la época republicana y a principios de la etapa clásica el derecho pretorio (*ius honorarium o praetorium*) es la verdadera fuente normativa del derecho. La base de la vida jurídica romana estaba constituida por el edicto del pretor urbano (*edictum praetoris urbani*), porque solo se le reconocía judicialmente un derecho al ciudadano cuando tenía una acción para perseguirlo, y es el pretor el que concede o deniega la acción, conforme a las normas del edicto. El pretor concedía una acción, esto es, reconocía el derecho a iniciar un procedimiento mediante las palabras *iudicium dabo*. Y la decisión la fundamentaba o bien en normas del *ius civile*, o bien en criterios de equidad.

Por tanto, coexistían el *ius civile*, que emanaba de las XII Tablas, y el derecho pretorio u honorario, que era el que aplicaba el pretor cuando en el *ius civile* no estaba prevista ninguna solución, o la que proporcionaba el *ius civile* no resultaba equitativa. Como lo define Papiniano, el derecho pretorio es el que los pretores introdujeron para ayudar, suplir o corregir el *ius civile* por causa de utilidad pública; y se llamaba derecho honorario por el honor del que estaba investido el pretor (D. 1.1.7.1).De esta forma se fue imponiendo el *ius honorarium*, fundamentado en la equidad, mientras se mantenía el rigor del *ius civile*.

Además, en cuanto era un magistrado con *imperium*, el pretor podía intervenir en el procedimiento mediante actos de autoridad. Podía, como veremos, prohibir que se ejerciese violencia entre particulares (*vim fieri veto*) mediante interdictos, u ordenar la restauración de un negocio jurídico a la situación anterior a su celebración porque causó un daño patrimonial a una de las partes (*restitutio in integrum*), u otorgar la *possessio* sobre determinados bienes a personas que no estaban legitimadas por el *ius civile*, etc.

6. La jurisprudencia republicana

A finales de la república romana resultaba ya muy importante la labor que realizaban los *iurisprudentes*, que son los que conocedores del derecho (*ius*). Su función consistía en desarrollar los formularios para los negocios jurídicos (*cavere*) y emitir dictámenes sobre cuestiones de derecho (*respondere de iure*). Se puede situar ya en este momento el comienzo de la enseñanza del Derecho, que estaba unida a la actividad práctica de los juristas. Los juristas debían dar los motivos en que fundamentaban su resolución, y se comenzaron a plantear discusiones jurídicas de mayor profundidad.

Los primeros escritos fueron colecciones de fórmulas y de respuestas a casos prácticos, pero a partir del s. II a.C existen ya exposiciones más amplias, como la de Sexto Elio, llamada *tripertita*, porque está dividida en tres partes: texto de las XII Tablas, *interpretatio* (interpretación que se había dado a la ley en la práctica de los juristas) y formularios procesales (D. 1.2.2.38). Y se establecieron por los juristas una serie de reglas, que se referían a problemas concretos, como p.ej., la *regula Catoniana*, de M. Porcio Catón (referida a la validez del legado, D. 34.7.1.pr).

Se considera que Publio Mucio Scévola fue junto a Bruto y Manilio, uno de los fundadores del derecho civil (según Pomponio, D. 1.2.2.39: *qui fundaverunt ius civile*), pero no conocemos sus escritos. De Quinto Mucio Scévola (cónsul en el año 95 a.C., llamado *pontifex* para diferenciarse de su antecesor) se ha dicho (Pomponio, D. 1.2.2.41) que fue el primero que hizo una clasificación del *ius civile*. Conocemos fragmentos de su obra más importante, una exposición completa del *ius civile* en 18 libros, que estuvo en uso hasta finales de la época clásica.

También destaca, como discípulo del anterior, C. Aquilio Galo, pero el más eminente jurista de fines de la república fue Servio Sulpicio Rufo, que realizó un primer comentario –breve– al edicto del pretor (D. 1.2.2.44), y entre sus discípulos, ya de época del emperador Augusto, destacan A. Ofilio y P. Alfeno Varo, quien escribió la primera obra que lleva por nombre *digesta* y realizó una compilación de las respuestas de Servio Sulpicio.

Conocemos, pues, la ciencia jurídica republicana solo por medio de algunos fragmentos dispersos y a través de las citas de otros juristas posteriores. Pero tuvo gran importancia, porque los juristas crearon el método científico de análisis del derecho, del cual emanaron los grandes principios jurídicos, como p. ej. el de la protección de la buena fe, que propició el abandono del rígido formalismo que caracterizaba el derecho más antiguo. Así se allanó el camino hacia la época de máximo esplendor, la de la jurisprudencia clásica.

7. Legislación en época republicana y los senadoconsultos

En la etapa republicana las leyes eran populares, esto es, promulgadas por votación del pueblo convocado a tal efecto en asambleas (comicios, o *comitia*). También la plebe promulgaba plebiscitos, aprobados en sus propias asambleas (*concilia plebis*), que por una *lex Hortensia* (hacia 287 a. C) fueron equiparados a las leyes (D. 1.2.2.8).

Las leyes solo podían ser votadas a propuesta de un magistrado con *ius agendi cum populo*, poder que sólo correspondía a los magistrados superiores: cónsules, dictadores y pretores. Se publicaba la fecha de reunión de la asamblea (*promulgatio*), y el día de la votación, obtenida la venia de los dioses (*auscpicium*), se leía el proyecto de ley y se preguntaba al pueblo si lo aprobaba (*rogatio*). Según el tipo de asamblea convocada, el pueblo votaba por curias, centurias o tribus. Después era necesario que el senado refrendase la ley (*auctoritas patrum*).

Existía también la categoría de la *lex data*, que era, p.ej., una ley para constituir o administrar colonias y municipios, como las leyes dadas a los municipios de la *Baetica* romana de *Urso*, *Salpensa* y *Malaca* (actuales Osuna y Utrera, provincia de Sevilla, y provincia de Málaga[1]). *Lex data* era también la que concedía la ciudadanía a ciertos habitantes o territorios.

Por otra parte, el senado romano, aparte de la ratificación de las leyes populares, emitía dictámenes (*senatus consulta*) que normalmente impulsaban la promulgación de leyes y tenían enorme influencia en la política interna y exterior de Roma, siendo la función del senado el cuidado –o gobierno– de la república (*cura reipublicae*, D. 1.2.2.9). Sobre todo a partir de las guerras púnicas, cuando la magistratura anual del cónsul resultó insuficiente para la administración de todo el territorio conquistado, el senado fue adquiriendo una influencia cada vez mayor, pero no asumió función legislativa hasta que, en la etapa del principado, iniciada por el emperador Augusto, se acabó por abandonar la república como forma política del Estado romano.

---

1   Vid. FIRA, *Leges*, p. 177 ss.

Etapa imperial: principado y dominado. Justiniano

1. El principado y el Derecho clásico romano

1.1. Organización política del principado

La expansión territorial experimentada por el pueblo romano durante el apogeo de la república tuvo como consecuencias una gran inestabilidad política y fuertes tensiones sociales, acompañadas u ocasionadas por un desequilibrio económico, que dio lugar a varios intentos de reforma política, desde los hermanos Gracos hasta Cesar. Después de largas guerras exteriores y descomposición interna, la república acabó perdiendo su fundamento.

Tras la muerte de Cesar en el año 44 a.C., Marco Antonio pretendió asumir la herencia de César, quien, sin embargo, había nombrado a Octavio heredero e hijo adoptivo. Se formaron sucesivamente dos triunviratos, que eran magistraturas extraordinarias que se constituyeron para la restauración de la república (*triumviros reipublicae constituendae causa creatos*, Aulo Gelio, N.A. 14.7.5).

Después de una serie de acontecimientos, Octavio vence en la batalla de *Actium* (año 31 a.C.), quedando Oriente y Occidente reunificados bajo su dominio. Se suele considerar el año 27 a.C. el punto de arranque del principado porque ese año Octavio, que quería conseguir una legitimación de todo los poderes que había recibido anteriormente, los devolvió al Senado. Este, sin embargo, le concedió el *cognomen* de *Augustus* –se convirtió en *imperator Caesar Augustus*– y le permitió que conservara el consulado y los títulos de *imperator* y *princeps*. En los años siguientes es elegido *consul* anualmente y se le otorga el privilegio de no estar ligado por las leyes (*legibus solutio*). Recibe, entre otros, la *tribunicia potestas* vitalicia y el *imperium proconsulare*, también vitalicio y sin limitaciones territoriales, la *potestas* censoria y la *cura legum et morum* o gobierno de las leyes y costumbres, alcanzando también la dignidad de *pontifex maximus*.

Aunque Augusto se presentó siempre como restaurador de la república, nunca se volvió a ella. Los antiguos órganos políticos y de gobierno de la república (asambleas, senado y magistraturas) se fueron transformando. La nueva organización del Estado romano trajo consigo, naturalmente, un cambio en las nociones de ley y del derecho (*ius*), pero, a la vez, la etapa de mayor esplendor de la *iurisprudentia*.

Después de Augusto gobernaron varios emperadores pertenecientes a su estirpe julio-claudia (14-68 d.C., Tiberio, Calígula, Claudio y Nerón). Tras el año de los cuatro emperadores (Galba, Otón, Vitelio y Vespasiano), entre los años 69 y 96 d.C. gobiernan los emperadores de la dinastía flavia (Vespasiano, Tito y Domiciano) y posteriormente, desde el año 96 a 192, gobierna la estirpe antoniniana (Nerva, Trajano, Adriano, Antonino Pío, Marco Aurelio, Lucio Vero, Cómodo). Por último, la etapa final del principado, que se extiende entre los años 193 y 235, es la de los emperadores Severos, que será seguida de un largo periodo de anarquía y crisis hasta la proclamación como emperador de Diocleciano (año 284), el instaurador del nuevo régimen, el Dominado.

1.2. La jurisprudencia clásica

La etapa del Derecho romano clásico se corresponde con la época del principado, esto es, los dos primeros siglos de nuestra era, hasta la muerte del emperador Alejandro Severo (año 235). En esa época el derecho alcanzó su máximo desarrollo, gracias a la combinación de la actividad legislativa del *Princeps* y la labor de los *iurisprudentes*.

Es la etapa de mayor esplendor de la *iurisprudentia*. Existían a partir de Augusto determinados juristas que tenían el *ius publice respondendi*, esto es, la facultad de emitir dictámenes en nombre del emperador (*ex auctoritate principis*), que eran entregados a quien hacía la consulta, sellados y por escrito, para ser presentados al juez en el procedimiento (D. 1.2.2.49). Las resoluciones de estos juristas estaban respaldadas, por tanto, por la autoridad, que le era atribuida al emperador, también en otros órdenes de la vida social y política romana.

Además, la influencia o autoridad que, en el ámbito socio-político y judicial adquirieron los juristas privilegiados por el emperador se acrecentó porque, desde el emperador Adriano, eran miembros del *consilium principis* un ciertos número de *iurisprudentes* (D. 27.1.30). Y los más importantes cargos de la administración imperial comenzaron a estar ocupados principalmente por juristas, creándose, junto a la carrera militar, otra civil, en la que el mérito preferente era ser experto en derecho.

La literatura jurídica clásica es principalmente casuística, esto es, se caracteriza por contener la resolución de casos que se planteaban (reales o inventados) los juristas. El género literario predominante son las colecciones de respuestas (*responsa*) a casos prácticos concretos, a los que, en ciertos casos, les son dadas soluciones más generales. Estas prácticamente no se distinguen de los escritos llamados *quaestiones* y *disputationes*, que parecen obedecer más bien a criterios didácticos. Obras de mayor extensión son los *digesta*, una exposición ordenada por materias jurídicas, siguiendo el orden del edicto de Adriano, o bien de las leyes o de los senadoconsultos que las regulan.

Los juristas también escribieron libros de comentarios, como los realizados al edicto del pretor, y al derecho civil, p. ej. el de la primera mitad del s. I (d.C.) de Masurio Sabino: *tres libri iuris civilis*. Y también escribieron libros destinados a la enseñanza del derecho (instituciones o *instituta*), lo que demuestra ya el inicio del abandono de la casuística, en favor de una exposición conjunta, ordenada y sistematizada del derecho. Y junto a los libros didácticos, existieron otras obras de tipo más elemental, llamadas *regulae, definitiones, sententiae*, en las que se trataba, de forma concreta y resumida, algún principio jurídico de reconocida importancia.

El volumen de los escritos de los juristas clásicos fue enorme, y los conocemos principalmente a través de la recopilación que, de estos, mandó hacer Justiniano entre los años 530 a 533.

Labeón es el más destacado jurista de los inicios de la época clásica. Según Pomponio, dejó escritos más de 400 *volumina*, entre los cuales destacan sus comentarios al edicto del pretor urbano y del pretor peregrino. De sus obras, los compiladores del Digesto solo tuvieron noticia por los resúmenes de los juristas posteriores a él. Persona de gran cultura histórica y gramatical (según Aulo Gelio, N. A. 13.10.1), conocía la literatura jurídica anterior a él. También el jurista Sabino alcanzó gran fama por sus *tres libri iuris civilis*, obra muy completa de derecho civil, sobre la que sus sucesores escribieron comentarios. Casio también escribió una extensa obra de derecho civil, y Próculo una colección de dictámenes, titulados *epistulae*.

En el s. II es cuando la jurisprudencia alcanza su culmen. Los juristas ocuparon los más altos puestos tanto en la ciudad de Roma como en el gobierno provincial. Figura destacada fue Javoleno Prisco, que hizo una recopilación de los *libri posteriores* de Labeón y del derecho civil de Casio; y semejante género literario cultivaron Aristón, consejero de Trajano, y Neracio Prisco, que perteneció al *consilium* del Trajano y Adriano.

Los más amplios tratados o *digesta* nos los han dejado Celso y Salvio Juliano, que codificó el edicto del pretor por orden del emperador Adriano, de estilo y pensamiento jurídico verdaderamente clásico, y que en muchas controversias tuvo la última palabra. Su obra aparece recopilada por su discípulo Sexto Cecilio Africano, en sus *quaestiones*.

La originalidad de Celso y Juliano los convierte en los mejores representantes de la jurisprudencia clásica, junto a Pomponio, jurista de método enciclopédico, cuya obra es monumental, y que escribió tres grandes comentarios: *ad Quintum Mucium, ad Sabinum*, y *ad edictum* (D. 40.5.20) y una introducción a un manual (*enchiridium*).

Análogo en importancia como jurista, es Gayo, por la extensión de su obra, donde destacan especialmente sus Instituciones (4 libros, hacia el año 161 d.C.), que es una de las pocas de época clásica que conocemos de primera mano, ya que, en el año 1816 se descubrió por el historiador, filólogo y político Niebuhr el texto original de la obra en un palimpsesto en la Biblioteca Nacional de Verona. Establece Gayo, en una exposición didáctica del derecho, una clasificación de las materias jurídicas, que distingue entre entre personas, cosas y acciones. Las Instituciones de Gayo son determinantes para conocer y entender las instituciones de derecho clásico romano, y tuvo ya importante repercusión en la época posterior al jurista, porque Justiniano incluyó algunos de sus pasajes en las Instituciones del *Corpus Iuris*, y se han encontrado fragmentos de ella en papiros egipcios y otros pergaminos.

De la etapa clásica final es Papiniano, que ya en su tiempo fue considerado el más relevante de los juristas romanos. Tomando como base los escritos de los juristas clásicos, saca de ellos las enseñanzas más aprovechables, y propone las soluciones más avanzadas y precisas. Su actuación como jurista tuvo lugar con Septimio Severo, bajo cuyo mando ejerció cargos de gobierno, como secretario *a libellis* (D. 20.5.12.pr) y el cargo de prefecto pretorio, de gran relevancia en la administración de justicia. Pero el sucesor de Septimio Severo, Caracalla, lo mandó asesinar porque, según parece, el jurista se negó a justificar el asesinato realizado por el propio emperador, de su hermano y rival Geta.

El año de la muerte de Papiniano (año 212) se puede tomar como referencia para fijar el punto de inflexión hacia la etapa postclásica del Derecho romano, aunque todavía se pueden considerar clásicos otros juristas casi coetáneos, pero algo posteriores, como Ulpiano, que fue discípulo de aquel, y Paulo. Pero la actividad de estos como *iurisprudentes* ya era muy distinta, porque el derecho clásico había perdido su fuerza creadora o innovadora; ya no tenía sentido la distinción básica entre derecho civil y derecho honorario, y el procedimiento judicial ordinario, basado en un sistema de acciones y fórmulas, ya empezaba a ser superado por la nueva ordenación procesal, más burocratizada.

La amplia obra de Ulpiano contiene una enorme labor de recopilación de las obras de los juristas anteriores a él (*iura*), de comentarios al edicto del pretor, junto con las nuevas leyes de los emperadores (*leges*). A partir de Ulpiano la labor de la *iurisprudentia* consistió en interpretar las normas y fijar los conceptos y definiciones jurídicas. La labor de Ulpiano es más bien recopilatoria que inno-vadora, y por eso estuvo en condiciones de formular las grandes definiciones de conceptos jurídicos, como el de *iustitia*: *iustitia est constans et perpetua voluntas ius suum cuique tribuendi* (Ulp. *libro I, Regularum* D. 1.1.10pr), y de *iurisprudentia*, que es el conocimiento de las cosas divinas y humanas y la ciencia de lo justo y lo injusto (*libro I, Regularum,* D. 1.1.10.3).

Paulo, igual que Ulpiano, escribió extensos comentarios *ad edictum* y *ad Sabinum* y numerosas obras, y, al parecer, sus opiniones eran más estimadas que las de Ulpiano, pero, en definitiva, ambos recopilaron con gran sentido jurídico lo que ya había sido producido por la jurisprudencia clásica. Al lado de Paulo y Ulpiano, con los que se agota la fuerza creadora de la jurisprudencia, se pueden destacar como juristas clásicos, entre algunos otros, Marciano y Modestino.

1.3. La legislación imperial

Augusto se presentó como el primero de los ciudadanos romanos en la *civitas* (*princeps civitatis*), y siempre como restaurador de la república romana, en la cual eran titulares de la soberanía el pueblo y el senado. Así, pues, ni él ni sus sucesores tenían propiamente potestad legislativa derivada del orden cons-titucional. Por este motivo, las disposiciones imperiales, basadas en los amplios poderes del emperador, se llamaron constituciones (*constitutiones*), que llegaron a tener influencia decisiva en todos los ámbitos, también en el de la adminis-tración de justicia, y desde muy pronto fueron percibidas como leyes. Para los juristas del s.II estaba claro que las disposiciones del *princeps* tenían fuerza de ley (Gayo 1.5 y Ulpiano: *quod principi placuit, legis habet vigorem*…D. 1.4.1.pr; y Pomp. D. 1.2.2.12). La importancia de las *Constitutiones* imperiales va aumen-tando como nueva fuente de derecho, a medida que el emperador adquiere mayores poderes y autoridad.

Además, como cualquier otro magistrado, el emperador tenía el *ius edicen-di*, y los edictos emanados del emperador, por la progresiva acumulación de sus poderes, que ejerció vitaliciamente, fueron adquiriendo mucha relevancia y nor-malmente fueron asumidos por el sucesor, sin más renovación ni confirmación.

Asimismo, podía el emperador emitir decretos (*decreta*), que eran una manifestación especial del poder imperial, con la que, arrogándose función ju-risdiccional, se le consideraba facultado para conocer y resolver (*cognitio*) perso-nalmente cualquier cuestión litigiosa que se le presentase por algún magistrado. Dictaba el emperador sentencia en esta cuestión, una vez oído el *consilium*. En las audiencias el emperador se situaba en un elevado sitial (*tribunal*), igual que un magistrado republicano (D. 1.4.1.1).

También podía resolver, aquí por escrito, alguna cuestión que se le planteaba, por medio de rescriptos (*rescripta*). Podía tratarse de consultas realizadas por magistrados municipales, provinciales o territoriales, que el emperador contestaba en forma de carta (*epistula*), elaborada por una secretaría *ab epistulis* y suscrita por él. O bien podía tratarse de consultas de particulares (*libelli*), en cuyo caso, la respuesta, redactada por la secretaría *a libellis*, contenía el visto bueno del emperador (con la fórmula *scripsi*, o *rescripsi*). Por lo variado de su contenido, los rescriptos fueron adquiriendo cada vez más importancia, especialmente porque se le podía pedir mediante libelo la resolución de cuestiones litigiosas.

Igual que los magistrados republicanos, el emperador podía delegar en otras personas el ejercicio de ciertas funciones (*mandare, delegare*), y de esta forma se fueron creando una gran cantidad de cargos públicos con diferentes funciones de administración, cuya actuación se regulaba mediante *mandata*. En un principio tenían validez para la persona a quien iban dirigidos directamente, pero fueron adquiriendo validez general en cuanto el mandato se extendía al sucesor, sin modificaciones (p. ej., a los sucesivos gobernadores de provincias).

Finalmente, también el senado decayó como institución de control político. Con ánimo de mantener en apariencia el régimen republicano, el emperador presentaba sus proyectos, o los mandaba dar a conocer, ante el senado, donde cada vez encontraban menos oposición, hasta que, a finales del s. II los senadoconsultos se convirtieron en mera formalidad, ya que simplemente confirmaban la propuesta del emperador (*oratio*). La propuesta imperial se convertía ley mediante su lectura ante los senadores.

2. El dominado y el derecho postclásico

2.1. Organización política del dominado

Tras una etapa de caos transformó Diocleciano el principado en una monarquía absoluta y dio un nueva estructura al imperio. Intentó que el poder del emperador tuviese una autoridad más directa y dividió el imperio en dos grandes ámbitos de gobierno, el oriental y el occidental, repartiendo la soberanía. El general Maximiano recibió el título de *Augustus* y tuvo a su cargo el Occidente, mientras Diocleciano se reservó el gobierno de Oriente reteniendo la primacía del prestigio y el poder legislativo. Así se mantuvo la unidad entre Occidente y Oriente, pero comenzó la pérdida de la preponderancia de Roma, como sede de la tradición sociopolítica y cultural. Para asegurar su sucesión, ambos *Augusti* asociaron en vida a quienes habían de sucederles (dos césares: Galerio y Constancio Cloro), estableciéndose así un sistema de tetrarquía (de cuatro personas en cabeza del imperio).

En el ámbito económico destaca la reforma tributaria mediante una modificación de la confección del censo y del sistema monetario. La justicia estaba en manos del emperador o de los magistrados en los que él delegaba. En el ámbito religioso, para reforzar su autoridad, intentó Diocleciano vincular el poder del emperador con un origen divino y para mantener la unidad religiosa del imperio procedió a combatir el cristianismo, dando lugar a las persecuciones de cristianos más duras de la etapa imperial romana.

Así, a través de un amplio proceso de reformas, el emperador pasa a ser monarca absoluto. Se estableció así el régimen del dominado, en el que él es el *Dominus*, el Señor.

Cuando abdica Diocleciano, en el año 305, el sistema político de la tetrarquía resultó insostenible. Hubo una etapa de luchas por el poder hasta que se impuso definitivamente el emperador Constantino.

Constantino compartió entre los años 306-324 con Licinio el gobierno del Imperio, hasta que consigue la unidad de mando. Con el nuevo emperador se instaló la capital del imperio en el Oriente, en la ciudad de Bizancio (actual Estambul), refundada como Constantinopla, y prevalece el principio dinástico, imponiéndose de nuevo la sucesión hereditaria en el gobierno del imperio. Aunque su política es diferente a la de Diocleciano, hay, sin embargo, continuidad porque queda centralizado todo el poder imperial en una sola persona. Fue relevante la política religiosa de Constantino, especialmente cuando en el año 313 con el Edicto de Milán se estableció la libertad de culto (edicto de tolerancia) en el imperio.

Tras Constantino, rigió en el imperio su dinastía entre los años 337-364. Después continuó la dinastía valentiniana y la teodosiana, hasta que en el año 476 tuvo lugar la caída del Imperio romano de Occidente. En este año el último emperador romano, *Romulo Augustulo*, fue depuesto por Odoacro, jefe de la tribu germánica de los hérulos, que invadieron el imperio romano.

2.2. El derecho postclásico y primeras recopilaciones de leyes

Se considera que es derecho postclásico la evolución, en general, conservadora, que experimentaron los escritos de la jurisprudencia clásica, que se produjo desde mediados del siglo III hasta principios del s. V., junto a la legislación de los emperadores, que tenía por finalidad la adaptación del derecho clásico a las nuevas circunstancias sociales.

Bajo la autoridad absoluta del emperador no había espacio para el *ius respondendi* de los juristas, que fue desapareciendo, y la actividad de estos se centró en la emisión de los rescriptos en nombre del emperador. Los principios del derecho clásico fueron objeto de adaptación a las nuevas circunstancias sociales, y no hubo ya innovación o creación alguna por parte de la jurisprudencia. Las obras atribuidas a la etapa postclásica se ocultan bajo nombres de autores clásicos o son anónimas. Se considera que la obra, llamada Sentencias de Paulo, y también el Epítome de Ulpiano son una refundición de los escritos de estos juristas clásicos.

De la era de Diocleciano son las primeras recopilaciones de leyes (*leges*): el Código Gregoriano, donde se recopilan las leyes a partir de Adriano, y el Código Hermogeniano, posterior y más completo. Y también del s. IV son los *Fragmenta Vaticana* (descubiertos en 1821 en la Biblioteca Vaticana), formados por obras de juristas de finales de la época clásica (Papiniano, Paulo y Ulpiano) y por constituciones imperiales anteriores y posteriores a Constantino.

A inicios del s. V tanto los escritos de los *iurisprudentes* como la legislación imperial habían alcanzado tal volumen y dispersión que no era fácil dar soluciones precisas a casos concretos, especialmente en el ámbito judicial. Resultaba difícil de comprobar la exactitud de la cita de los juristas o de la constitución imperial que se pretendía aplicar. Por este motivo se promulgó la Ley de Citas del año 426, por los emperadores Valentiniano III y Teodosio II, donde se estableció que ante los tribunales exclusivamente podían citarse las obras de Papiniano, Paulo, Ulpiano, Modestino y Gayo, prevaleciendo, si sus opiniones eran diversas, la opinión mayoritaria, o bien, a falta de mayoría o en caso de empate, la de Papiniano.

Quedó claro que la cantidad de escritos de los juristas clásicos era inabarcable, y que era necesaria también una recopilación de las constituciones imperiales. La mandó realizar el emperador Teodosio, en el año 438, ordenando las constituciones (de Constantino en adelante) por materias y por orden cronológico. Valentiniano III impuso el código en el Occidente, entrando en vigor este *Codex Theodosianus* en todo el imperio romano el 1 de enero de 439. Pero, como es sabido, la caída del imperio romano de Occidente se produjo en el año 476.

3. Justiniano y el *Corpus Iuris Civilis*

A diferencia de lo sucedido en Occidente, en el Oriente el imperio romano-bizantino sobrevivió a las invasiones bárbaras. En el año 527 Justiniano llega al poder, e intenta reunificar el imperio y darle una nueva fortaleza política y militar. Pretendió restablecer la autoridad imperial en el Occidente, consiguiendo reconquistar territorios de África, y de las penínsulas itálica e ibérica, pero esta restauración fue frágil por el continuo asedio de los bárbaros y la debilidad de las fuerzas militares. Aunque tuvo gran relevancia su política socio-económica, la faceta por la que más ha destacado el emperador Justiniano es por su obra legislativa, ya que ordenó confeccionar la más importante recopilación del Derecho romano que ha llegada hasta nuestro días, gracias a la cual hemos podido conocer y estudiar sus instituciones jurídicas.

Justiniano hizo realidad el monumental proyecto de reunir en una sola obra todos los elementos que formaban el ordenamiento jurídico romano, por un lado, las constituciones de los emperadores (*leges*) y por otro el pensamiento de los juristas o *iurisprudentes* (*iura*). Con el ánimo de promulgar una obra ordenada y coherente, ordena Justiniano que, de los libros antiguos, se suprima lo que no está correctamente ubicado, o es superfluo o incompleto (Const. *Deo auctore*, C. 1.17.7), que se supriman las antinomias y que haya entre todas las partes del código una sola concordancia (C. 1.17.8).

El *Corpus Iuris Civilis*, llamado así más tarde, en Edad Media (por oposición al *Corpus Iuris Canonici*, de 1583), comprende cuatro partes: las Instituciones, el Digesto, el Código y las Novelas.

3.1. El Digesto (*Digestum* o Pandectas)

Justiniano ordenó compilar los *iura*, nombrando a una comisión encargada de este cometido en el año 530, que elaboró el Digesto con los pasajes de las obras de los *iurisprudentes* que se consideraban todavía vigentes y útiles. Se trataba de reunir en una sola obra todas los principios y reglas jurídicas emanadas de los juristas romanos, de la forma más sistemática y completa posible.

Al frente de la comisión estaba el jurista Triboniano, junto a otros 16 maestros y prácticos del derecho, todos ellos profesores de las escuelas de derecho orientales de Beirut y Constantinopla. El Digesto fue confeccionado en tres años, lo cual ha dado lugar a una importante discusión doctrinal en torno a cómo fue posible esa rápida elaboración (fue promulgado en 533, por la *constitutio Tanta*). Han surgido varias teorías para encontrar una explicación a esta cuestión, entre ellas la que sostiene que ya existía la recopilación de las opiniones de los juristas clásicos con anterioridad. Pero la compilación podría tener su origen, más bien, en la exposición y ordenación sistemática que ya hicieron los juristas clásicos más tardíos, como Ulpiano y Paulo (de Ulpiano es una tercera, de Paulo una sexta parte del Digesto, aunque aparecen en el Digesto citas de hasta cuarenta juristas).

El Digesto está compuesto de 50 libros, subdividido en títulos, y dentro de cada título hay también una enumeración de fragmentos, que llevan el nombre del jurista y de la obra concreta del que provienen (*inscriptio*, p.ej., D. 1.3.30, *Ulpianus libro IV ad Edictum*; D. 20.1.13.1, *Marcianus libro singulari ad formulam hypothecariam*). El nombre griego del Digesto es Pandectas, que significa ordenación o compilación de varias materias. Siguiendo las instrucciones del emperador Justiniano se recogieron los fragmentos de las obras de los juristas que se consideraban todavía útiles, con supresión de lo que había quedado obsoleto o antiguo.

Pero los humanistas del siglo XVI, al analizar el *Corpus Iuris Civilis*, creyeron detectar en el Digesto la existencia de una gran cantidad de interpolaciones, que serían cambios que los compiladores de Justiniano habrían introducido en el pensamiento de los juristas clásicos para adaptarlo a las nuevas condiciones socio-jurídicas imperantes en el tiempo en que fue confeccionado. Desde entonces, pero especialmente con gran intensidad durante la primera mitad del s. XX, la ciencia iusromanista se centró en buscar estas presuntas alteraciones del contenido de los pasajes del Digesto y esto ha dificultado enormemente el reconocimiento del verdadero sentido del pensamiento de los juristas clásicos. Si se consideraba que un pasaje del Digesto o una parte de él no era auténtico, cambiaba totalmente el sentido que se la atribuía a la institución que era objeto de investigación. Hoy en día se considera superado el método de intensa búsqueda y argumentación en torno a las interpolaciones. La tendencia actual en la ciencia iusromanista es considerar más bien auténticos los escritos de los juristas recogidos en el Digesto, reduciendo al mínimo la intervención de los compiladores.

3.2. Las Instituciones (*Instituta*)

Otra parte del *Corpus Iuris Civilis* está formada por las Instituciones (*Instituta*), que es un manual de enseñanza del derecho, que en Roma ya contaba con importantes antecedentes, como el de Gayo del siglo II d.C., o las instituciones de Ulpiano, de Florentino o de Marciano. Se trata de una exposición sistemática y sencilla de las instituciones de Derecho romano, en las que el emperador habla en primera persona, como si estuviera dando lecciones de derecho. Por este motivo, no se indican los nombres de los juristas de donde provienen los pasajes, a los que se agregan las novedades legislativas que introdujo Justiniano. Se divide en cuatro libros, que contienen una exposición ordenada de las instituciones del derecho romano. Se utilizó como manual de enseñanza de derecho en España hasta el siglo XIX.

3.3. El Código (*Codex*)

Es otra parte de las partes de la compilación justinianea. Existió un primer código del año 528, el *Codex Iustinianus* (o también *codex vetus*), a partir de cuya entrada en vigor todos los códigos antiguos y todas las leyes imperiales no contenidas en él (y que no constituían privilegios), quedaron derogadas. Pero Justiniano promulgó otras constituciones después del *Codex*, resolviendo cuestiones controvertidas y actualizando las normas más anticuadas, que se reunieron en una colección llamada *quinquaginta decisiones* (que no se ha conservado, al igual que el *codex vetus*). Se promulgó entonces un segundo *Codex*, en el año 534, con el nombre de *Codex Iustinianus repetitiae praelectionis*, compuesto de 12 libros, que contienen las constituciones desde Adriano hasta Justiniano, agrupadas por títulos, donde se recogen por materias las diversas constituciones, con indicación de la fecha (*suscriptio*), y del emperador que la promulgó y de la persona a quien iba dirigida (*inscriptio*).

3.4. Las Novelas (*Novellae leges*)

Justiniano siguió dictando constituciones después de la promulgación del *Codex*, que, al no estar recogidas en este, se llamaron *Novellae leges*. No existió una colección oficial, pero se recopilaron de forma privada, en el *Epitome Iuliani*, donde Juliano, profesor de derecho de Constantinopla, reunió las que habían sido escritas en latín entre 535 y 555, y tradujo las escritas en griego al latín (en total 125), en vida de Justiniano, probablemente para su uso en la parte occidental del imperio. Otra colección es la que se llamó desde el s. XII *Authenticum*, porque se consideró entonces el texto oficial, que contiene novelas de los años 535-556, con un total de 134.

3.5. La recepción del Derecho justinianeo en Occidente

Es difícil exponer en pocas líneas la repercusión posterior de la obra de Justiniano, ya que supone resumir drásticamente la evolución histórico-jurídica del derecho occidental desde la caída del imperio romano, hasta llegar a los actuales ordenamientos jurídico europeos.

Tras la llegada a Italia de la compilación, enviada por Justiniano mediante la *Pragmatica Sanctio* dirigida al papa *Vigilius*, no se retomó su estudio hasta mucho más tarde, cuando en el siglo XI se descubrió un manuscrito del Digesto en Bolonia, cuyo análisis científico abordaron los glosadores y después los comentaristas. Entre tanto, se habían promulgado diversas ordenaciones simplificadas del Derecho romano clásico, para aplicarlas en forma de ley a los nuevos habitantes de los diferentes territorios, los visigodos, que, a imitación de las leyes romanas, se llamaron *lex romana burgundionum* (ley romana de los burgundios, probablemente del rey Gundebaldo)o *lex romana visigothorum* (ley romana de los visigodos, o Breviario de Alarico, del rey Alarico), entre otras.

En la península ibérica, del s. XII en adelante se produjo la recepción del derecho romano justinianeo. Por medio de las Partidas del rey Alfonso X del año 1234 se introdujo definitivamente en España.

Los sujetos del derecho

1. Los ciudadanos romanos, los *peregrini* y los *latini*

El análisis de la vida jurídica romana debe comenzar a partir del momento histórico en que la organización social y política de Roma se puede considerar estructurada en forma de *civitas*. Las XII Tablas (de mediados del siglo V a.C.) pueden tomarse como el momento inicial, a partir del cual existe una primera estructura u organización cívica, en la que el ciudadano (*civis*) es el sujeto por excelencia de toda la vida política, el pilar básico de la ciudad-Estado antigua. El ciudadano (el *civis*) es el que participa directa y personalmente en la vida de la *civitas*, en su organización político-militar, que originariamente es el *populus romanus Quiritium*. El *civis* es el miembro activo de la *civitas* en cuanto forma parte del *populus* a través de las *curiae*, agrupaciones militares y religiosas a la vez, de hombres armados.

Los *cives* constituían una casta coincidente inicialmente con los *patricii* y serían los miembros originarios del *populus romanus Quiritium*. Eran los ciudadanos armados con lanza que participaban en las *curiae* una vez alcanzada la *pubertas* y obtenida la *toga virilis*. Formarían parte de la *coviria* (*curia*) o hermandad varonil religiosa y militar. Más tarde, el *civis* es el que pertenece al ejército formado por centurias, y, en consecuencia, miembro los *comitia centuriata*, cuando ya no existe distinción entre patricios y plebeyos. Por tanto, sujetos de derechos políticos en la *civitas* son los *cives*, independientemente de su condición de *paterfamilias* o de personas sometidas a este, con tal de que hubiesen alcanzado la *pubertas*.

El *civis*, integrado en el *populus*, podría ser *paterfamilias* (titular de la familia y del patrimonio), en cuyo caso se le consideraba *sui iuris,* o bien podía hallarse *sub potestate patris*, y, en este supuesto, seria un *alieni iuris*. Esta distinción tiene gran importancia porque una persona *alieni iuris* no puede adquirir bienes. Se mantuvo hasta época clásica el principio de que el hijo de familia no puede tener nada suyo (*filius familias nihil suum habere potest*, Gayo 2.87; D. 41.1.10.1; I. 2.9.3); tampoco el esclavo, sino que sus adquisiciones se integran en el patrimonio familiar. La persona *alieni iuris* no puede tener bienes propios puesto que es el *paterfamilias* el que adquiere por medio de los sometidos a su *potestas*. En consecuencia, es el único que puede actuar *in iure* (ante el pretor) en defensa de su posición de *dominus ex iure Quiritium*. El *filius* podría tener cargos públicos con independiente esfera de acción del *paterfamilias*, porque como *civis* disfrutaba de derechos políticos en la *civitas*.

En definitiva, para gozar de la plena titularidad de derechos ciudadanos hacía falta ser *civis* y no hallarse sometido al poder de un cabeza de familia o, lo que es lo mismo, ser *sui iuris*. Los sometidos al poder del *paterfamilias* en condición de hijos (*filii*) o de esclavos son *alieni iuris* y no pueden adquirir ni disponer de los bienes del grupo familiar. Los esclavos se integraban en la familia junto con las cosas (*res mancipi*) y en posición muy contrapuesta a los hijos, los cuales eran persona libres (*liberi*).

Al lado de los *cives*, tendríamos en el más antiguo Derecho romano las categorías de *peregrini* y *latini*.

Los *peregrini* eran los llegados de fuera a la *civitas* como personas libres (no como prisioneros de guerra), y no eran ciudadanos romanos. Si procedían de una comunidad a la que Roma le reconocía el *ius commercii*, se consideraba que los negocios celebrados con los romanos eran válidos. Asimismo, si tenían reconocido el *ius conubii*, podrían contraer matrimonio con un romano o romana, que era válido conforme al derecho romano.

Los *latini* eran los integrantes de la antigua federación, la liga latina, de la que Roma formó parte, regulada por medio de un tratado (*foedus Cassianum*), donde se establecía la posición de los ciudadanos de cada una de las ciudades frente a los de las otras. Esta liga se basaba en el reconocimiento del *ius commercii* y el *ius conubii* a los *latini* más antiguos (los *latini prisci*) que, después de la guerra latina del 338 a.C., se constituyeron en municipios romanos. Frente a los *latini prisci* estaban los *latini coloniarii*, miembros de las primeras colonias fundadas por Roma, que gozaban del *ius commercii*, pero no del *ius conubii*, en principio, respecto a los *cives romani*. Una especial categoría de *latini* surgió con la *lex Iunia* (19 d.C.) que colocó en esta situación a los esclavos manumitidos sin observancia de las solemnidades suficientes o con falta de capacidad del manumitente. La categoría de los *latini Iuniani* perduró hasta Justiniano.

2. Adquisición de la ciudadanía. La *constitutio Antoniniana*

La ciudadanía romana se adquiría de diversas formas. Principalmente por nacimiento, si el hijo había nacido en un matrimonio que se considera legítimo (*matrimonium iustum*, esto es, entre personas que tenían el *ius conubii*). Pero si el hijo nace en un matrimonio que no se considera legítimo (*matrimonium iniustum,* esto es, entre personas que no tienen el *ius conubii*) solo adquiría el hijo la ciudadanía si la madre era romana en el momento del nacimiento.

Pero además, se fue concediendo la ciudadanía romana, de diversas formas, principalmente a través de leyes de fines de la república. Una *lex Iulia* reconoció a los pueblos itálicos situados al sur del Po la ciudadanía. Luego una *lex Plautia Papiria* (89 a.C.) la concedió a todos los pueblos, situados en la península itálica, aliados con Roma que, para conseguirla, se habían enfrentado a ella. Y una *lex Roscia,* del 49 a.C., concedió la ciudadanía a los habitantes de la Galia Transpandana. También se concedía la ciudadanía como reconocimiento individual, por un servicio a la república, como en el caso de la *lex Acilia repetundarum* (123 a.C.), que otorgaba la ciudadanía romana al que denunciara y lograra la condena por corrupción de un magistrado romano en las provincias.

Finalmente, en el año 212 d.C, en virtud de una disposición del emperador Caracalla, llamada *constitutio Antoniniana*, se extendió oficialmente la ciudadanía a todos los habitantes libres del Imperio. Hay dudas respecto a si la concesión de la ciudadanía fue universal o si quedaron exceptuadas algunas personas, porque en un papiro que contiene parte de la *constitutio Antoniniana* (papiro Giessen, 40, I) hay algunas palabras de dudosa interpretación. Esta *constitutio* no introdujo ninguna novedad revolucionaria, sino que más bien se puede tomar como referencia del momento histórico en que se pone término final al Derecho romano concebido como derecho personalista, esto es, aplicable sólo a los que tenían la condición o *status* de ciudadano romano.

Este fue el punto de llegada natural, tras la evolución experimentada por el *ius civile*, por medio de la enorme labor de los *iurisprudentes*, pero, sobre todo, por medio del derecho pretorio, que corregía su rigidez por medio de la aplicación de la equidad, y, en definitiva, acabó por transformarlo. Gracias al engarce entre el derecho civil y el derecho pretorio, el Derecho romano se había convertido en un derecho universal aplicable a todos los habitantes del imperio.

A partir de la constitución de Caracalla se produjo la definitiva superación de la noción del Estado-ciudad romano, cuyo derecho se aplica en la *civitas* a los *cives*, de forma que el Derecho romano deja de ser un derecho personalista para convertirse en un derecho de aplicación territorial. Se inicia históricamente la idea moderna del Estado como organización de derecho público, cuyo ordenamiento jurídico se aplica a las personas que habitan en su territorio. En Ulpiano encontramos la noción de *orbis* (círculo, esfera –del imperio romano–), y no, en cambio, una referencia a la *urbs* (ciudad): todos los que están el en orbe romano se hicieron ciudadanos romanos en virtud de la *constitutio Antoniniana* (D.

1.5.17: *In orbe romano qui sunt ex constitutione imperatoris Antonini cives Romani effecti sunt*). Justiniano, aunque ya no era necesario, reitera la concesión de ciudadanía a todos los habitantes libres del Imperio (Novela 78.5) y declara abolida la condición de *latinus*.

3. El *status libertatis*: libres o esclavos

Los romanos percibieron claramente que el hombre es la causa y razón de la existencia del derecho. Este principio aparece expresado del siguiente modo: todo el derecho se halla establecido por causa de los hombres (Hermogeniano, D. 1. 5. 2: *hominum causa omne ius constitutum est*). Se concebía el derecho como un instrumento al servicio del hombre en el seno de la *civitas* o sociedad política. Dentro del género humano, era persona cada uno de los individuos, con independencia de su posición ante el derecho. Por este motivo, cuando quieren hacer mención de un esclavo como individuo, los juristas utilizan la expresión *persona servi* (Gayo 1.121; 2.187; 3.189;D. 11.1.20; D. 23.3.46; D. 31.82.2; D. 35.2.21.1, etc.).

Gayo 1.9 afirma que la gran distinción en cuanto a los derecho personales (*summa divisio de iure personarum*) consiste en que todos los hombres son libres o esclavos (*liberi aut servi*).

En la *civitas* romana se tomaba jurídicamente en cuenta a las personas libres que llegaban a la *urbs*, donde se podía ser libre sin ser *civis*, quedando exceptuados, por tanto, los prisioneros de guerra. El cautiverio de guerra era considerado como motivo de caída en esclavitud (*servitus*), y esto se entendía que era un principio común, aplicable a todos los pueblos en virtud del *ius gentium*. Por este motivo, también el *civis*, hecho prisionero por el enemigo, perdía su condición de ciudadano romano y solamente podía recuperarla en caso de que regresara a Roma. El *ius postliminii* era el derecho del *civis*, capturado por el enemigo (*captivus ab hostibus*), de ser reintegrado en todos sus derechos, esto es, en la posición jurídica que tenía antes de la captura, en cuanto volvía a la ciudad.

Había otros casos de pérdida de la ciudadanía romana y caída en esclavitud. En época antigua, a consecuencia de falta de cumplimiento de un *iudicatum*, de una sentencia, si después de la *manus iniectio* el condenado no pagaba ni presentaba un *vindex*, podía ser vendido al otro lado del río Tiber (*trans Tiberim*), esto es, fuera de la ciudad, donde perdía, en consecuencia, sus derechos como ciudadano.

Dice Ulpiano que, por lo que respecta al derecho civil, los esclavos no tienen consideración alguna, pero sí por lo que respecta al derecho natural, ante el cual todos los hombres son iguales (D. 50.17.32). Para el *ius civile* no son sujetos de derecho, sino objeto del mismo. El *servus* está equiparado a las demás cosas que forman el patrimonio familiar del *dominus* (*res mancipi*). Estaban bajo la *potestas* del *paterfamilias* (Gayo 1.52) entendida como potestad dominical (*dominica potestas*), concepto que tiene su origen en el *ius gentium*, y todo lo que adquiere el esclavo es para el dueño. Incluso cuando interviene, en nombre de su dueño, en negocios jurídicos formales, como la *mancipatio* o la *stipulatio*. En este caso, recaen los efectos del negocio sobre el *dominus*.

El *servus* no puede actuar como parte ni como representante en los procesos civiles, porque no se puede encontrar en la situación de *obligatus*. El *dominus* podía conceder al esclavo la administración de un patrimonio (*peculium*), pero, como conservaba la titularidad sobre los bienes o créditos que formaban parte de este, podía el dueño verse obligado a responder mediante una *actio de peculio*, siempre dentro de los límites del activo del peculio.

Por los delitos cometidos por el *servus* responde el *dominus*, ya que mediante la *actio noxalis* se le exige a este la reparación pecuniaria del daño causado por el esclavo, pero se le permite optar por la entrega (*noxae deditio*) del esclavo al perjudicado, de forma que el daño se consideraba reparado con los trabajos de aquel.

Por otra parte, la condición de persona que se le reconoce al esclavo aparece confirmada en la esfera sagrada o religiosa: participa en los *sacra familiaria* y *popularia*, su enterramiento es *locus religiosus*, su juramento y su *votum* son vinculantes y hasta se le reconocen sus propios dioses Manes (*dis Manibus servilibus*, Varrón, *de l.l.* 6.24). Pero la convivencia marital entre esclavos constituye un *contubernium* sin efecto jurídico, cuya duración depende de la voluntad del *dominus*. Los hijos de una esclava (*partus ancillae*) pertenecen al *dominus*, porque se consideraban frutos que pertenecían al titular del bien patrimonial.

4. La *manumissio*

El modo más frecuente de liberación de esclavos fue la llamada *iusta manumissio*, mediante la cual el *dominus* concedía al *servus* la libertad. Las formas de *iusta manumissio* fueron tres: *vindicta*, *censu* y *testamento*.

La más antigua fue la *manumissio vindicta*, un procedimiento formal ante el magistrado, en el que se simulaba la existencia de un litigio en torno a la propiedad del esclavo, en la cual un *civis* actuaría con la *vindicta* o varilla, símbolo de la lanza, como *adsertor in libertatem*, tocando con ella al esclavo y declarando su libertad. El *dominus* no se oponía a esta afirmación y el magistrado hacía entonces una concesión de la libertad (*addictio libertatis*) a favor del esclavo. Con el tiempo la *manumissio vindicta* perdió este carácter formal solemne y fue suficiente que el *dominus* guardase silencio cuando un auxiliar del magistrado (el *lictor*) reclamaba ante el magistrado la libertad del esclavo (D. 40.2.23). La decadencia de las formas y el *favor libertatis* (interpretación de actos y normas en favor de la libertad) hizo que en derecho justinianeo se considerase válida la manumisión, de cualquier modo que el *dominus* manifestase su voluntad de liberarlo.

La *manumissio censu* consistía en la presentación del esclavo para su inscripción en el *census populi romani*. La inscripción en el censo implicaba que pagaría los impuestos que le correspondían, igual que cualquier otro ciudadano romano, por los bienes de su propiedad que allí estaban inscritos.

La *manumissio testamento* se realizaba mediante una orden del testador así redactada: *Stichus servus meus liber esto* (que Stico, mi esclavo, sea libre) o bien *Stichum liberum esse iubeo* (mando que Stico sea libre). Y en época clásica se admitía otro modo, la *fideicommissaria libertas*: el testador puede hacer el encargo a su heredero de liberar a un esclavo propio o ajeno.

Junto a estos tres tipos de *iusta manumissio* surgieron desde época republicana formas pretorias de manumisión. El pretor reconocía como válida, en general, una declaración de la voluntad de manumitir sin las formalidades solemnes. Así, la declaración *inter amicos* del propósito de liberar al *servus* o bien la declaración de voluntad en una carta (*per epistulam*) eran suficientes para que se produjese una situación de libertad de hecho del esclavo. La *lex Iunia Norbana* equiparó esta situación a los *latini coloniarii*, y los así liberados fueron considerados *liberti Iuniani*. Una forma especial de manumisión surgió más tarde por influencia del cristianismo y fue reconocida por Constantino (C. 1.13.1 y 2): la *manumissio in sacrosanctis ecclesiis*. Consistía este acto en una declaración del *dominus* en la iglesia, ante los fieles, haciendo constar su voluntad de liberar al esclavo.

La posición social de los esclavos varió en el transcurso de la república. Durante largo tiempo habían ido consiguiendo una posición de menestrales, artesanos, pequeños comerciantes e incluso puestos docentes menores. Pero al final de la república el excesivo número de libertos motivó la imposición de limitaciones a la facultad de manumitir por dos leyes de Augusto. La *lex Fufia Caninia* del año 2 a.C. estableció la obligación, en las manumisiones testamentarias, de mencionarlos expresamente por el nombre (*nominatim*) e introdujo un máximo de manumisiones dependiendo del número de esclavos que tenía cada dueño.

La *lex Aelia Sentia* del año 4 d.C. estableció otras limitaciones, no pudiendo manumitir los dueños menores de 20 años, ni ser manumitidos los esclavos menores de 30 años, salvo que mediase justa causa que debería probarse ante una comisión especial de 5 senadores y 5 caballeros en Roma o bien de 20 *recu-peratores* en provincias. Y se consideraron inválidas las manumisiones realizadas para defraudar a los acreedores (*in fraudem creditoris*). Estas leyes limitadoras, salvo la última, fueron abolidas por Justiniano.

Los esclavos liberados o libertos (*liberti* o *libertini*) no quedaban equipara-dos a las personas nacidas libres (*ingenui*) en cuanto a capacidad de obrar, y que-daban vinculados a su liberador o *patronus* mediante los vínculos de patronato, ya que en la mayoría de los casos continuaban conviviendo en la *domus* con el patrono, que mantenía sobre ellos un poder en cierta manera análogo a la *patria potestas*. Por eso Ulpiano describe una triple distinción, que tendría su origen en el *ius gentium*, entre hombres *liberi*, *servi* y los *liberti* como un tercer tipo de hombres (*tertium genus hominum* D. 1.1.4).

5. El *status familiae*: *sui iuris* o *alieni iuris*

La situación jurídica de las personas también variaba según su forma de estar integradas en la familia. Puesto que la *potestas* hace referencia a un poder cívico propio del *paterfamilias*, están *in potestate* las personas sometidas a la pa-tria potestad, es decir, los hijos propios y los extraños que entran en la familia como hijos por adopción o arrogación (que es la adopción del que ya es *sui iuris*, que se sitúa como hijo en una familia distinta). Estas personas pasan a ser *sui iuris*, esto es, liberadas de la *patria potestas* del padre, por la muerte de este o por pérdida de la ciudadanía del *pater*, o por la emancipación.

Por otra parte, las mujeres *in manu* son las que entran en la familia por matrimonio con el *paterfamilias* o con los que están sometidos a la potestad de este. La *manus* es el poder del *paterfamilias* sobre las personas que forman el grupo familiar entendido como colectivo sacro (que venera a los mismos dioses) y, por tanto, la mujer se entendía que, con el matrimonio, se desvinculaba de sus propios *sacra familiaria* para integrarse en el culto de la nueva familia.

Finalmente la personas *in mancipio* son los hijos o esclavos que han sido objeto de una *datio in mancipio*, que podía obedecer a diferentes causas. En primer lugar, un *paterfamilias* podía entregar un hijo a otro *paterfamilias*, pero con la intención de conservar la patria potestad a su vuelta (la causa se ponía de manifiesto de la siguiente forma: *ut sibi remancipetur*, Gayo 1.140). Pero también podía hacerse una *datio in mancipio*, cuando el que estaba sometido al *paterfa-milias* –hijo o esclavo– había causado un daño (*noxa*) a otro, que el *paterfamilias* no podía o no quería reparar pecuniariamente. En este caso se hace una entrega por causa del daño (*ex noxali causa* o *deditio in noxa*) mediante la cual el hijo o el esclavo están *in mancipio* del adquirente con la finalidad de que, con su trabajo, el daño se considere reparado. En el caso del hijo, una vez saldada la deuda, quedaba emancipado del padre (Gayo 4.79).

En la familia romana solamente el *paterfamilias* era *sui iuris*, mientras los sometidos a él eran considerados todos *alieni iuris*. La muerte del *pater* convertía en *sui iuris* a los que se hallaban bajo su *potestas* en condición de hijos, haciéndoles titulares de derechos y obligaciones. Sin embargo, esta titularidad o posición de *sui iuris* no implicaba la capacidad de ejercicio de derechos o capacidad de obrar, si estos *sui iuris* no tenían edad que implicase madurez suficiente para actuar válidamente en derecho. Se fijó la llegada de la madurez o *pubertas* para las mujeres en los 12 años y en 14 años para los varones. La determinación de la llegada a la madurez o *pubertas* por medio de la edad fue la solución que se admitió, como postura intermedia, entre quienes consideraban que se debía indagar si habían llegado a la madurez sexual –con la *inspectio corporis*– y quienes opinaban que se debía determinar si eran capaces de administrar sus bienes (Gayo 1.196; I. 1,22).

Los impúberes no podían realizar actos jurídicos válidos y se hallaban sometidos a la tutela, institución originariamente familiar, que estudiaremos en la parte dedicada al derecho de familia. Un tutor o varios cotutores respaldaban a los impúberes en la realización de negocios jurídicos o los realizaban en su nombre. La mujer *sui iuris*, esto es, la que no se hallaba bajo poder paterno ni bajo *manus* del marido, se consideraba sometida a la *tutela mulierum,* de carácter permanente.

Entre los impúberes distinguían los juristas los *infantes*, que eran lo niños que no sabían todavía hablar, los que no habían cumplido los 7 años. Estos eran totalmente incapaces de actuar en derecho. Pero los *impuberes infantia maiores*, es decir, los mayores de 7 y menores de 12 o 14 años, sí podían realizar los negocios jurídicos que les beneficiaban, p. ej., la aceptación de una herencia, pero no los que implicaban para ellos una disminución o carga patrimonial o la imposición de una obligación, p. ej., la aceptación de un préstamo. En estos casos tenían que actuar asistidos por el tutor (I. 1.21pr).

También tenían limitada su capacidad de obrar con eficacia jurídica las personas afectadas de enfermedades mentales (*furiosi, mentecapti*) o del vicio de prodigalidad (compulsión de dilapidar el patrimonio familiar). Existían instituciones antiguas, denominadas *cura furiosi* y *cura prodigi*, que consistían en el nombramiento de un *curator* para asistir en la realización de sus negocios a los que tenían una capacidad diferente para su actuación válida en derecho.

Existía una categoría intermedia que eran los varones púberes que no hubiesen alcanzado los 25 años de edad. Una *lex Plaetoria* o *Laetoria* hacia el año 200 a.C. impuso sanciones a quienes los hubiesen engañado en la realización de algún negocio jurídico, que se podían exigir por el propio menor o por cualquier otra persona, porque la acción era pública. Por este motivo, el pretor concedió al menor, cuando era demandado por el que le engañó, una *exceptio* (D. 44.1.7.1), con la que paralizaba la acción, y también una *restitutio in integrum*, con la que las partes volvían al estadio anterior a la celebración del negocio jurídico. De esta forma se hizo desaconsejable el tráfico jurídico con los menores de 25 años y podía considerarse que, *de facto*, tenían limitada la capacidad de obrar. Para evitar conflictos se acabó pidiendo la asistencia de un *curator ad certam causam*, esto es, un curador que actuaba puntualmente cuando se trataba de realizar algún negocio con un menor de 25 años. Desde Marco Aurelio pudieron los *minores* solicitar el nombramiento de un *curator* permanente que actuaba en los límites en que aquellos lo deseasen pero sin arrogarse la *administratio* de los bienes del menor.

Las necesidades del tráfico económico y comercial desde fines de la república hicieron surgir en el seno de la familia la necesidad de que los hijos y esclavos realizasen negocios a nombre del *paterfamilias* o *dominus* respectivamente. El *ius civile* considera al *filius* y al *servus* como sujetos actuantes por voz del *pater* o del *dominus* (I. 3.19.13). En este sentido, la *familia* aparece como una unidad patrimonial, cuyo titular era el cabeza de familia. Esta situación la describe Gayo claramente: adquirimos por nosotros mismos o por medio de los sometidos a nuestra potestad, y también a través de las personas que se hallan bajo la *manus* o *in mancipio* (2.86); todo lo que los hijos adquieren por una causa cualquiera es adquirido por nosotros (2.87). En cambio, nada puede ser adquirido por nosotros mediante persona ajena libre y *sui iuris* (según Gayo 2.95 y en P. S. 5, 2, 2).

6. La persona física: nacimiento y pérdida de la personalidad

El Derecho romano toma en consideración a la persona física en relación con el grupo familiar en el cual esta nace. El nacimiento viene determinado por la separación de un nuevo ser respecto del cuerpo materno, siempre que tuviese vida propia (existió polémica acerca de si el vagido infantil sería señal suficiente de vida propia) y que tuviese forma humana, esto es, que no fuese monstruoso (*contra formam humani generis*, D. 1.5.14; PS 4.9.3). Desde antiguo se reconoció al *paterfamilias* la facultad de aceptar o rechazar al recién nacido, que era colocado en el suelo ante sus pies para que lo recogiese (*tollere liberos*).

Antes de nacer, el que se halla todavía en el seno materno (*qui in utero est*) se considera como una víscera o parte del cuerpo materno (*mulieris portio vel viscerum*, D. 25.4.1.1). Este futuro ser que va a nacer no se considera todavía existente (*in rerum natura*, Gayo 2.203), pero en ciertos aspectos jurídicos es tenido en cuenta, y de ahí proviene el principio de que al concebido se le tiene por ya nacido (*nasciturus pro iam nato habetur* D. 29.2.30.1) para los efectos que le son favorables. Y se castigaba el aborto, pero no como atentado contra la vida, sino como lesión a la madre o bien como defraudación al marido, privado de la esperanza de la prole (*spes prolis*). Y se admitió la posibilidad de instituir herederos a hijos que puedan nacer después de la muerte del *pater* (*postumi*). En este caso se otorga la posesión de bienes hereditarios a la viuda que espera un hijo, que vendría a ser heredero del *pater* cuando nazca.

Esta defensa de los derechos del concebido se plasmó en un principio, según el cual los que se hallan en el seno materno se consideran existentes para casi todos los efectos civiles (D. 1.5.26: *Qui in utero sunt, in toto paene iure civili intelleguntur in rerum natura esse…*). Este principio tenía aplicación solamente en cuanto beneficiaba al nuevo ser (D. 1.5.7). No se trata de considerar al meramente concebido y no nacido como sujeto de derechos, sino de preservar o tutelar situaciones que, con el nacimiento, le serían favorables.

Con la muerte de la persona física se extingue su capacidad de obrar, pero se coloca en su lugar su heredero, como sucesor en sus derechos y obligaciones. Ya hemos hecho referencia al *captivus* o prisionero de guerra, cuyos derechos se mantenían en suspenso y se le reintegraban al regreso de la cautividad (*iure postliminii*). Pero si no retornaba, se estableció la presunción de muerte en el acto mismo de la caída en prisión, esto es, que había muerto como ciudadano romano, a efectos de considerar válido el *testamentun* que hubiese.

Finalmente, el *status* dentro de la familia o de la *civitas* se podía perder por medio de lo que se llamó *capitis deminutio*. Esta *capitis deminutio* podía ser máxima, media o mínima (D. 4.5.11). Es máxima cuando se pierde a la vez la ciudadanía y la libertad, como ocurre con los que no figuraban inscritos en el censo (*incensi*), que podían ser vendidos por orden del censor, en cuyo caso no eran ciudadanos y además se convertían en esclavos. Mediante la *capitis deminutio* media se pierde la ciudadanía, pero se conserva la libertad, p. ej., el que es deportado a una isla, como sanción por la comisión de un delito, que al salir de la ciudad deja de ser ciudadano, pero no se convierte en esclavo porque retiene la libertad (I. 1.16.2). Y también existía la *capitis deminutio* mínima, cuando se conserva la ciudadanía y la libertad, pero se altera el *status* dentro de la familia, p. ej., en el caso de una adopción, el hijo adoptado se integra, como hijo, en otra familia (Gayo 1.160-162).

LECCIÓN 4

El negocio jurídico

1. Negocios *per aes et libram* y causa negocial

Desde los tiempos más antiguos los ciudadanos romanos podían celebrar negocios jurídicos conforme al *ius civile*, que hereda la rigidez y solemnidad del ritualismo religioso, cuya fuerza vinculante proviene de su origen sagrado. En la etapa más arcaica, determinados rituales pasaron a tener un significado jurídico porque el cumplimiento de ciertas formalidades era equivalente a actuar conforme a la ley a partir de que existió un procedimiento de las *legis actiones*, en el que, como veremos, se declaraba el *ius*, esto es, cual de las dos partes había actuado conforme a derecho.

El ritual negocial más antiguo, esto es, anterior a la existencia de moneda acuñada, fue el celebrado por medio del bronce y de la balanza (*per aes et libram*[2]). En presencia de testigos se pesaba en la balanza (*libra*) un trozo de bronce (*aes*), acto que iba acompañado de afirmaciones solemnes de las partes. Desde las XII Tablas esta parte oral (*nuncupatio*) se consolidó como el elemento de importancia básica, porque lo manifestado verbalmente por las partes determinaba la causa del negocio jurídico celebrado y tenía que cumplirse por ambas partes como si de una ley se tratase (*lex in mancipio dicta*).

La fuerza vinculante de los actos celebrados *per aes et libram* provenía de su formalismo ritual y solemne, ya que se entendía originariamente que las partes actuaban conforme a un ritual, que era vinculante como una ley, y se daban en ese momento una ley (*lex in mancipio dicta*), que las mismas partes estaban obligadas a cumplir. Además, el ritual se reforzaba mediante la presencia de cinco ciudadanos romanos que, llegado el caso, tenían que declarar como testigos ante un juez, sobre lo que allí se dijo y se actuó.

Subsistió durante muchos siglos la *mancipatio*, que, como veremos, era un negocio jurídico celebrado *per aes et libram*, como forma de transmisión del

---

2   Vid. Instituciones de Gayo 2.102; 2.103; 3.173; I. 2.10.1.

dominium ex iure Quiritium, pero la misma formalidad servía, originariamente, también, para realizar actos de transmisión del poder familiar sobre personas o cosas, esto es, para conseguir la producción de diferentes efectos jurídicos en el patrimonio del *paterfamilias*.

Pero la mera celebración de un ritual solemne solo ponía de relieve la existencia de una actuación conjunta de las partes, basada en el acuerdo. Para determinar los concretos efectos jurídicos que se proponían conseguir las partes con la celebración del ritual solemne, este tenía que tener una causa por la que se celebraba. La causa es la finalidad económico-social que pretenden conseguir las partes, y que individualiza el negocio celebrado, distinguiéndolo frente a otros que persiguen la consecución de otra finalidad distinta. Así, por ejemplo, una *mancipatio* se podía celebrar por causa de venta (*emptionis causa*), o para otorgar testamento (*testamenti ordinandi gratia*). La *mancipatio* era, pues, un negocio jurídico abstracto, que admitía su celebración por diferentes causas.

Además, este negocio jurídico formal y abstracto se podía convertir en un contrato típico (y causal). Esto sucedió, p. ej., con la *mancipatio*, cuando se celebraba *fiduciae causa*. En este caso la *mancipatio* se celebraba con una causa crediticia, y por eso el pretor concedía una acción, la *actio fiduciae*, para exigir el cumplimiento de lo pactado entre las partes, como veremos más adelante.

La causa era, pues, un elemento esencial de los negocios jurídicos. La falta de causa o la causa ilícita tenía importancia para calificar al negocio como ilícito o nulo según la jurisprudencia clásica.

El negocio era ilícito cuando la causa era contraria a una *lex publica* de modo directo (*contra legem*) o bien de modo indirecto (*in fraudem legis*). El negocio realizado *in fraudem legis* tenía apariencia de licitud, pero implicaba la violación indirecta o subrepticia de una prohibición legal. P. ej., el que, con intención de no pagar a sus acreedores, vende sus bienes antes de ser condenado judicialmente al pago de las deudas. Asimismo, el negocio jurídico podía ser ilícito y, por tanto, nulo, cuando la causa era contraria a las buenas costumbres (*contra bonos mores*), o contraria a la moralidad, en cuyo caso se calificaban como vergonzantes (con la noción de *turpitudo*).

Los negocios del *ius civile* eran, por tanto, nulos, cuando no se habían celebrado con la forma requerida o por ser la causa ilícita o inmoral. Cuando un negocio jurídico es nulo –también llamado inexistente–, no produce los efectos jurídicos que le son propios.Pero también podían ser nulos los negocios del *ius civile* por falta de algún otro elemento esencial referente al sujeto (falta de capacidad), al objeto (venta de una cosa *extra commercium*).

2.   Los negocios jurídicos formales del *ius civile*

2.1.   La *mancipatio* como negocio jurídico formal y abstracto

La *mancipatio* es el prototipo del negocio jurídico del *ius civile*, que celebraban los ciudadanos romanos por medio del bronce y la balanza (*per aes et libram*). Gayo 1.119 describe la *mancipatio* como una *imaginaria venditio* esto es, como un ritual en el que se realizaban las formalidades propias de una venta. Tenían que estar presentes como testigos al menos cinco ciudadanos romanos púberes, además del portador de la balanza (*libripens*) y de las partes celebrantes, que eran el que actuaba como vendedor, el *mancipio dans* y el adquirente, el *mancipio accipiens*. Este último afirmaba que la cosa era suya según el derecho de los ciudadanos romanos (*ius Quiritium*) y que era adquirida por él con el rito del bronce y la balanza. A continuación golpeaba la balanza con el bronce, y lo entregaba a aquel del cual recibía la cosa *in mancipio* (*ei a quo mancipio accipit*). La entrega de la pieza de bronce simbolizaba el pago del precio y si se hacía una *mancipatio* por causa de venta (*emptionis causa*), una vez que ya existía el dinero en moneda, se producía además la entrega efectiva del dinero en el mismo acto.

La *mancipatio* como rito formal, celebrado ante testigos, servía para que el *paterfamilias* realizase una transmisión del poder sobre las personas o las cosas (*res mancipi*) que formaban el patrimonio familiar del que él era el único titular. Si se entregaba en el momento de la *mancipatio* el precio a cambio de una *res mancipi* se entendía que la *mancipatio* se había realizado *emptionis causa*.

Como ya se ha dicho, la forma negocial solemne de la *mancipatio* servía para la producción de diferentes efectos jurídicos, dependiendo de la causa por la que se celebraba, que se tenía que poner de manifiesto oralmente en el mismo acto de celebración. Por este motivo, las palabras pronunciadas por las partes en la celebración solemne eran una *lex in mancipio dicta*, esto es, debían cumplirse como una ley entre ellas.

Así, por ejemplo, el ritual de la *mancipatio* se podía utilizar también en Roma para otorgar testamento. Ante los testigos se hacía un acto formal de compra de la familia (*mancipatio familiae*) por un precio simbólico (*nummo I*, una sola moneda) por una persona que actuaba como comprador de la familia (*familiae emptor*), y así se entendía separado el patrimonio familiar del vendedor, el *paterfamilias*. Entonces este estaba en condiciones de hacer una declaración formal de voluntad (*nuncupatio*), estableciendo cómo deseaba que se cumpliese el reparto de sus bienes después de su muerte y, normalmente, también declarando quién sería su heredero. Se trata, pues, de un negocio jurídico realizado con motivo de otorgar testamento (*testamenti ordinandi gratia*, Gayo 2.105), en el que se imitaban las antiguas formas jurídicas (*propter veteris iuris imitationem*).

También se utilizaba la *mancipatio* cuando lo que se pretendía era el cambio en el *status* de las personas sometidas al *paterfamilias*. Aquí el objeto del negocio jurídico no era una *res mancipi*, sino una persona sometida a la potestad del *mancipio dans* que se entregaba a otra mediante una *datio in mancipio*.

Así, como ya hemos visto, se podía entregar el hijo cuando convenía que temporalmente estuviese bajo la patria potestad de otro, en cuyo caso el *paterfamilias* se reservaba para sí la patria potestad, y la recuperaba en cuanto el hijo volvía a su casa (Gayo 1.140: se hacía la entrega *ut sibi remancipetur*). Pero también se podía entregar el hijo (o el esclavo) para que, con su trabajo, reparase un daño (*noxa*) que había causado a otro ciudadano romano, lo que se llamó *datio in mancipio ex noxali causa* (Gayo 4.79), e implicaba que, una vez saldada la deuda, el hijo quedaba emancipado.

El mismo negocio jurídico formal servía para constituir la tutela legítima. En este caso, faltando el padre, el agnado próximo (hermano o tío paterno) que iba a asumir la tutela de un impúber, lo entregaba a otro, para que le fuese remancipado (*ut sibi remanciparetur*, Gayo 1.172), y cuando luego lo manumitía, se convertía en su tutor legítimo (Gayo 1.166).

El formalismo de la *mancipatio* también se podía utilizar para excluir a un hijo del *mancipium* familiar, realizando el *paterfamilias* formalmente la venta de un hijo por tres veces para que fuese manumitido (*ut manumitteretur*). El que actuaba como *mancipio accipiens* hacía también tres veces consecutivas la *manumissio* del hijo (Gayo 1.132), y entonces este quedaba emancipado.

Por tanto, la forma de la *mancipatio* como negocio jurídico *per aes et libram* se podía utilizar para realizar cualquier acto de transmisión del poder familiar sobre las personas o bienes sometidos al *paterfamilias*. Cuando se hacía *emptionis causa*, esto es, con entrega de precio a cambio de una *res mancipi*, el ritual formal solemne era concordante con la finalidad perseguida por las partes. Pero, en todos los demás casos, la *mancipatio* se utilizaba como forma negocial solemne para la producción de diferentes efectos jurídicos. Estos casos Gayo los denomina negocios jurídicos celebrados *dicis causa* (Gayo 2.103; 2.104; 2.252; Aug. 66)[3]. En los negocios jurídicos *dicis causa* se utiliza la *mancipatio* como mero

---

3   Los negocios jurídicos *dicis causa* se celebraban como mera formalidad, para lograr la producción de un efecto jurídico, y por eso también se consideraba celebrado

ritual formal solemne que produce diferentes efectos como el otorgamiento de testamento, o la transmisión del poder del *paterfamilias* sobre bienes o personas sujetas a su potestad, según las palabras que se pronuncien en el acto de su celebración.

2.2. El *nexum*

También es un negocio libral (*per aes et libram*) el *nexum*, término con el que, según Gayo 2.27, los antiguos denominaron la *mancipatio*, pero del que apenas existe más información. Los *nexi* quedaban sometidos al acreedor (situación luego prohibida por ley *Poetelia Papiria,* 326 a.C.) por medio del ritual de la *mancipatio*, en la que el deudor, hombre libre, se sometía a la servidumbre de otro (*mancipio accipiens*) por una cantidad de dinero que recibió, debiendo prestarle servicios hasta que se considerase pagada la deuda[4].

Se debió de admitir que, en el momento de la celebración del primitivo *nexum* al lado de ese deudor se colocase otra persona que, prometiendo la misma cantidad de dinero, liberaba a aquel de la servidumbre personal, actuando como su garante y liberador, y que se llamó *sponsor*. Y más adelante también se acabó admitiendo que, por medio de una promesa verbal solemne, una persona se podía obligar frente a otra mediante la *sponsio*. Consistía, pues, un negocio jurídico que se realizaba verbalmente (*verbis*), mediante el intercambio solemne de una pregunta y una respuesta, por el cual quedaba el promitente obligado a dar o hacer algo (*dare facere*) frente a la otra parte, o, si no lo hacía, a pagar una suma de dinero.

2.3. La *coemptio*

Otro negocio jurídico formal del *ius civile*, que se celebraba desde época muy antigua en Roma fue la *coemptio*, que en la etapa justinianea ya había caído en desuso. Su especialidad radicaba en que se celebraba conjuntamente por una mujer y su futuro marido frente al padre de aquella para contraer matrimonio (*coemptio matrimonii causa*), pero también se admitió que se celebrase para realizar

---

dicis causa (o *dicis gratia*) la intervención de un tutor como mero respaldo en una actuación negocial de una mujer (Gayo 1.190).

4   Vid. Varrón, L. L., 7.105: *Liber quis suas operas in servitutem pro pecunia quadam debebat, dum solveret, nexus vocatur, ut ab aere obaeratus.* Vid. Festus, *Verb. Signif.* ed. Linsay, p. 162, *nexum aes apud antiquos dicebatur pecunia, quae per nexum obligatur.* También *Festus, sub voce nectere: nectere ligare significat.*

algún cambio en la capacidad jurídica o en el *status* familiar de la mujer, por ejemplo, para hacer testamento o cambiar de tutores.

La finalidad o causa típica de la *coemptio* era la entrada de la mujer bajo la *manus* del marido, que se hacía con la ceremonia de la *mancipatio* (como venta imaginaria, Gayo 1.113), en la que se escenificaba la salida de la mujer de la potestad del padre o del pariente agnado junto con el patrimonio que le correspondía como hija de familia. De esta forma se situaba la mujer, con el patrimonio con el que le había dotado su padre, en la familia del esposo en lugar de la hija (*loco filiae*, Gayo 1.114). Cuando la *coemptio* se hace por una causa que no es matrimonial (*matrimonii causa*), se llamaba *coemptio fiduciaria*, como vamos a ver.

3. La *fiducia* y el negocio fiduciario

Como hemos visto, la *mancipatio* era, pues, un negocio jurídico formal y solemne con el que el *paterfamilias* realizaba un acto de disposición sobre las personas o bienes sujetas a su potestad. Pero cuando el objeto del negocio jurídico era una *res mancipi*, una de las finalidades por la que se podía también celebrar la *mancipatio* era la de garantizar el pago de una deuda, lo que se llamó *mancipatio fiduciae causa*, o simplemente *fiducia*.

Se hacía la ceremonia solemne de venta de una *res mancipi*, pero con pago simbólico del precio (*nummo I*, se entregaba una sola moneda) y se añadía por partes el *pactum fiduciae*, mediante el cual acordaban que el *mancipio accipiens* asumía la obligación de vender la cosa objeto de la *mancipatio* si el *mancipio dans* (el deudor) no pagaba la deuda en un plazo pactado[5]. Mientras que no se producía el pago por el *mancipio dans* (deudor), las cosas objeto del negocio jurídico estaban sujetas al *pactum fiduciae*, pero después de producirse el pago, el deudor readquiría el pleno dominio sobre ellas con el paso del plazo de un año (con la llamada *usureceptio*, según Gayo 2.60[6]).

---

5   La *mancipatio fiduciaria* con *pactum fiduciae* se encuentra descrita claramente en la *Tabula Baetica*, expuesta en el Museo Arqueológico de Madrid. Vid. FIRA[3], p. 295-297.

6   Si se trataba de un fundo, el acreedor podía, a su vez, conceder al deudor los bienes en arrendamiento (a cambio del pago de una renta) o en precario (igual que en la *conventio pignoris*, como veremos en la Lección 16), de forma que el deudor seguía explotando el fundo de la manera en que lo venía haciendo, y, pasado un año desde el pago de la deuda, la *fiducia* quedaba extinguida por *usucapio lucrativa*, como

Pero si el deudor no pagaba y el acreedor no vendía los bienes, tenía el deudor (o *mancipio dans*) una acción contra este, la *actio fiduciae*, que producía el efecto de la declaración de infamia del condenado[7]. El acreedor era declarado infame porque no había cumplido su única y estricta obligación, la de vender, lo cual era una genuina infracción de la *fides* contractual, porque se entendía (y este fue el motivo del nacimiento de este contrato) que el deudor no tenía otra forma de pagar, y de ahí el nombre de *fiducia*.

Esta modalidad de negocio jurídico se llamó *fiducia cum creditore*, porque, además de forma solemne, tenía una causa que era contrapuesta a la de la *mancipatio*: no se pretendía realizar una transmisión de personas o bienes, sino celebrar un negocio jurídico crediticio (*causa credendi*). Cuando se añadía esta causa, la *mancipatio* se convertía en un contrato típico (Gayo 2.60: *fiducia contrahitur…*), porque tenía todos los elementos de un contrato: la forma (solemne), la causa (*credendi*) y una acción propia (la *actio fiduciae*), que servía para exigir el cumplimiento de la obligación derivada del contrato (*obligatio ex fiducia*).

Pero la *fiducia* se podía celebrar también, con la misma forma solemne y precio simbólico, con quien no era el acreedor, sino con un amigo (*fiducia cum amico*), lo cual era muy diferente. Aquí se excluía el efecto traslativo propio de la *mancipatio*, pero también la causa crediticia, o *causa credendi*, porque el negocio jurídico se celebraba por algún motivo que convenía a las partes. Y esto se ponía de manifiesto mediante las palabras *ut restituatur*: se hacía una *mancipatio* para que los bienes fuesen restituidos. Se trataba de una transmisión meramente formal o fiduciaria de los bienes, realizada por algún motivo de conveniencia y sin que hubiese una deuda previa. El motivo podría ser que el que actuaba como transmitente quería que los bienes estuviesen más seguros en poder del amigo (como dice Gayo 2.60)[8].

---

dice Gayo 2.60. El deudor se beneficiaba del dinero prestado al continuar con la explotación de su fundo.

7   Se tenía que probar que existió el *pactum fiduciae* (lo cual se lograba llamando a los testigos que presenciaron la *mancipatio fiduciaria*) y que, no habiendo pagado el deudor, el acreedor no vendió. La condena se fundamenta en este hecho, que, a la vez, era el paradigma de actuación contraria a la buena fe contractual. Vid. FUENTESECA, M., *El negocio fiduciario en Roma*, Marcial Pons, Madrid 2016.

8   Por este motivo, en la fiducia *cum amico* no había acción a favor del que aparecía como transmitente, ni una obligación a cargo del adquirente. El primero readquiría en todo caso la plena titularidad una vez transcurrido un año (por *usureceptio*, Gayo 2.60). Todas las acciones *in personam* se inician porque alguien se obliga a

Por tanto, se puede definir el negocio fiduciario como aquel en el que se utiliza un negocio jurídico con forma solemne para lograr una finalidad distinta a la que es propia de este.

En la *coemptio*, otro negocio jurídico formal, sucedía análogamente lo mismo. Como hemos visto, la causa típica de la *coemptio* era, pues, la causa matrimonial (*coemptio matrimonii causa*).Pero la misma *coemptio* la podía realizar la mujer para cambiar los tutores que tenía (*coemptio tutelae evitandae causa*). Lo hacía con la autorización de los tutores que tenía –los tutores legítimos o parientes agnados– y el que actuaba como *coemptionator* junto a ella hacía una *remancipatio* a favor de la persona elegida por la mujer, que, a su vez, la manumitía (por el procedimiento de la *vindicta*, Gayo 1.115). La mujer queda así sometida a este nuevo tutor, llamado tutor fiduciario[9].

4.   Vicios del consentimiento

Como hemos visto, la eficacia de los negocios jurídicos formales del *ius civile* dependía únicamente de su celebración con forma solemne; de ahí la inexistencia inicial de la necesidad de interpretación de la voluntad del sujeto que lo había celebrado.

El tránsito hacia la interpretación de los negocios jurídicos de forma individual o singularizada, para poner de relieve la intención (*voluntas*) perseguida por las partes en cada caso concreto, es un largo proceso histórico. En general, los juristas romanos interpretaron los negocios jurídicos, en caso de duda, intentado deducir la voluntad (*voluntas*, *mens*, *opino*) que tienen los sujetos actuantes a través de la actividad realizada por ellos (*quod actum est*). Pero no en todos los casos hacía falta una indagación acerca de la voluntad (*quaestio voluntatis*), sino, como advierte Paulo, esta es solamente admisible en caso de ambigüedad (*cum in verbis nulla ambiguitas est, non debet admiti voluntatis questio*, D. 32.25.1).

---

dar o hacer algo frente a otro. Que se celebre la *fiducia cum amico* indica que no hay acción entre las partes celebrantes, porque falta la figura del obligado o deudor (se trata de un amigo).

9   Hay otros casos de tutela fiduciaria, que veremos en la Lección 24, punto 5. Y había también otros casos de *coemptio fiduciaria*, que se celebraba cuando la mujer quería adquirir capacidad para testar, y cuando quería transmitir, en el momento de la celebración del matrimonio el culto de los dioses de su familia de origen a otra persona, normalmente un anciano provecto (*coemptio sacrorum interimendorum causa*), que se hacía cargo del culto en nombre de la mujer hasta su muerte.

Se trataba de imponer el máximo respeto a la voluntad negocial de los sujetos, lo cual se produjo al margen del *ius civile*. El pretor no podía permitir que se impusiera en cualquier caso la validez de un negocios jurídico, por el mero hecho de haberse celebrado con arreglo a una determinada forma. Por eso fue concediendo determinados medios de defensa cuando se alegaba que el negocio jurídico realizado no concordaba con la voluntad verdadera de alguna de las partes actuantes. Se entendía que esta había dado el consentimiento viciadamente, esto es, que había sufrido un vicio del consentimiento.

Había vicio del consentimiento cuando una parte había sufrido un engaño malicioso (*dolus*), o había dado su consentimiento bajo la influencia del miedo (*metus*), esto es, bajo la amenaza de un mal mayor (D. 4.2.5) o de un peligro inminente o futuro (D. 4.2.1).

En el edicto pretorio se fue admitiendo un elenco de medidas correctoras del formalismo del *ius civile*, que reprimían supuestos concretos de vicios del consentimiento –*dolus*, *metus*–, y, por tanto, constituían remedios *in factum*. Las diferentes soluciones se fueron aplicando reiteradamente, y de esta forma, en esta materia, igual que en otros ámbitos del ordenamiento jurídico romano, se fue creando un orden normativo nuevo (*ius praetorium* o *ius honorarium*) que se aplicaba en la práctica judicial diaria. Como ya hemos dicho, el *ius honorarium* coexistía junto al *ius civile*, formando ambos el *ius civitatis*, que era el derecho propio del ciudadano romano.

Las medidas del pretor consistían en dar una acción, por ejemplo, la *actio quod metus causa*, con la cual se pedía la nulidad de toda actividad jurídica realizada bajo la influencia del miedo (*quod metus causa gestum erit, ratum non habebo*, anunciaba el pretor en el edicto, D. 4.2.1). Según Ulpiano, antiguamente se distinguía la utilización de la fuerza o violencia (*vis*), del miedo, pero después se entendió que todo lo que se hace por amenaza de violencia atroz se puede considerar que se hace también por miedo.

Asimismo creó el pretor una *exceptio metus*, para el caso de que el que utilizó la intimidación (*metus*) iniciase un procedimiento contra el que la padeció. Conforme al formalismo del derecho civil era válida la obligación contraída bajo la intimidación del miedo, pero no era equitativo que se impusiese una condena por no haber cumplido lo prometido o acordado, y por eso intervenía el pretor, aplicando la equidad, y permitiendo al que sufrió el *metus* la paralización de la acción con dicha *exceptio* (I. 4.13.1).

Y, en concordancia, el pretor concedía una *actio de dolo*, si, por causa de un engaño o maquinación engañosa, alguien había sufrido un perjuicio patrimonial, e igualmente una *exceptio doli* al que había sido víctima del dolo, si la otra parte le reclamaba el cumplimiento de lo acordado.

Otro vicio del consentimiento era el error en el que podía incurrir una de las partes al prestar su consentimiento. Los juristas romanos analizaron la relevancia del error principalmente en el ámbito de la compraventa. En el caso del error en el objeto o *error in corpore* (el comprador cree que compra el fundo Corneliano, o el vendedor cree que vende el fundo Semproniano; o bien el vendedor cree que vende el esclavo Stico y el comprador cree que compra a Pánfilo) la venta es nula (D. 18.1.9pr).

Y si no hay error en el objeto sino en en la materia o sustancia o *error in substantia* (p. ej., si se compra vinagre por vino, bronce por oro, o plomo por plata), escribió Marcelo que hay venta válida porque hubo consentimiento en el objeto. Pero Ulpiano disiente, y solamente está de acuerdo en que la venta es válida en el caso del vino, si es que este se agrió; pero si desde el principio fue vinagre, entiende que se vendió una cosa por otra, y la venta, entonces, sería nula por error en la materia, afirma Ulpiano (D. 18.1.9.2).

En el caso del error en la calidad de la cosa o *error in qualitate* (se vende una mesa de una madera de determinada calidad, que resulta que no tiene) el vendedor debe responder por cuanto le interesa (*quanti interest*) al comprador, esto es, por cuanto este se sintió engañado, también aunque el vendedor ignorase que no vendió esa calidad (D. 19.1.21.2).

Los negocios jurídicos en los que el consentimiento de una de las partes estaba viciado, ya fuese por dolo, violencia o intimidación (*metus*) o por incurrir en el error, eran negocios eficaces en principio, salvo que la parte que padeció el vicio lo hiciese valer por medio de una acción o de una excepción.

Otro remedio que podía conceder el pretor era ordenar una *restitutio in integrum*, con la cual se colocaban las partes contratantes en la situación jurídica en la que estaban en el momento anterior a la realización del acto o negocio. Son decisiones adoptadas por el magistrado rescindiendo los efectos de un negocio jurídico e imponiendo, por tanto, la restitución de las cosas al momento anterior al mismo. Se requería que existiese un perjuicio como consecuencia de la aplicación del *ius civile* y una causa que justificase la *restitutio*. Entre las causas por las que se concedía la *restitutio in integrum*, que figuraban en el edicto, hallamos las siguientes: *ob aetatem* por razón de edad, que se concedía a menores de 25 años; *ob absentiam* a favor del que se hallaba ausente *rei publicae causa* y se hubiese visto perjudicado; *ob errorem*; *ob metum*; *ob dolum*, etc.

5.   Condición, término y modo

Puesto que se trata de un acuerdo de voluntades, en el negocio jurídico las partes podían introducir las cláusulas que estimasen conveniente. Se encuentra en las fuentes romanas una enorme casuística en torno a determinadas cláusulas que se repetían con frecuencia: la condición, el término o el modo.

5.1. La condición

La condición (*condicio*) es el evento futuro e incierto del cual se hace depender la eficacia del negocio. Por ejemplo: *si navis ex Asia venerit, centum dari spondes* (= ¿Prometes darme cien si llega la nave de Asia? este ejemplo aparece en más de veinte pasajes del Digesto: D. 4.8.11.4; D. 12.6.60; D. 18.6.8.1; D. 21.2.46.2, etc.). Este tipo de condición suspende la eficacia del negocio hasta que tenga lugar la condición, y se denomina condición suspensiva.

La llamada hoy condición resolutoria (el evento futuro e incierto del que se hace depender la cesación de la eficacia del negocio) no se concibió así en Derecho romano. Para lograr el efecto de la resolución o rescisión de un negocio añadían a este, en el momento de la celebración, un pacto (*pactum adiectum*) conforme al cual quedaría sin efecto lo acordado, si una condición tenia lugar. P. ej., en la compraventa se podía introducir un pacto, conforme al cual, si al comprador no le agradaba la cosa comprada, podía restituirla al vendedor y este devolvería el precio (*pactum displicentiae*). Aquí se introduce un pacto de contenido contrario a lo pactado, para el caso de que se cumpla una condición.

Por otra parte, no constituye verdadera condición la *condicio iuris*, esto es, el evento que, por sí mismo, era esencial para la eficacia del negocio jurídico celebrado. P. ej. no se puede constituir la dote bajo la condición de contraer matrimonio, porque la dote es un negocio realizado precisamente por razón del matrimonio.

Además la realización del evento que se pone como condición ha de ser posible, porque si fuese imposible, por ejemplo, si tocase el cielo con el dedo (*si caelum digito tetigerit*, Gayo 3.98) sería en nulo el negocio. No obstante, la condición imposible (*condicio imposibilis*) en un acto de última voluntad (institución de heredero, legado o fideicomiso) se tiene por no puesta (I. 2.15.10).

La condición puede ser casual, potestativa o mixta. Casual es la condición consistente en un evento independiente de la voluntad de los sujetos del negocio. P. ej., si en el próximo año la cosecha es buena, gracias a las lluvias. Potestativa es aquella cuyo cumplimiento depende del sujeto que es parte en el negocio: Ticio será heredero si manumite al esclavo Stico. Para el caso de que la condición consistiese en la omisión de una actividad (condición potestativa negativa), puesto que la omisión era difícil de comprobar a lo largo del tiempo, se creó la llamada *cautio Muciana*. Esta consistía en una garantía (*cautio*), que debía prestar el favorecido por el acto condicionado, según la cual se obligaba a restituir lo recibido (legado o herencia) en caso de incumplimiento de la condición (D. 35.1.18; D. 35.1.73). Así, por ejemplo, el *legatum* a favor de una viuda con la condición de que no contraiga nuevas nupcias no podría hacerse efectivo hasta la muerte de esta, salvo exigiéndole la correspondiente *cautio*. Finalmente, una condición mixta es la que depende en parte de un sujeto y en parte de una causa ajena (p. ej., Ticio será mi heredero si tiene hijos con Julia).

Establecida en un negocio jurídico una condición suspensiva, los efectos del negocio se hallan en suspenso y esto puede dar lugar a tres posibles situaciones: condición pendiente, condición no realizada y condición verificada.

La condición está pendiente (*condicio pendet*) mientras el acontecimiento no se produce. El negocio se halla en estado de pendencia, pero los sujetos están vinculados en su comportamiento de tal modo que no pueden realizar actos que impidan el cumplimiento del evento futuro e incierto en que consiste la condición. Si se impide su cumplimiento dolosamente, puede darse la condición por cumplida. Un derecho de crédito sometido a condición no puede ser exigido por el acreedor, y lo pagado antes de producirse el evento o condición puede ser reclamado por el deudor.

Cuando el evento o condición no se produce (*condicio deficit*) el negocio se tiene por no realizado. Y, por último, si la condición se verifica (*condicio extitit*) el negocio es plenamente eficaz y ya perfecto desde el momento de su celebración.

5.2. El término

El término (*dies*) es una fecha o evento futuro y cierto que, por tanto, se producirá, aunque el momento no sea preciso. El término (*dies*) ha de ser cierto en cuanto a que si se producirá (*certus an*), aunque el momento sea incierto (*incertus quando*), por ejemplo, la muerte de una persona.

El término puede ser inicial o suspensivo (*dies a quo*) cuando señala el momento en que los sujetos desean que los efectos del negocio comiencen a producirse, y final o resolutorio (*dies ad quem*) cuando los sujetos ponen este término como momento final o de cesación de los efectos del negocio.

En un negocio sujeto a un término inicial, Ulpiano (en su *Libro I, Regularum*, D. 50.16.123pr) distingue entre *cedere diem*, momento en que empieza a deberse el dinero, y *venire diem*, y momento en que ese dinero es exigible (o se puede pedir). En este intervalo el negocio existe, si bien se retardan los efectos, esto es, la obligación existe y lo que se dilata es el cumplimiento (D. 45.1.46: *praesens obligatio in diem autem dilata solutio*). Si el deudor paga antes no puede reclamar lo pagado como en caso de condición pendiente. Y si el negocio consiste en la transmisión de propiedad existe la certeza de que esta se producirá (*certum sit ad eum perventuram*, D. 7.9.9.2), esto es, que esta todavía no ha tenido lugar, pero el propietario o titular no puede perjudicar al adquirente con actos de disposición.

5.3. El modo

El *modus* es una cláusula que solo aparece en relación con los negocios jurídicos gratuitos, con el sentido de carga o gravamen que el autor de la liberalidad impone al beneficiario del negocio. Se trata de imponer a este el cumplimiento de una actividad, p. ej., cuando se hace una donación de un fundo con la obligación de que el donatario lo destine a un determinado cultivo. Por un lado, con el negocio se trata de proporcionar un lucro o beneficio a una determinada persona y, por otro, se trata que este cumpla una determinada actividad o servicio futuro.

Pero si el *modus* impuesto resultase imposible o ilícito, el negocio lucrativo sería válido para los juristas clásicos, mientras que en la etapa justinianea tiene en cuenta, para considerar válido o no el negocio, si el *modus* constituyó el motivo prioritario para la celebración del negocio lucrativo.

El *modus* aparece en actos de liberalidad como manumisiones, donaciones, la institución de heredero, o el legado. Si el *modus* no se cumple, tiene el donante la facultad de revocar la donación, porque aquí la eficacia de la donación solamente depende de la voluntad de aquel, sin necesidad de pacto resolutorio entre las partes.

PARTE II

DERECHO PROCESAL ROMANO

El procedimiento de las *legis actiones*

La primera etapa del proceso romano es la de las acciones de la ley (*legis actiones* o *actiones ex lege*), que abarcó aproximadamente la época comprendida entre las XII Tablas hasta finales del siglo II a.C.

Legis actio significa actuación (procesal) conforme o en base a la ley. Con gestos rituales, acompañados de palabras solemnes (*certis verbis*) se realizaba por cada una de las partes una afirmación vinculante ante la justicia divina (*sacramentum*). Las afirmaciones de las partes eran contrapuestas, y se debía declarar cual de las dos había pronunciado un *sacramentum iustum*, esto es, conforme a derecho (*ius*).

Veamos cada una de las modalidades de *legis actio*.

1. La *legis actio sacramento*

Es la primera formalidad ritual que existió para declarar el *ius*. Se iniciaba por medio de las afirmaciones de las partes, simétricamente contrapuestas (p. ej. una parte afirmaba ser propietario de una cosa y la otra también), y se decidía entre estas posiciones de las partes, cual de las dos era conforme a derecho. Según la forma mediante la cual se iniciaba el litigio podemos distinguir tres tipos.

1.1. Procedimiento con apuesta sacramental

Las partes, después de las respectivas afirmaciones, se desafiaban recíprocamente a una apuesta (*provocatio sacramento*), y la parte que perdía tenía que entregar la cantidad apostada, como penalidad por haber pronunciado un *sacramentum iniustum*. Esa sanción se llamaba *poena sacramenti*.

Por ejemplo, cuando se reclamaba el reconocimiento del derecho de propiedad (*dominium ex iure Quiritium*), ambas partes simulaban un lucha de poder en torno a la cosa, y reafirmaban su poder dominical sobre ella con palabras solemnes y rituales (*vindicatio*). Se utilizaba también este procedimiento en los casos en que una persona afirmaba que otra le debía una cantidad cierta de dinero prometida mediante *sponsio*, y la otra lo negaba.

A continuación, se exigían las partes recíprocamente una apuesta sacramental (*provocatio sacramento*). Una parte afirmaba: puesto que has reivindicado contra derecho, te desafío a una apuesta. El adversario respondía: y yo a ti (*et ego te*). Y los *iudices decemviri* decidían qué apuesta de las dos era conforme al *ius* (*utrius sacramentum iustum sit*).

Este procedimiento tuvo lugar incluso antes de la existencia del dinero acuñado en monedas, ya que la *poena sacramenti* originariamente se podía calcular en cabezas de ganado (*pecunia*). Y el *sacramentum* era una afirmación vinculante ante los dioses, de forma que la *poena* se imponía a la parte que había ofendido a los dioses con su actuación. Pero en las XII Tablas ya se estableció una cantidad pecuniaria, siendo la *poena* de quinientos ases si la cuantía del litigio era superior a mil, y de cincuenta ases, si era inferior a mil (Gayo 4.14). Además, esta *poena* servía para evitar litigios innecesarios (Gayo 4.13), ya que el demandante, si no podía probar su pretensión, perdía la cantidad apostada, y también la perdía el demandado, si se oponía sin poder probar que lo hacía conforme a su derecho.

1.2. Procedimiento bajo juramento

Aquí se trataba de exigir la reparación de un perjuicio patrimonial causado. También se iniciaba mediante dos afirmaciones contrapuestas: una parte afirmaba: afirmo que has cometido hurto contra mí y te pido que lo afirmes o lo niegues (*aio te mihi furtum fecisse id postulo aias aut neges*). Si el demandado negaba, se realizaba una indagación o interrogatorio bajo juramento, vinculante los dioses (*quaestio sacramento*), por medio del cual se obtenía la prueba de la responsabilidad o no del demandado.

La decisión aquí consistía en la declaración de responsabilidad del demandado (Gayo 4.37: *damni decisio*) por el daño patrimonial causado, que quedaba así *damnatus*, con la consiguiente imposición de una pena, la *poena damni*, que, a partir de las XII Tablas ya no era una sanción que pretendía causarle el mismo daño al que lo causó (p. ej., ojo por ojo, la ley del talión), sino una sanción pecuniaria, cuya cuantía siempre estaba establecida en la ley (humana).

En las XII Tablas es donde podemos situar la aparición de los que se llamaron delitos privados (que analizamos más adelante en otro capítulo), que eran supuestos en los que se establecía por ley una pena al responsable de la causación de daño en el patrimonio de otro (*furtum, iniuria,* y *damnum iniuria datum*). Para el caso del *furtum*, la *poena* que se estableció era un múltiplo (doble, triple…) de lo robado, que eran inicialmente frutos o productos agropecuarios que se cuentan, pesan o miden. Pero en el caso más grave, que es cuando el ladrón es sorprendido en flagrante delito (*furtum manifestum*), puede ser matado por el robado.

En el caso de la *inuria*, que eran los daños causados contra la integridad física (lesiones) o moral de las personas, la *poena damni* se estableció en una cantidad pecuniaria fija en las XII Tablas. Así, por ejemplo, la fractura de un hueso de una persona (*os fractum*) se sancionaba con una pena de 300 ases, si el lesionado era un hombre libre, y de 150 ases si era esclavo (Gayo 3.223).

Y en los casos de daños causados en las cosas, la cuantía de la *poena damni* se estableció en la *lex Aquilia de damno* del año 286 a.C. P. ej., si se trataba la muerte injustificada de un esclavo o de un animal, se fijaba como *poena damni* el mayor valor que hubiese alcanzado el esclavo o animal en el año último.

1.3. Procedimiento con promesa sacramental (*sponsio*)

Con este procedimiento se exige el cumplimiento de lo prometido mediante *sponsio*, que era una antigua promesa sacramental que realizaba una persona que se colocaba al lado de otra, que había recibido dinero en préstamo y había quedado vinculada a la prestación de servicios (*necto, nexum,* juntar, unir) frente al que le prestó el dinero. La presentación del *sponsor* liberaba al que debía prestar los servicios, ya que el acreedor tenía la garantía de que, o bien pagaba el deudor, o bien el *sponsor*. A partir de esta figura, se admitió el procedimiento llamado *per sponsionem*, cuando se había celebrado una *sponsio*, con la que una persona prometía solemnemente la realización de cualquier tipo de prestación, o, en caso contrario, el pago de una cantidad de dinero. El demandante afirmaba que el demandado le debía una cantidad conforme a la *sponsio* realizada. Aquí, si se probaba que el demandado no realizó la prestación prometida, debía este, en consecuencia, ser sancionado al pago de la cantidad prometida (Gayo 4.141 *poena ex sponsione*).

En este procedimiento también estaba incluido el caso en que se le exigía a un deudor que devolviese una cantidad cierta de dinero, si este la había prometido mediante *sponsio*. Si el demandante probaba que había entregado la cantidad cierta de dinero, se declaraba al demandado *iudicatus*, esto es, obligado por declaración judicial a pagar esa cantidad cierta de dinero.

1.4. Importancia de la *legis actio sacramento*

La *legis actio sacramento* fue un procedimiento general (*legis actio generalis*, como dice Gayo 4.13), esto es, que se utilizaba siempre que no existiese otro procedimiento específico previsto en la ley[10].

---

10   Pero este procedimiento era peligroso y falso, según afirma Gayo 4.13. Entendemos que era peligroso el procedimiento para el demandado, que solo podía, o bien reco-

Como hemos visto, se trataba de declarar cual de las dos partes había actuado conforme a derecho, e imponer, en consecuencia, el pago de la *poena sacramenti*, o de la *poena damni* establecidas ambas en la ley, o de la *poena ex sponsione*, prometida por una de las partes. No se requería por parte del juzgador ninguna actividad especial de estimación de la cantidad que debía de pagar el que perdía el litigio.

En un principio eran los sacerdotes o pontífices los que guardaban y vigilaban el cumplimiento de los rituales por medio de los cuales se procedía a la declaración del *ius* (*ius est, ius non est*). Eran, por tanto, lo titulares de la *iurisdictio*. También lo eran, más adelante, los tribunales de los *centumviri* (ante los que se continuó también durante la época clásica con el procedimiento de las *legis actiones*, Gayo 4.31 y 4.95), y los *decemviri in litibus iudicandis* (D. 1.2.2.29).

A partir de las XII Tablas los rituales para la administración de justicia se secularizaron porque la pena o sanción dejó de ser religiosa o divina, sino que estaba establecida por la ley de forma que era siempre estimable en dinero. La verdadera función de *iudicare* o emitir un *iudicium* nace a partir de que se le encomienda a un juez la función de determinar o fijar en dinero la cuantía a la que asciende el *iudicium*. Y esto ya fue posible a partir de las XII Tablas, en las que se admitió que se iniciase el litigio solicitando el nombramiento de un juez o de un árbitro, como vamos a ver, cuya función consistía en juzgar, *iudicare*, esto es, en la emisión de un *iudicium*[11].

---

nocer la posición contraria, o bien oponerse de plano, esto es, sin poder alegar otras circunstancias concretas que podrían beneficiarle (p. ej, que solo debía una parte de la deuda). También era falso el procedimiento para el demandante. Si, p. ej., pedía –por error– una cantidad mayor que la realmente debida, perdía el litigio, porque no se podía declarar al demandado deudor de esa cantidad, que era mayor a la debida, sino que tenía que ser absuelto. Era un procedimiento demasiado rígido, dado que solo era posible declarar o no conforme a derecho la afirmación de una de las partes. Como dice Gayo 4.30, un mínimo error podía conducir a la pérdida del litigio.

11   Pero en la *legis actio sacramento* en determinados casos era imprescindible realizar una valoración del daño causado, para lo cual se nombraba un órgano colegiado de tres árbitros (o un tribunal de tres o cinco jueces). Se les encomendaba la valoración del daño (*aestimatio damni*) que constituía un *arbitrium damni decidendi*. Esto podía tener lugar, por ejemplo, durante el procedimiento reivindicatorio, si alguna de las partes ostentaba con alguna afirmación falsa la posesión del inmueble objeto del litigio (*vindicia falsa*, XII Tablas 12.3). Recaída la resolución judicial se nombraba un colegio de tres árbitros, que determinaba la cuantía de los frutos de los que se apropió, y entonces se le imponía una sanción por el doble del valor de esos frutos

2. La *legis actio per iudicis arbitrive postulationem*

Este nuevo procedimiento consistió en la petición del nombramiento de un *iudex* o un *arbiter* ante el titular de la *iurisdictio*, que, desde su creación en el año 367 a.C., era el pretor. Este tipo procedimiento se iniciaría si entre las partes había mediado una estipulación –*stipulatio*– (dice Gayo 4.17a).

La *stipulatio* era la misma *sponsio*, la promesa verbal realizada entre dos partes, una vez que se hizo exigible mediante la petición de un juez o árbitro, esto es, cuando dejó de ser una promesa vinculante ante los dioses, sino vinculante entre los hombres y ante la justicia humana. La *stipulatio* era el contrato verbal celebrado con el intercambio oral de pregunta y respuesta, del que nacía la obligación a cargo del promitente de cumplir la prestación prometida.

Si el promitente no cumplía, para determinar la cantidad pecuniaria de la que era deudor frente a la otra parte, tenía que realizar el juez un *arbitrium litis aestimandae*, esto es, estimar la cantidad a la que debía ser condenado el demandado, calculando todo lo que este tuviese que dar o hacer (*quidquid dare facere oportet*) en virtud de la *stipulatio* realizada.

La *stipulatio*, por tanto, se puede considerar el prototipo de contrato formal, que existió en Roma, porque admitía todo tipo de contenidos, siempre que hubiese intercambio oral de pregunta y respuesta.

Por medio de este procedimiento nació propiamente la función de juzgar (*iudicare*), que correspondía al *iudex abiterve*, que es juez y árbitro a la vez. La función del juez consistía en emitir un *iudicium*, que comprendía la declaración de responsabilidad de una persona por la causación de algún perjuicio patrimonial (*damnatio*[12]), y el establecimiento, mediante un *arbitrium,* del importe de la condena que se debía imponer, que era siempre una *condemnatio* pecuniaria. Por medio del *iudicium* se convertía el condenado en un *iudicatus pecuniae* (Gell NA XX, 1.46-47). La cantidad a la que resultaba condenado el demandado no estaba predeterminada desde el inicio del litigio, sino que la determinaba el juez, y por

---

(*in duplum*, según las XII Tablas). Había otros casos de daños especialmente graves, causados por conflictos armados, para los que se nombraba un tribunal de tres o cinco personas (*recuperatores*) que debían realizar la estimación de la cuantía del daño causado.

12   Según Paulo (*lib. XLVII ad Ed.*, D. 39.2.3, *damnum et damnatio ab ademtione et quasi deminutione patrimonii dicta sunt*) daño y condena se llaman así por significar privación o cuasi disminución del patrimonio.

eso el litigio se iniciaba aquí sin ningún tipo de pena (*sine poena*, Gayo 4.17a y 4.141).

Además, existían otros casos en que se aplicaba esta *legis actio*, desde las XII Tablas, porque se requería una resolución arbitral de un juez. P. ej., cuando los condueños de una cosa común pedían su división, el juez tenía que determinar, mediante una adjudicación (*adiudicatio*), la parte concreta que le correspondía a cada uno como propietario individual. En este caso actuaba como un *arbiter*, porque debía establecer las partes individuales de la forma más equitativa posible. Por ese motivo se utilizaba también la *legis actio per iudicis arbitrive postulationem* (según Gayo 4.17a) en tres casos: la división de una comunidad de herederos (*actio familiae erciscundae*), la división de una cosa común (*actio communi dividundo*) y la delimitación de los linderos entre fincas (*actio finium regundorum*).

3.   La *legis actio per condictionem*

Un tipo de procedimiento era especialmente simple, y tenía lugar cuando se exigía una cantidad de dinero o cosa cierta (*res certa credita*) y esto hizo que pronto –en el siglo III a.C.– se admitiese la existencia de un cauce procesal propio o exclusivo para estos casos. Una *lex Silia* introdujo la *legis actio per condictionem* para exigir créditos que tenían como objeto una suma cierta de dinero y poco después, una *lex Calpurnia* autorizó la reclamación de deudas de cosa cierta (esto es, de cosas que se cuentan, pesan o miden) mediante la misma *legis actio* (Gayo 4.19)[13].

Con estas dos leyes (Silia y Calpurnia) se separó de los demás procedimientos el caso en que se reclamaba una cosa cierta (*certum dare oportere*) que subsistió en el procedimiento formulario con el nombre de *condictio* y con la misma estructura sencilla[14]. Tras las afirmaciones contrapuestas de las partes, se emplazaba al demandado (*diem dicere*) para aceptar un juez en el plazo de 30 días (Gayo 4.17b). Se citaban las partes con la única finalidad de probar si se había entregado la *pecunia* o *res certa*, tras lo cual el *iudex* emitiría un *iudicium*

---

13   La *res certa credita* se podía antes exigir, por medio de *legis actio sacramento* si se prometió (*per sponsionem*: afirmo que me debes dar cien) y de la *legis actio per iudicis arbitrive postulationem* (si, por medio de *stipulatio*, se comprometió a dar cien), como dice Gayo 4.20.

14   Se declaraba, sin más, entre dos afirmaciones contrapuestas, cual de las dos era conforme a derecho. Aquí no hay propiamente una *actio in personam*, como dice Gayo 4.18 (=I. 4.6.16). Se llama *condictio*, porque se exige lo que nos es debido (*quod nobis dari oportere*).

condenando (o absolviendo) al demandado al pago de esa cantidad cierta, determinada desde el inicio.

Y esto lo hacía el *iudex* sin necesidad de ninguna estimación o valoración de la cuantía de la *condemnatio*. Tanto en las *legis actiones* como en el posterior proceso *per formulas* el procedimiento en este caso era exactamente el mismo. Por este motivo, la transformación del sistema procesal de las *legis actiones* en el procedimiento *per formulas* se produjo con la autorización, para este caso concreto, del nuevo procedimiento formulario (mediante la *lex Aebutia* del siglo II a.C.).

En efecto, el esquema verbal de la *legis actio per condictionem*, mediante la que se exigía frente a un deudor una cantidad cierta de dinero o cosa cierta (*res certa credita*), por su brevedad y abstracción, era ya un esquema formulario. La afirmación que hacía el demandante (afirmo que me debes dar 10, *aio te mihi decem dare oportere*), era exactamente la misma en la *condictio* del proceso formulario. Las mismas palabras solemnes que se utilizaban para iniciar el procedimiento mediante las acciones de la ley bastaban para iniciar el procedimiento *per formulas*, simplemente integrándolas en la fórmula procesal. Esta sería, por tanto la fórmula procesal originaria, a partir de la cual se desarrollaron todas las demás fórmulas del procedimiento formulario.

4. La *legis actio* ejecutiva: modalidades de *manus iniectio*

Existieron varios casos en que se procedía a la *manus iniectio*, que consistía en el apoderamiento de una persona (echarle la mano encima), pero siempre con la autorización de una *lex publica*. Por ejemplo, en el caso en que fuese llamado a juicio (*in iure*) un ciudadano romano, este debe acudir por imperativo de las XII Tablas (*si in ius vocat ito*) y en caso de no hacerlo, se realizaba una *manus iniectio vocati*. Pero veamos otros casos en que se admitió la *manus iniectio*, como forma para ejecutar una resolución recaída en un procedimiento.

4.1. *Manus iniectio iudicati* (o *damnati*)

Las XII Tablas establecieron una *manus iniectio iudicati* (o *damnati*) frente al que no pagaba cuando ya había recaído contra él una resolución judicial. El demandante acudía de nuevo al pretor, y afirmaba frente al ya condenado: dado que tú has sido condenado a mi favor a diez mil sestercios y no has pagado, yo realizo sobre ti la *manus iniectio* (según Gayo 4.21).

El *iudicatus* (o *damnatus*) y también el *confessus in iure* (el demandado por una cantidad cierta de dinero, que ante el pretor reconocía la veracidad de la afirmación del demandante, que quedaba así equiparado al *iudicatus*) no podían eludir el apoderamiento sobre su persona (*manun depellere*). Solamente podían liberase o bien pagando, o bien mediante la presentación de un *vindex*, persona que se situaba en su lugar para pagar la cantidad debida.

En el caso contrario, el pretor haría la entrega o *addictio* del deudor al demandante, quien, según las XII Tablas, podía mantenerlo encadenado durante sesenta días, pero debía exhibirlo en tres mercados consecutivos por si alguien le liberaba pagando en su lugar (Gell. NA XX, 1.46-47). Pasado este plazo podía venderlo *trans Tiberim*, lo cual implicaba su salida de la ciudad de Roma con la pérdida de la ciudadanía y la consiguiente pérdida de sus derechos como ciudadano. Esta fue la forma más primitiva de ejecución de las sentencias pronunciadas contra un deudor.

4.2. *Manus iniectio pro iudicato*

Además, según Gayo 4.22 «sucesivamente, algunas leyes concedieron por otras causas determinadas la *manus iniectio* contra determinados deudores, como si hubiesen sido juzgados». Describe aquí Gayo una *manus iniectio pro iudicato*, que tenía lugar sin necesidad de *iudicium*, y en los casos previstos en la ley. Gayo cita como ejemplos la *lex Publilia*, según la cual se concedía la *manus iniectio* a favor del avalista (*sponsor*) que pagó en lugar del deudor, si este en el plazo de seis meses no le reintegró el dinero[15].

Uno de estos casos sería, probablemente, la *manus iniectio* que se realizaba contra el que vendió una cosa ajena mediante *mancipatio*. Si el verdadero dueño vencía en juicio al comprador, este tenía que restituirle la cosa comprada, pero podía proceder mediante la *manus iniectio* contra el vendedor no dueño, para exigirle el doble del precio que pagó. Se realizaba contra este una *manus iniectio* como si hubiese sido juzgado, porque no hacía falta celebrar otro juicio contra él, ya que la prueba de que vendió una cosa de la que no era propietario ya se había obtenido[16].

---

15   También cita Gayo 4.22 la *lex Furia*, que concedía la *manus iniectio* a favor de un cofiador frente a otro cofiador que no pagó la parte que proporcionalmente le correspondía (el cofiador era avalista de solo una parte «viril», esto es, de la parte que resultaba de la división del total entre todos los cofiadores). Gayo añade en este mismo pasaje que otras muchas leyes otorgaron este tipo de *manus iniectio* en numerosos casos.

16   Gayo 4.23 admite la existencia de otros casos que llama *manus iniectio* pura, sin necesidad de la ficción *pro iudicato*, tal es el caso de la ley Furia testamentaria, que concedía la *manus iniectio* contra el que, sin estar autorizado en la ley, recibió más

5. Normas procesales de las XII Tablas

Existen normas procesales en las XII Tablas (Tab. 1-3), donde, en primer lugar, se menciona la llamada a juicio (*in ius vocatio*): el llamado a juicio debe ir (*si in ius vocat, ito*). Si se niega a ir, se testificará el hecho (*ne it antestamino*) y ante la negativa puede ser aprehendido (*igitur em capito*). Y si intenta fugarse o evadirse, puede procederse a la aprehensión o imposición de manos sobre la persona (*manum endo iacito*), acto solemne que perduró durante siglos en forma de *manus iniectio vocati*. Si el demando está enfermo, es viejo o padece algún defecto físico, el demandante deberá proporcionarle un jumento, pero no está obligado a proporcionarle un carruaje. El llamado a juicio puede ser sustituido por otra persona (*vindex*) que se preste a asumir la deuda, liberando al demandado.

Si desde el principio el demandado reconoce como cierta la afirmación de la parte contraria, cuando se trata de una deuda de cantidad cierta de dinero, se le considera *confessus in iure* y, en consecuencia, en situación igual al *iudicatus*. En las XII Tablas se regulaba el procedimiento de ejecución tanto contra el *iudicatus* como contra el *confessus in iure*: se le dan treinta días para que pague, y si no lo hace, se procederá contra él con la *manus iniectio* y será conducido ante el pretor (*aeris confessi rebusque iure iudicatus XXX dies iusti sunto; post deinde manus iniectio esto. In ius ducito*). Este, como hemos visto antes, haría una *addictio* a favor del acreedor.

También se establece en las XII Tablas la posibilidad de que las partes realizasen un *pactum* antes del mediodía, que es cuando debían concurrir al foro (*rem ubi pacunt orato. Ni pacunt in comitio aut in foro ante meridiem causam coiciunto*). Se admite el aplazamiento del litigio en el caso de un mal físico o de enfermedad (*morbus sonticus*), pero si no hay motivo dilatorio, gana el litigio la parte presente (*post meridiem praesenti litem addictio*), y en todo caso el litigio debería terminar en el mismo día antes del ocaso (*si ambo praesentes, solis occasu suprema tempestas esto*).

Medios de prueba son, ante todo, los testigos (*testes*) que declaran bajo juramento. En época arcaica deben acudir obligatoriamente a testificar los que habían presenciado los negocios *per aes et libram*, bajo la sanción de considerarlos incapaces para aportar testigos en un litigio en el que sean ellos mismo parte (XII Tab. 8.22: *improbus intestabilisque esto*). Además, podían ser sometidos a la

---

de mil como legatario o por otra vía por causa de muerte. También la ley Marcia admitió la *manus iniectio* contra los que cobraron usuras (interés no pactado del dinero), para obligarles a devolver lo recibido.

obvagulatio los que se nieguen a testificar, consistente en acudir a su casa durante tres días, pronunciando una especie de conjuro como forma de reprobación pública (XII Tab. 2.3).

Por este motivo, en el caso del *furtum manifestum*, esto es, cuando el ladrón había sido sorprendido en flagrante delito, se producía la *endoploratio* o llamada de vecinos, que serían testigos y servían además como una especie de tribunal de urgencia que presenciaba la muerte del ladrón nocturno o del que esgrimía armas en su defensa. También acompañaban los testigos al robado en la búsqueda de la cosa robada, debiendo luego testificar si esta fue hallada en casa del ladrón.

El procedimiento formulario

Mediante una *lex Aebutia* del año 130 a.C. y, más adelante, por medio de dos leyes Julias (según dice Gayo 4.30) fueron derogadas las *legis actiones*, porque había comenzado a desarrollarse a partir de ellas un nuevo procedimiento de técnica jurídica menos rígida, en el que todas las acciones se podían encauzar por medio de una serie de fórmulas preestablecidas, y que por eso se llamó procedimiento formulario.

Las palabras ya no se recitan solemnemente sino que se condensan en una proposición ordenada esquemáticamente, dirigida al *iudex*. Este procedimiento se impone decisivamente desde la época de Augusto y perdura durante toda la época de esplendor de la jurisprudencia clásica (hasta mediados del siglo II d.C.).

Veamos las partes de las que estaba compuesta una fórmula procesal.

1.   Partes ordinarias de la fórmula

1.1.   Nombramiento de juez

Se sitúa en cabeza de la fórmula y consiste en determinar la persona que actuará como juez (*Titius iudex esto*: sea juez Ticio) o las personas que formarán parte del tribunal de *recuperatores* (*Titius Caius Maevius recuperatores sunto*: Ticio, Cayo y Mevio sean jueces-recuperadores).

1.2. *Intentio*

Es la parte de la fórmula que contiene la pretensión del demandante (según Gayo 4.21), donde se plantea la cuestión litigiosa, el derecho o el hecho en que el demandante apoya sus pretensiones. Hay fórmulas que constan solamente de *intentio* como los *praeiudicia* o acciones prejudiciales (Gayo 4.44), en las que únicamente se pretende que el juez se pronuncie afirmativa o negativamente respecto a una cuestión no litigiosa, pero previa a la celebración del juicio porque tiene relación con otra acción que pretende interponerse después. P. ej., si la persona que se pretende demandar es o no un liberto; o bien, que se determine a cuanto asciende la dote de Ticia (*quanta dos Titiae sit*). En estos casos la decisión del *iudex* no puede ser de condena o absolución, sino es simplemente declarativa.

La *intentio* puede ser *in ius concepta* o bien *in factum concepta*. En la primera se indaga acerca cual de las partes ha actuado conforme a derecho, se indaga acerca del derecho (*de iure quaeritur,* Gayo 4.45). Esto sucede en los tres supuestos en que se aplicaba la *legis actio sacramento*: cuando pedimos que se determine si una cosa es nuestra según el *ius Quiritium,* o que alguien nos debe dar algo (*dare oportere*), o que se declare la responsabilidad (*damni decisio*) de la otra parte, con la consecuente imposición de una pena.

En cambio, hay otras fórmulas que contienen una *intentio in factum.* Se basan en un hecho concreto, que el pretor, teniendo en cuenta criterios de equidad, considera digno de protección. Al comienzo de la fórmula se señala el hecho de que se trata, al que se añade por el pretor el mandato al juez de que, por ese hecho en cuestión, condene o absuelva (Gayo 4.46). Sin necesidad de invocar un derecho establecido por el *ius civile,* se pide la protección porque ha acaecido ese hecho concreto y que se determine si, en virtud de ese hecho invocado, debe el demandado ser condenado o absuelto.

Ciertos casos encajan a la vez en las dos fórmulas, *in ius* o *in factum* como sucede, por ejemplo, tanto en el contrato de depósito como en el de comodato. En el primer caso, la *intentio in ius* alude al contrato de depósito realizado: puesto que hubo contrato de depósito (de una mesa de plata) y de esto se trata (*qua de re agitur*), se pide al juez que condene a cuanto deba dar o hacer el demandado conforme a la buena fe (*quidquid dare facere oportet ex fide bona*). En cambio, con la *intentio in factum* se pide al juez que, si considera probado (comienza con *si paret…*) que fue depositada una cosa (mesa de plata) por el demandante en poder el demandado, que no la devolvió con dolo malo, condene a este al importe del asunto (*quanti ea res erit,* Gayo 4.47). La consecuente *condemnatio* en ambos casos sería la misma.

Estas dos modalidades de *intentio* constituían dos modalidades de acciones que fueron esenciales en la formación y desarrollo del Derecho romano. La *actio* con fórmula *in ius concepta* servía para cualquier reclamación basada en el *ius civile,* p. ej., para cualquiera (ciudadano romano o extranjero), que hubiese adquirido la propiedad conforme al *ius civile,* por medio de la *usucapio.* Y la fórmula *in factum concepta* fue un instrumento extraordinario en manos del pretor que protegió así situaciones no previstas en el *ius civile.* El pretor no puede crear una *actio civilis* porque esta tiene que estar fundamentada en la ley, pero si existe un hecho que no encaja en una forma o *causa civilis,* puede conceder el pretor la acción porque hay una situación que, *de facto,* es digna de protección.

1.3. *Demonstratio*

Se trata de una parte de la fórmula que se inscribe al principio para que quede más explícito el asunto de que se trata (según Gayo 4.40). Comienza con la palabra *quod* (puesto que), como aclaración de la *intentio*. Aparece en las acciones que contienen una petición incierta, esto es, en la que el juez tiene que realizar una estimación para calcular la cuantía de la *condemnatio*. Se requiere entonces que la *demonstratio* contenga una explicación previa o la premisa sobre la que se fundamenta esa petición que contiene el *incertum*. Así, por ejemplo, en la *actio venditi* el vendedor demanda al comprador, con la introducción siguiente: «puesto que Ticio vendió un esclavo a Cayo, cuestión de la cual se trata, y Cayo no le pagó...». La *demonstratio* aclara que se trata de una compraventa celebrada entre las partes litigantes.

Y esta *demonstratio* a su vez tiene que estar coordinada con la *intentio*, ya que en este caso el demandante pide que se condene «a todo lo que Cayo deba dar o hacer a Ticio, según la buena fe», porque, como se dice en la *demonstratio*, se celebró una compraventa, y esta es un contrato de buena fe[17].

1.4. *Condemnatio*

Es la parte de la fórmula en la cual se otorga al juez la facultad de condenar o absolver (Gayo 4.43). La característica esencial del procedimiento formulario romano es que la *condemnatio* tiene que fijarse siempre en una cantidad de dinero, cualquiera que sea la cuestión litigiosa. Incluso cuando el demandante pide un objeto concreto (un fundo, un esclavo, oro o plata, como advierte Gayo 4.48) y el demandado no lo restituye, el juez condenará a su estimación en dinero (*pecuniaria aestimatio*).

---

17   La acción aquí se basa en la existencia de un contrato de compraventa, cuyo incumplimiento es objeto de reclamación. Se trata de exigir el cumplimiento de una *obligatio civilis* no nacida *ex lege*, sino derivada de una relación contractual basada en la buena fe, lo cual requiere una *demonstratio*, ya que se debe indicar el concreto contrato celebrado. La introducción de la *demonstratio* en la fórmula fue la forma mediante la cual se incorporaron al *ius civile* los negocios *ex fide bona* del *ius gentium*. A la originaria petición de que se condene al demandado a todo lo que deba dar o hacer (*quidquid dare facere oportet*), se le añaden a las palabras *ex fide bona* (*quidquid dare facere oporter ex fide bona*). Como los negocios provenientes del *ius gentium* no constituían en origen una causa de *obligatio civilis* había que mencionarlos, y no como hechos que debían ser objeto de prueba, sino como un negocio ya admitido en Derecho, que las partes habían celebrado: *quod hominem vendidit...* (Gayo 4.40).

Se puede distinguir entre *condemnatio certa* y *condemnatio incerta*. En la primera el juez debe condenar a la suma de dinero cierta que aparece en la *intentio certa*. Así, cuando se reclama una cantidad de dinero cierta (p. ej., que fue objeto de préstamo), el juez, si considera probada la existencia de la deuda, debe condenar al demandado al pago de esa misma cantidad cierta. Aquí basta con que se demuestre la veracidad de la *intentio*, esto es, si resulta probado que el demandado es deudor por esa cantidad cierta de dinero, porque el demandante se la entregó, el juez debe condenar a devolver esa misma cantidad (Gayo 4.50).

La *condemnatio incerta* es aquella en la cual se atribuye al juez la facultad de fijar la suma a la que será condenado el demandado, atendiendo a ciertos criterios que suelen expresarse en la misma fórmula. Salvo el caso antes citado de reclamación de *pecunia certa* (y también de *res certa credita*), la *condemnatio* es *incerta* y ello implica la realización de una una valoración o *litis aestimatio* por parte del juez.

Veamos las diversas modalidades de *condemnatio incertae pecuniae*:

Cuando se trata de una acción real, esta se caracteriza por ser arbitraria, esto es, una acción en la que se le exige al demandado que restituya una cosa o la exhiba conforme al arbitrio del juez, y si no lo hace, será condenado a lo que vale la cosa (Gayo 4.163, D. 43.4.2). La *condemnatio* se establecía así: *quanti ea res est* (D. 4.3.18).

Otras veces se establece la condena en *quanti ea res erit*, caso en que el juez tendrá que condenar al importe del asunto en cuestión (D. 27.6.7.2). P. ej, la responsabilidad por daños se fijaba en el doble del valor del daño causado (*quanti ea res erit in duplum*), porque las palabras *quanti ea res erit*, contienen todo el detrimento de la cosa (*omne detrimentum recipiunt*, D. 11.3.11pr).

En otros casos la condena se deberá calcular en cuanto interesa al actor, *id quod (actoris) interest*, ya que hay que valorar el interés patrimonial que persigue el demandante con la interposición de la acción en el caso concreto (D. 2.3.1.4). Por ejemplo, si se había hecho la promesa de asistir a juicio, sin estipularse pena para el caso de no hacerlo, si no se presenta el demandado, entonces la acción se ejercitará en cuanto le interesaba al actor que este se presentase (D. 2.5.3). También en el caso de que se reclame por la ley Aquilia la muerte de un esclavo, dice Ulpiano, no se estimará lo que vale su cuerpo, sino lo que importa su muerte al demandante (D. 9.2.21.2).

En el caso de las acciones de buena fe, que se basan en una relación contractual de buena fe, se pide al juez que condene a todo lo que el demandado daba dar o hacer conforme a la buena fe (*quidquid ob eam rem dare facere oportet ex fide bona*). El juez dispone en este tipo de *condemnatio* de una gran amplitud para valorar la conducta de ambas partes en el litigio, determinando si infringieron la buena fe en el ámbito contractual.

Hay otros casos en los que la *condemnatio* en una acción personal se remite al criterio de equidad del juez, que condenará a la cantidad que le parezca equitativo (*in quantum de ea re aequum videbitur*). Así cuando se sancionaba a un juez no imparcial, esto es, que infringió su deber en el ejercicio de su cargo (cuasidelito), el juez que lo condene tendrá que tener en cuenta la equidad del caso (D. 50.13.6; I. 4.5), esto es, la mayor o menor culpa del infractor o si actuó con dolo, y todas las demás posibles circunstancias. Asimismo, en el caso de que, contra la prohibición del edicto edilicio de no tener animales sueltos (perro, jabalí, león) en lugares de paso de personas, si algún animal causa un daño a un hombre libre, se condenará al dueño a cuanto le parezca equitativo al juez (I. 4.9pr. y 1). Se entiende por daño a un hombre libre el que se causa en su integridad moral o física, lo cual no es propiamente un daño en su patrimonio.

Por otra parte, hay dos tipos de *condenmantio incerta*, una que se llama *cum taxatione*, en la que el pretor fija la cantidad máxima de la *condemnatio* que el juez no puede sobrepasar, y otra que se llama *incerta et infinita* (incierta y sin tasa), en la que el juez debe determinar el valor de la cosa, sin tope máximo (Gayo 4.51).

Otras veces, sin señalar la cantidad máxima en dinero, se establece otra medida máxima de la *condemnatio*, como, por ejemplo, el valor del *peculium* del demandado (*dumtaxat de peculio*); y otras veces se encomienda al juez que no condene más allá de las verdaderas posibilidades económicas del demandado (*beneficium competentiae*) respetándole un mínimo para que pueda llevar una vida decorosa.

1.5. *Adiudicatio*

En esta cláusula se faculta al juez (que en este caso realiza una función arbitral) para atribuir o adjudicar partes concretas de un bien que está en condominio (o copropiedad) a cada uno de los copartícipes. La *adiudicatio* era una cláusula característica de la *actio familiae erciscundae* (división de la herencia), de la *actio finium regundorum* (determinación de linderos y fijación de límites entre fincas colindantes) y de la *actio communi dividundo* (división de cosas en copropiedad). En la *adiudicatio* se contiene un mandato dirigido al juez para que adjudique la parte que crea que le corresponde en propiedad a cada uno de los condueños (*iudex quidquid adiudicare oportet adiudicato*). No se pide al juez condene o absuelva, sino de que haga un acto constitutivo de derechos reconociendo la propiedad de una porción individual a cada uno de los condóminos. Pero, en algunos caso concretos, además, podrá el juez establecer el pago de ciertas compensaciones pecuniarias entre ellos, puesto que se trata de lograr la mayor igualdad posible entre las partes resultantes de la división y adjudicadas a cada uno.

2. Partes extraordinarias de la fórmula

2.1. *Exceptio*

Es la cláusula en la cual se encuentra la alegación por parte del demandado de una circunstancia que tiene efecto paralizante frente a la pretensión del demandante. Se coloca esta cláusula entre la *intentio* y la *condemnatio*. Por ejemplo, si el acreedor y el deudor habían pactado no reclamar una deuda en el plazo de un tiempo y el acreedor, no obstante, demanda con la *actio* correspondiente, puede el demandado oponer la *exceptio pacti* (Gayo 4.119).

En el ámbito de la compraventa existían varias excepciones que el comprador podía oponer frente al vendedor. Si el vendedor, después de la venta reivindica la cosa frente al comprador, este tiene la *exceptio doli* contra aquel (D. 21.2.17). Además, si se vendió una cosa ajena, y luego el vendedor se hace dueño de ella y la reivindica del comprador, tiene este la excepción de que la cosa le fue vendida y entregada (*exceptio rei venditae et traditae*) para paralizar su acción (Ticio vendió un fundo que era de Sempronio, y Ticio luego hereda a Sempronio y pretende reclamar como dueño frente a su comprador). Y, en este mismo caso, esto es, siendo el vendedor no dueño, si reivindica contra el comprador, tiene este contra el vendedor la excepción de cosa comprada o dolo malo (*exceptio rei comparata vel doli mali*) si, además, se la vendió a otro, esto es, si la vendió dos veces (D. 6.1.72; D. 44.4.4.32; D. 21.3.2), incluso si en la segunda venta ya era dueño de la cosa. En definitiva, nunca el vendedor no dueño vencería con una acción reivindicatoria contra el que le compró a él.

La *exceptio* aparece como condición negativa frente a la condena, porque el demandado no niega la afirmación contenida en la *intentio*, sino que afirma que existe una circunstancia negativa y paralizante frente a la acción del demandante, por la cual no debe ser condenado.

Cuando se trata de una acción de buena fe (*actio bonae fidei*) no es necesario incluir en la fórmula la excepción de dolo (*exceptio doli*) porque en este tipo de acciones ha de tenerse en cuenta necesariamente por el *iudex* en el momento de calcular la *condemnatio* toda actitud que sea contraria a la buena fe de cualquiera de las partes dentro de la relación contractual.

Se puede clasificar los diversos tipos de *exceptiones*, distinguiendo excepciones civiles, las que tiene el fundamento en una ley (*exceptio legis Cinciae,* que prohibió ciertos casos de donaciones, *Fr. Vat. 266*) o en un senadoconsulto (*exceptio senatus consulti Velleiani,* que prohibió a las mujeres asumir cualquier obligación en interés de otro, esto es, ser fiadoras de cualquier tipo de obligación, s. I) y excepciones pretorias, que son las admitidas en situaciones concretas por el pretor como la *exceptio pacti*, o la excepción de cosa juzgada (*exceptio rei iudica-*

tae vel in iudicium deductae), conforme a la cual el demandado puede alegar que la misma cuestión con las mismas partes actuantes ya había sido previamente objeto de decisión por un juez. Asimismo se distingue entre excepciones perentorias (*peremptoriae* o perpetuas) que paralizan definitivamente la demanda (Gayo 4.121) y excepciones dilatorias (*dilatoriae* o temporales, Gayo 4.122) que tienen una validez temporal (ejemplo: el pacto de no pedir en 5 años) y, por tanto, no impiden que se vuelva a interponer la acción más adelante.

En algunos casos, frente a la excepción del demandado se admite que el demandante, a su vez, oponga una réplica. P. ej., si el demandado alega que pactaron que no se exigiría la deuda, pero después pactaron lo contrario. Esto lo podía alegar el demandante en su réplica (Gayo 4.126) y así neutralizaba la excepción.

2.2. Praescriptio

Es una parte extraordinaria de la fórmula que se inserta al principio de la misma con objeto de delimitar algunos de sus efectos. Se le advierte al juez que tenga previamente en cuenta determinadas circunstancias que evitan una decisión injusta o dañosa para alguna de las dos partes. Y así hay *praescriptiones pro actore* (Gayo 4.130 y 131) y *praescriptiones pro reo* (Gayo 4.133).

Un ejemplo de *praescriptio pro actore* es la advertencia de que se reclama un plazo vencido y no toda la deuda, al objeto de no consumir la acción definitivamente. Se advierte al juez en cabeza de la fórmula que la demanda se refiere a plazos vencidos de la deuda (*ea res agatur cuius rei dies fuit*, Gayo 4.131). De esta forma podría el demandante más adelante reclamar el resto de la deuda.

Análogamente, con la *praescriptio pro reo* el demandado trata de advertir al juez una circunstancia que le favorece. A finales del siglo II estaba consolidado el uso de la denominada *praescriptio longi temporis* para el caso de que se reivindicase la propiedad de una cosa frente al que la estaba poseyendo de buena fe, habiendo transcurrido el tiempo de diez años entre presentes (si demandante y demandado vivían en la misma provincia) y veinte entre ausentes (si vivían en provincias distintas). Con esta *praescriptio* el poseedor podía alegar que el derecho del demandante había prescrito por el transcurso del tiempo, y el litigio no se paralizaba, sino que terminaba con la declaración de que el demandante había perdido su derecho a ejercitar la acción del propietario (*reivindicatio*).

3. Clases de acciones

En el proceso formulario el derecho a interponer una acción (*actio*) viene a ser una *potestas agendi in iudicio*, es decir, la facultad o potestad de iniciar o entablar un juicio (*iudicium*) para perseguir lo que nos es debido (D. 44.7.51: *Nihil aliud est actio quam ius quod sibi debeatur, iudicio persequendi*; I. 4.6pr). La distinción esencial es la que distingue entre acciones civiles y acciones *in factum*, que ya hemos analizado a propósito de la *intentio* como parte ordinaria de la fórmula. Pero existían otros muchos tipos de acciones en Derecho clásico romano.

3.1. Acciones reales, personales y mixtas

La más importante clasificación de las acciones es la que distingue entre las acciones reales (*actiones in rem*) y las acciones personales (*actiones in personam*). Con las primeras se persigue que se declare la titularidad dominical, esto es, que se le reconozca al demandante el derecho de propiedad (*dominium*), o la titularidad de algún derecho real sobre una cosa ajena (*ius in re aliena*). Se realiza una *vindicatio* o afirmación de poder del *dominus ex iure Quiritium*, que, en general aparece en las fuentes como *petitio* (D. 44.7.28pr).

Con la *actio in personam* el demandante pide que se condene al demandado a todo lo que deba dar o hacer (*dare facere oportere*), es decir, el juez debe hacer un declaración de responsabilidad de una de las partes (*damnatio*), y fijar en dinero la cantidad que debe pagar (*condemnatio*). En general, la palabra *actio* se refiere a la acción personal o *in personam* (D. 44.7.28pr). Queda exceptuado el caso en que se pide una cosa o cantidad cierta (*res certa credita*), en cuyo caso las fuentes no hablan de *actio*, sino de *condictio*.

En época de Justiniano se consolidó la categorías de las acciones mixtas, que son tanto reales y como personales (*actiones mixtae, tam in rem quam in personam*, I. 4.6.20), entre las cuales están las acciones divisorias, ya mencionadas. En estas, junto a la adjudicación (*adiudicatio*) a cada uno de los condueños de la porción individual que le corresponde en el todo, puede imponer el juez también la *condemnatio* pecuniaria, para que las porciones que se adjudiquen en propiedad a cada uno de los condóminos resulten lo más equitativas posible. Otra acción mixta sería la acción Serviana, cuando en la época clásica se le dio el nombre de acción Serviano o hipotecaria, con la que, como veremos, el acreedor podía exigir la restitución de la cosa pignorada frente a todos, incluido el deudor (como acción *in rem*), y si no se restituía, el pago de su valor, pero frente al deudor, lo que se exigía, en definitiva, era la restitución de la cosa, o, si no, el pago de la deuda (como actio *in personam*).

3.2. Acciones arbitrarias

Existe también la categoría de las acciones arbitrarias. Lo eran todas las acciones reales, mediante las cuales se persigue el reconocimiento del título de propietario o de la titularidad de un derecho real. Contenían una cláusula arbitraria en la que el pretor ordenaba al juez que impusiese una condena (pecuniaria) si el demandado no realizaba la restitución de la cosa que fuese conforme a su arbitrio (*neque ea res arbitrio tuo restituetur*)[18]. Por tanto, para evitar la condena el demandado debía restituir, la cosa objeto del litigio. Y son arbitrarias también todas las demás acciones en las que se impone una condena al demandado a no ser que satisfaga al actor según el arbitrio del juez (p.ej., exhibiendo una cosa, o pagando).

Por tanto, ciertas acciones personales también eran arbitrarias, por ejemplo, la acción de dolo (*actio de dolo*) o la reclamación por causa de violencia o miedo (*actio quod metus causa*). En estos casos el juez determina, conforme a la naturaleza de cada asunto, como debe satisfacerse al demandante (I. 4.6.31) y si el demandado no lo hacía podía el juez imponer una *condemnatio* que llevaba aparejada una sanción (en el caso del *dolus*, la infamia, y en el caso del *metus* la condena al cuádruplo).

3.3. Acciones penales, reipersecutorias y mixtas

La acción penal persigue la imposición de una pena, la acción reipersecutoria persigue la cosa misma, y la mixta persigue ambas finalidades. Así p. ej., la acción por el hurto (*furtum*) es penal, porque desde las XII Tablas el *furtum manifestum* se sanciona al cuádruplo, y el *furtum nec manifestum* se sanciona al doble, por haberse llevado o aprovechado económicamente de la cosa de otro. Pero si el que fue privado de la cosa quiere que le sea devuelta la cosa misma, entonces además tiene la *condictio furtiva* (I. 4.6.18), que es una acción reipersecutoria.

En cambio, cuando algún bien ha sido arrebatado con violencia, la acción correspondiente es mixta, y se llamaba *actio vi bonorum raptorum*. Aquí el ladrón está obligado a devolver la cosa arrebatada con violencia, bajo sanción del triple, y si no la devuelve, la sanción será del cuádruplo (I. 4.6.19).

Para clarificar la diferencia entre estas acciones es muy útil la *actio de tigno iuncto*. Cuando se había empleado en una edificación o en una viña una viga

---

18   En las acciones arbitrarias, en el caso de que el demandado no restituyese, teniendo la cosa en su poder (caso en que se le consideraba contumaz) se sancionaba su conducta dolosa, ya que se permitía que la condena pecuniaria fuese determinada mediante juramento del demandante (*iusiurandum in litem*), pero en este caso siempre dentro de la cantidad tasada que establece el pretor (D. 4.3.18).

o madero ajeno, las XII Tablas establecían que el dueño de este no tenía una acción para reivindicarlo ni podía arrancarlo, sino que, en aras de la conservación de lo construido, tenía una acción por el doble de su valor (D. 47.3.1 e I. 2.1.29). Sería esta entonces una acción penal. Pero, a finales de época clásica, según Ulpiano, si se ejercitó la *actio de tigno iuncto*, y el madero estaba separado del resto de la construcción, entonces se podría pensar en conceder más bien la acción reivindicatoria (D. 47.3.2).

3.4. Acciones útiles

La acción útil (*actio utilis*) es la acción que el pretor autoriza porque considera, por criterios de equidad, que debe ampliarse el ámbito de aplicación de las acciones ya existentes en el *ius civile* a circunstancias o personas nuevas. P. ej., con la ley Aquilia se sancionaba el daño injustamente causado, pero, si alguien consumió el vino o el trigo ajeno, no se puede considerar que el daño fue causado propiamente con injusticia, y, por este motivo, se concede contra el que consumió esos bienes la *actio utilis legis Aquiliae* (D. 9.2.30.2). Otro ejemplo sería el de la acción por los daños causados por las cosas arrojadas o derramadas (*actio de effusis et deiectis*) a los lugares por donde se transita. Esta acción se interponía contra el que habita el edificio desde donde se arrojaron las cosas, pero también se admitió su interposición como acción útil contra el que tenga el mando de la nave, si las cosas se hubiesen arrojado de esta (D. 9.3.6.3).

3.5. Acciones directas y contrarias. *Iudicium contrarium*

También se distingue entre acciones directas y acciones contrarias, que existían cuando dos partes estaban vinculadas por una relación contractual (p. ej. depósito, comodato, mandato o *conventio pignoris*). Por ejemplo, el deudor pignorante tiene la *actio pignoraticia directa* para exigirle al acreedor la restitución de la cosa una vez que ha pagado la deuda, pero si el mantenimiento le ha causado gastos al acreedor, tiene este contra el deudor la *actio pignoraticia contraria* para recuperarlos.

Pero, además, en ciertos casos, sin que la parte que tiene la acción directa reclame, podía iniciarse contra esta un litigio por la parte contraria por causa de su incumplimiento contractual, como sucede, p. ej., en el *pignus*: cuando el deudor actuó dolosamente, el acreedor puede iniciar contra él un *iudicium contrarium* (si, p. ej., según Ulpiano D. 13.7.9pr., dio en prenda una cosa ajena).

3.6. Acciones de buena fe y derecho estricto

En las *actiones bonae fidei* el juez debe condenar teniendo en cuenta la infracción de la buena fe de cualquiera de las partes en litigio. Así sucede en la compraventa, en la que el juez puede condenar a cualquiera de las partes que actuó de forma contraria a la buena fe. En cambio, en las acciones de derecho estricto, solo puede el juez condenar estrictamente al demandado si incumplió aquello a lo que se obligó. Esto sucedía en la *actio fiduciae*, ya que en la *fiducia* (*cum creditore*) el acreedor se había comprometido a vender la cosa propiedad del deudor, si este no pagaba la deuda. Bastaba con comprobar que el acreedor no vendió, para condenarle, en este caso, con la pena de infamia, por haber infringido la *fides* contractual.

3.7. Acciones *in bonum et aequum conceptae*

Estas acciones se concedían porque se consideraba justo y equitativo la reintegración del patrimonio del demandante. P. ej., la *actio funeraria*, o acción con la que se exigía el reintegro de los gastos de entierro de una persona era *in bonum et aequum concepta*, porque se entendía que la persona que los realizó tenía derecho a su devolución, pero, además, siempre en la cuantía que fuese conforme a la dignidad de la persona fallecida (D. 11.7.14.6). También la *actio de effusis et deiectis* (de las cosas derramadas o arrojadas) lo era, porque, en el caso de que se hubiese causado un daño a un hombre libre, este no se consideraba propiamente un daño en el patrimonio (o pecuniario) que fuese transmisible al heredero, sino que, como dice Ulpiano, la acción se le concedía al demandante con fundamento en la bondad y equidad (D. 9.3.5.5).

3.8. Acciones populares

Finalmente, las acciones populares se pueden interponer por cualquiera que tenga interés en el asunto. La acción antes mencionada, *de effusis et deiectis*, es popular y puede interponerse por cualquiera que tenga interés en el asunto, que sería el que se viese amenazado por las cosas vertidas o arrojadas de las casas (D. 9.3.5.13). También es una acción popular la *actio de sepulchro violato* (D. 47.12.3.12), la acción por violación de una sepultura. Si la interpone el dueño del sepulcro, el juez condenará a cuanto estime que es equitativo, pero si no tuviera dueño o este no quisiera ejercitar la acción, puede ejercitarla cualquier persona, en cuyo caso dará el pretor la acción con condena tasada en cien áureos.

4. Las partes en el litigio y tipos de juicios (*iudicia*)

Como parte en el procedimiento formulario podían actuar los ciudadanos romanos, que tuviesen la condición de *sui iuris*. Las mujeres y los *impuberes* pueden actuar *in iure*, pero asistidos de un tutor (*auctoritas tutoris*), y los locos (*furiosi*) y pródigos (*prodiga*), asistidos por su *curator*.

En algunos casos concretos podía comparecer una persona a nombre de otra (*alieno nomine agere*). Esto sucedía cuando se trataba de reclamar la libertad de un esclavo (*pro libertate*), caso en el cual estaba admitida la comparecencia de una persona que aseveraba la libertad de un esclavo (*adsertor libertatis*); o en los casos de reclamación o *vindicatio* a nombre del pueblo (*pro populo*) de una propiedad frente a quien la está poseyendo. Se admitió también en virtud de una ley (*ex lege Hostilia*) que una persona actuase en juicio en nombre de otra, que estaba ausente en misión oficial (*rea publicae causa*), si había sido víctima de un *furtum* durante su ausencia.

Existían, también, casos en los que las partes no acudían personalmente al litigio, sino por medio de representantes, el *cognitor* o el *procurator*, nombrados, como veremos, en la fase inicial del procedimiento, celebrada ante el pretor (*in iure*).

Los juicios que se celebraban en Roma, ante un juez único, entre ciudadanos romanos y basados en una acción contemplada en el edicto del pretor se llamaban juicios legítimos (*iudicia legitima*). En cambio, los juicios que se celebraban fuera de una milla de la ciudad de Roma (sea entre ciudadanos romanos o extranjeros), o los que se entablaban ante un tribunal de *recuperatores* (3 ó 5 jueces), o ante un juez único, pero con intervención de un extranjero como juez o litigante, se llamaban *iudicia imperio continentia*, porque se basaban en el *imperium* del pretor. Estos últimos se llaman así porque solo tienen vigencia mientras dure el mandato del magistrado que los nombró (Gayo 4.103; 104; 105; 109).

LECCIÓN 7

Fase *in iure*, fase *apud iudicem*. Sentencia

1. La fase ante el pretor (*in iure*)

El origen de la *iurisdictio* enlaza con el sentido ético-religioso del término *ius*. Con la expresión *ius* se calificaba la licitud o ilicitud de una acción o actividad (*ius est - ius non est*). Los sacerdotes, intérpretes de la voluntad divina, monopolizaban en la etapa más antigua los ritos que conducían a la determinación de lo justo (*ius*). El pretor (*praetor*) es el sucesor de los sacerdotes en una función ya secularizada consistente en autorizar la actuación ritual de las partes en litigio.

La función jurisdiccional (*iurisdictio*) en el procedimiento formulario la ejercía el pretor, creado en el año 367 a.C., por las leges *Liciniae-Sextiae*. Ante el pretor tiene lugar la fase inicial del procedimiento formulario.

La función jurisdiccional del *praetor* consistía en conceder o denegar la acción (*actionem* o *iudicium dare*[19]). Igual que en un rito religioso, el *praetor* indicaba las palabras litúrgicas o rituales que las partes seguidamente deberían pronunciar ante él y las autorizaba con su presencia confiriéndoles un valor vinculante. La función del pretor era la *iurisdictio*, consistente en determinar los ritos judiciales y autorizarlos con su presencia, en cada caso concreto que se plantea ante él.

En el procedimiento formulario se distinguen claramente dos fases: una primera ante el pretor (*in iure*) y la segunda ante el *iudex* (*apud iudicem*).

1.1. *In ius vocatio*

En primer lugar, el pretor hacía una llamada al demandado, para que compareciese *in iure*, que era la misma *in ius vocatio* que ya hemos descrito a propósito de las *legis actiones* y que aparece en las XII Tablas.

En el procedimiento formulario existe una mayor intervención coactiva del pretor para forzar a la comparecencia al demandado, puesto que podía autorizar acciones penales *in factum* contra el demandado (Gayo 4.183) que no comparece

---

19 El pretor afirmaba ante las partes: *in ea verba iudicium do* (*Lex Rubria*, cap. XX, 1, 21).

ni presenta un *vindex*, y asimismo contra el tercero que impide la comparecencia del demandado. Y si el asunto no se puede concluir en un día, tiene el demandado que hacer un *vadimonium*, esto es, una promesa de que se presentará el día que se señale (Gayo 4.184). Había diferentes tipos de *vadimonia*, unos eran puros, porque no se exigía caución o garantía pecuniaria (*satisdatio*), otros se establecían con garantía, otros se realizaban bajo juramento, y otros se exigían en lugar de lo que dispongan los *recuperatores*. En este último caso, si no se presenta el demandado, los *recuperatores*, en vez de realizar una estimación de la cuantía del litigio, condenarán a la cantidad a la que ascendía el *vadimonium* (Gayo 4.185).

1.2. Estipulaciones ante el pretor

Estando las partes ante el pretor (*in iure*) además, tiene el demandado la obligación de dar ciertas garantías mediante promesa o estipulación, que, cuando se interponía una acción real, tenían dos modalidades. Puede interponerse la acción real mediante una fórmula petitoria, ante el pretor, que trasladará el mandato de juzgar a un juez, que, si lo considera probado, condenaría al demandado a restituir la cosa (*restitutio rei*), con sus frutos y accesiones. En este caso la caución o garantía que se le exige al demandado se llama *cautio iudicatum solvi* o garantía de que pagará lo establecido en la sentencia (Gayo 4.91).

Pero si la acción real se plantea mediante apuesta procesal (*per sponsionem*), entonces la garantía que tiene que prestar el demandado se llama *cautio pro praede litis et vindiciarum*. Con ambas garantías o cauciones se garantizaba el resultado del litigio. Pero esta segunda modalidad de garantía se llama así porque antiguamente, en las acciones de la ley, se tenían que presentar fiadores por el demandado en una acción real, porque si afirmaba falsamente que la cosa era suya, y, mientras se sustanciaba el litigio se beneficiaba indebidamente de sus frutos, tenía que pagar el doble de la cantidad en que se benefició, calculada por un colegio de tres árbitros (*arbitrium damni decidendi* según las XII Tablas 12.3).

Estas garantías las debía prestar el demandado si actuaba personalmente en el litigio, pero con mayor motivo si actuaba por medio de representante (Gayo 4.89-4.94).

En cambio, el demandante, si actúa en el proceso personalmente no tiene que dar garantía (Gayo 4.96). Solamente si comparece por medio de *procurator*, entonces sí que debe prestar una garantía, que se llamaba *cautio de rato*, garantizando que ratifica la gestión del *procurator*. De esta forma se garantiza que si pierde el demandante el litigio, no volverá a interponer la acción otra vez, pero en este caso en su propio nombre.

Distinto era el caso en el que las partes no comparecen personalmente en el litigio, pero lo hacen por medio de un *cognitor*, que, a diferencia del *procurator*, es un representante nombrado con palabras ciertas y solemnes. Gracias a este nombramiento formal no hacía falta que, por este hecho, den las partes garantía o *satisdatio*. El *cognitor* sustituye al representado en virtud de ese nombramiento solemne (Gayo 4.97).

Por otra parte, también tienen que dar garantía o *satisdatio* los tutores o curadores, cuando actúan en nombre de su representado (Gayo 4.99).

1.3. *Interrogationes in iure*

Habiendo comparecido las partes, podían existir problemas de legitimación en el sentido de que fuese necesario asegurarse de la verdadera condición del demandado. Se realizaban entonces las *interrogationes in iure*, por ejemplo, si se pretende reclamar la deuda de una persona fallecida con testamento, se le exige al demandado que afirme si efectivamente es el heredero y en qué cuota (*interrogatio an heres vel quota ex parte sit*, D. 11.1.5). Igualmente sería necesaria una *interrogatio in iure* en caso de daños cometidos por hijos o esclavos, dirigida al *pater* o *dominus*, para que confirme que tiene a dichas personas bajo su patria potestad o poder dominical, puesto que la acción noxal para reclamar el daño solamente puede dirigirse contra el que tenga en esa situación al esclavo o al hijo en el momento de entablar la acción.

1.4. *Iusiurandum*

Además de aclarar el problema de legitimación, las partes pueden realizar diversos tipos de juramentos, p. ej. el *iusiusrandum calumniae*, mediante el cual el demandante exige juramento al demandado de que no se opone por causa de calumnia, esto es, a sabiendas de que no tiene razón (Gayo 4.172). Y el demandado podía después pedir el mismo juramento al demandante. Este juramento no impedía la continuación del proceso.

En cambio, podía mediar entre las partes un juramento decisorio, llamado así porque se decidía por medio este el litigio, que no pasaba entonces a la decisión del *iudex*. Por eso se denomina también *iusiurandum neccessarium* o *in iure delatum*. Inicialmente comenzó a utilizarse este juramento en deudas de *pecunia certa* y acaso de *res certa*. El demandante es el que pide al demandado que jure sobre la verdad de la deuda que se le imputa. Si el demandado jura que debe (reconoce la pretensión del demandante, *confessio in iure*), tendrá la obligación de pagar, pero se evita la sentencia condenatoria del *iudex*. Pero si realmente no debe esa cantidad y lo niega bajo juramento, puede contradeferir el juramento al demandante, para que sea este el que jure que su afirmación es cierta. Si este no realiza el juramento, el litigio se resuelve a favor del demandado, pero si lo realiza, tendrá el demandante que probar que entregó esa cantidad de dinero, porque, en caso contrario, sería sancionado como calumniador por el juramento falso.

En el procedimiento formulario el juramento además podía ser pactado entre las partes o convencional. A diferencia del anterior, este juramento es voluntario (*iusiurandum voluntarium*) y las partes pueden proponerlo conjuntamente, pero entonces habrán de cumplirlo en los términos pactados y se da por terminado el litigio.

2. *Litis contestatio*

La *litis contestatio* es el eje de todo el proceso formulario porque produce la concreción definitiva de la fórmula con la que actúan las partes. Se realizaba ante el pretor e inicialmente ante testigos, que darían testimonio de la propia existencia del litigio con ese contenido y entre esas partes en concreto. Así se producía la concreción o fijación de todos los elementos del litigio siguiendo un esquema de una fórmula concreta.

En la *litis contestatio* se pronunciaban determinadas palabras que normalmente se escribían en un documento. El pretor diría solemnemente: doy una fórmula judicial y ordeno al juez que juzgue en estos términos. Por tanto, la concesión de la fórmula judicial (*dare iudicium*) y el mandato de juzgar dado al juez (*iussum iudicandi*), son los dos elementos esenciales de la *litis contestatio*.

A partir de la *litis contestatio*, la relación entre las partes se transformaba, porque la obligación que el demandado tenía frente al demandante (p. ej. dar cien sestercios) se transforma en la obligación de acatar la decisión del *iudex* (Gayo 3.180). De ahí que la *litis contestatio* tenga como efecto más importante el de agotar o consumir la acción, produciendo el efecto de cosa juzgada. Esto significa que no se puede volver a interponer la misma acción entre las mismas partes por la misma causa. Una vez celebrada la *litis contestatio* se entiende que la cuestión litigiosa ya ha sido tratada en un juicio (*deducta in iudicium*).

El efecto de cosa juzgada era la consecuencia más importante de la *litis contestatio* y podía producir sus efectos de dos maneras. Siempre que se iniciaba un *iudicium legitimum* (dentro de la ciudad de Roma, o en el ámbito de una milla, entre ciudadanos romanos y ante un juez único) por medio de una acción personal (*actio in personam*) el propio derecho civil impedía que se pudiese celebrar un nuevo juicio sobre el mismo asunto, y por este motivo la *actio* quedaba consumida automáticamente (*ipso iure*) cuando llegaba a la *litis constestatio*, y no podía entablarse de nuevo por el mismo asunto (*de eadem re agi non potest*, Gayo 4.107).

Pero esto no sucedía en todos los demás juicios, tanto los iniciados por una acción real o *in factum*, como los que estaban basados en el poder del magistrado (los *iudicia imperio continentia*, en los que la potestad de juzgar del juez se basaba en el *imperium* del pretor). Aquí la consunción de la acción no era automática, pero podía hacerse valer mediante una excepción por parte del demandado, que se llamaba *exceptio rei iudicatae vel in iudicium deductae* (Gayo 4.106).

3.   Fase ante el juez (*apud iudicem*)

Desde el principio del procedimiento formulario se distingue claramente entre *ius dicere*, que es la función del magistrado (*praetor*) y la de *iudicare* o emisión de un *iudicium*, que es la tarea del juez privado que normalmente era uno solo (*iudex unus*). Pero en ciertos casos intervenía un tribunal de tres o cinco *recuperatores*, que inicialmente tenía por misión aplicar la ley, reguladora de las relaciones entre el pueblo romano y los reyes de naciones y ciudades extranjeras, para que fuese restaurada la situación (los bienes, y la libertad de las personas) tras un conflicto bélico, y para que las partes involucradas pudiesen perseguir ante este tribunal sus asuntos de derecho privado (*Festus, v. reciperatio*)[20]. También podían intervenir los *recuperatores* por mandato del pretor, en las cuestiones litigiosas de derecho privado que existiesen entre los pueblos y municipios de Roma; y también intervenían cuando se debía condenar a un liberto, que en contra de la prohibición del edicto, demandó a su patrono (Gayo 4.46), para la recuperación de la plena libertad.

La fórmula autorizada por el pretor contiene una orden de juzgar (*iussum iudicandi*) en los términos establecidos en ella, dirigida al juez y establecida al

---

20   *Reciperatio* significaba recuperación de la libertad, y así, p. ej., en una *lex Antonia de Termessibus* (año 71 a. C) se regula la recuperación de los derechos de los habitantes de *Termessus* sobre sus bienes, tal como existían antes de la guerra con Mitrídates y la devolución de las personas desaparecidas o caídas en esclavitud. Con esta ley se aseguró a los ciudadanos de *Termessus* que serían libres, amigos y socios del pueblo romano. Las cuestiones de derecho privado suscitadas en torno a esta ley se ventilaban mediante *iudicia recuperatoria* (FIRA, Leges, 136-137). Entraba, pues, bajo al *iurisdictio* del pretor el nombramiento de un tribunal de *recuperatores*; vid. *Cic. pro Tullio* 7: se ordena a los *recuperatores* que realicen una *aestimatio damni*, respecto a la cual el pretor fijaba una cantidad máxima (*taxatio*), y luego la *condemnatio* sería *in quadruplum*.

inicio de la fórmula. El término o plazo para emitir la sentencia es de 18 meses a partir de la *litis contestatio* en los juicios legítimos (*iudicia legitima*) y en los juicios que se basan en el *imperium* del pretor (*iudicia imperio continentia*) el plazo es el período de duración en el cargo del pretor que haya emitido el mandato de juzgar (Gayo 4.104 y 105).

Antes de la sentencia puede ser necesario un cambio en la persona de las partes, por ejemplo, por muerte de una de ellas o por otros motivos, y entonces se produce una traslación del juicio (*translatio litium*, D. 3.3.27pr). Asimismo puede suceder que el juez se excuse, por causa justificada, y entonces sea necesario un cambio en la persona del juez (*mutatio iudicis*, D. 5.1.76).

El juez admite libremente las pruebas que las partes presenten en favor de sus respectivas posiciones. La prueba corresponde siempre al que hace una afirmación, según dice Paulo (D. 22.3.2: *ei incumbit probatio qui dicit, non qui negat*). Por tanto, el demandante tiene que probar las afirmaciones que hace, y también el demandado, si hace una afirmación contrapuesta o alega alguna excepción. Por este motivo, nunca se podía condenar si el demandante no proporcionaba prueba suficiente de su afirmación. Este es el significado del principio *in dubio pro reo*, conforme al cual, a falta de prueba del demandante, procedía la absolución del demandado. O, dicho de otra manera, se presumía, ante la duda creada por la falta de prueba, que el demandado debía ser absuelto.

De esta forma las presunciones se fueron admitiendo como medio de prueba en el procedimiento. Eran hechos que podían tomarse como verdades y de los que se deducen ciertos efectos, sobre los que se puede basar la sentencia. Así, p. ej, se presume que el padre –de una persona– es el que está casado legítimamente con la madre (D.2,4,5: *pater is est quem nuptiae demonstrant*).

Pero el más importante medio de prueba fue, sin duda alguna, la declaración testifical, igual que en la etapa de las *legis actiones*. También se utilizaban como prueba los documentos firmados por testigos (*testatio* o *tabulae testamenti*) y otros documentos, donde se plasmaban por escrito ciertos hechos acaecidos (*instrumenta*).

El juez tenía que juzgar siguiendo exactamente lo establecido por el pretor en la fórmula. Por este motivo, debía atenerse estrictamente a ella, especialmente cuando se pedía una cantidad de dinero u otra *certa res*. Si no condenaba exactamente a esa misma cantidad (según Gayo 4.52), podía ser directamente acusado de parcialidad por haber causado un daño a una de las partes litigantes, esto es, por *litem suam facere*: convertir el litigio en asunto suyo.

Además, en ciertos casos se podía plantear el problema de alguna fórmula que estuviese en contradicción con la realidad. Esto podía suceder en el caso de que la *intentio* indicase una cosa por otra equivocadamente: el juez no podía corregir el error y debía absolver. Por otra parte, el error en la *demonstratio* no producía efecto (*falsa demonstratio rem non perimi*, Gayo 4.58).

La petición excesiva (*pluris petitio*) por parte del demandante daba lugar a la pérdida del litigio (Gayo 4.53) y podía presentarse bajo las siguientes formas: *pluris petitio re* (pedir cantidad superior al importe del crédito o si se pide ínte-gramente algo de lo que solo se es propietario en una parte); *tempore* (petición anticipada al vencimiento o exigibilidad del crédito); *loco* (petición del pago en lugar diverso del convenido); *causa* (cuando se suprime la elección del deudor en una obligación configurada como alternativa; o bien cuando se pide una cosa específica –el esclavo Stico–, si se había estipulado la entrega de una cosa genérica –un esclavo–).

4.   La función o deber del juez (*officium iudicis*)

Como hemos visto, con la *litis contestatio* pone el pretor punto final a la fase *in iure*, quedando fijados los términos del litigio, y transmitido al juez el mandato de juzgar en ese caso concreto (el *iussum iudicandi*). Se ordena al juez, que, según considere probados los hechos alegados por las partes, debe conde-nar o absolver (el mandato figura en la parte final de la fórmula *s.p.c.s.n.p.a: si paret condemna, si non paret, absolve*). En virtud del mandato del pretor adquiere el juez la potestad de condenar o absolver en ese caso concreto que se le plantea (*potestas condemnandi vel absolvendi*, Gayo 4.43).

El juez interviene en la segunda fase del procedimiento (fase *apud iudi-cem*). Está obligado a cumplir el mandato de juzgar emitido por el pretor, para lo cual está ligado al contenido de la fórmula concreta que autorizó el pretor. Al dictar sentencia el juez no era el representante de un poder público, sino un ciu-dadano romano, que cumplía el mandato de juzgar conforme a la fórmula que previamente autorizó el pretor. El juez era la persona que cumplía el encargo de condenar o absolver en ese caso concreto, esto es, era el que ejercía la función o el oficio de juez (*officium iudicis*) en esa concreta cuestión. Y lo hacía cumpliendo un mandato del pretor, que era el titular de la *iurisdictio*.

Por eso no existía mecanismo de revisión de las sentencias, ni había órgano superior ante el que impugnar la sentencia. Como afirma el jurista Alfeno (D. 42.1.62), el juez, una vez dictada la sentencia, aunque sea con ig-norancia o perversión, no podía volver a juzgar aunque fuese en el mismo día. En consecuencia, la sentencia, una vez emitida válidamente no era revisable ni susceptible de modificación o reforma. Era definitiva y adquiría autoridad de cosa juzgada.

Para ejercer la función de juez debían concurrir en la persona unos determinados requisitos: ser varón, tener capacidad de obrar y no tener en su contra ninguna declaración de infamia. Y, según Paulo, estaban excluidos del *officium iudicis* (D. 5.1.12.2), por naturaleza, el sordo, el mudo, el perpetuamente loco, y el impúber. Por ley, no podía ejercer la función el que estaba excluido del senado. Y por la costumbre estaban excluidos los esclavos y las mujeres, pero, aclara Paulo, no porque no tuviesen juicio, sino porque no estaba admitido que desempeñasen oficios civiles.

Pero, además, debían haber sido incluidos en el *album iudicum*, que era un listado de ciudadanos romanos que podían ser nombrados para ejercer la función de juez. La lista se confeccionaba por el pretor urbano y a partir del principado por el emperador. La inclusión en la lista suponía la asunción de una responsabilidad vitalicia para el ciudadano romano. La elección de los que integraban las listas se convirtió en cuestión política, porque quien controlaba el nombramiento de jueces conseguía una amplia esfera de poder. Para ser incluido en la lista se requería un determinado *status*: ser senador o pertenecer a la clase ecuestre, y estar en posesión de un determinado patrimonio. La edad mínima era 30 años, que Augusto rebajó a 25 años.

La forma más antigua de designación del juez para el caso en cuestión era el acuerdo entre las partes, siempre que se tratase de un sujeto idóneo. Pero el acuerdo entre las partes sobre el nombramiento del juez cada vez se hizo más difícil.

De ahí que se desarrollara un sistema de recusaciones. Las listas de jueces se confeccionaban por decurias (unidades que podían ser de diez o más hombres). Se comenzaba recusando las listas, hasta que quedase una sola. De la lista que quedaba luego se podían recusar uno por uno los jueces que figuraban en ella. Si la lista contenía un número par de jueces, empezaba el demandado a recusar, y si contenía un número impar, empezaba el demandante. De esta forma era siempre el demandado el que elegía entre los dos últimos que quedaban. Cuando alguna de las partes se negaba a participar en la recusación, se podía nombrar al juez de forma unilateral, con lo cual se evitaba la paralización del juicio.

En casos excepcionales el juez podía renunciar al ejercicio de su oficio antes de la sentencia mediante un juramento, afirmando que no tenía claro el asunto (*iurare rem sibi non liquere*, D. 42.1.36), aunque también podía aplazar el juicio si quedaba alguna cuestión por aclarar.

Puesto que las partes podían llegar a un acuerdo sobre quien ejercería el cargo de juez, era también válida la elección de un menor de 25 años, siempre que fuese mayor de 18. Pero este menor de 25 años, al no estar obligado por ley, no podía ser obligado a ejercer el cargo de juez (D. 4.8.41) y podía solicitar la excusa del cargo (*excusatio*). Porque, como dice Paulo (D. 5.1.12.3), no es relevante que, los que puedan ser jueces, estén bajo potestad (*in potestate*) o sean *sui iuris*.

Pero, además, los ciudadanos romanos podían excusarse del ejercicio del cargo de juez ante el pretor, cuando concurrían determinadas circunstancias (Ulp. D. 50.5.13pr.): por enfermedad grave, o por incapacidad para la vida normal, o por el ejercicio del sacerdocio. Si en el juez nombrado no concurre excusa alguna, está obligado a juzgar incluso contra su voluntad (D. 50.5.13.2).

Cuando el juez actuaba con parcialidad (en beneficio del demandante, condenando de más, o en beneficio del demandado, condenando de menos) se entendía que hacía suyo el litigio (*litem suam facere*), conducta que, en época postclásica se configuró como un cuasidelito, como veremos más adelante.

5.   La sentencia y su ejecución

La sentencia era la opinión emitida por el *iudex*, que había formado su convencimiento sobre el asunto en litigio. La decisión contenida en la sentencia se consideraba que era la verdad en ese caso concreto (*res iudicata pro veritate accipitur*, D. 50.17.207). Y la autoridad de la cosa juzgada (*res iudicata*) implicaba que no se podía litigar de nuevo entre las mismas partes respecto al mismo asunto que había ya había sido objeto del litigio.

El condenado debía pagar en el plazo de 30 días o, en caso contrario, podría interponerse contra él la *actio iudicati*. Se iniciaba con esta acción un nuevo procedimiento en el cual existía la posibilidad de pagar en la fase inicial (*in iure*) o bien discutir la validez del *iudicatum*, pero si de nuevo perdía el demandado, se le podía imponer una sanción por el doble.

Si aun así no pagaba el condenado, se procedía a la ejecución sobre su patrimonio o bienes. Primero el pretor concedía a los acreedores la posesión del patrimonio del deudor para su conservación (*missio in bona rei servandae causa*) y uno de ellos actuaba de administrador (*curator bonorum*). Por un segundo *decretum* pretorio se invitaba a los acreedores a nombrar un *magister bonorum,* que hacía un inventario de los bienes y exponía al público una *lex venditionis* con las condiciones de venta, activo y pasivo, etc. Luego se vendía el patrimonio en subasta al mejor postor. Esta venta en bloque de todos los bienes provocaba una *successio inter vivos* o adquisición universal a favor del comprador de los bienes (*bonorum emptor*).

El comprador del patrimonio debía atenerse a la *lex venditionis* en cuanto al pago de los acreedores. Se revocaban las enajenaciones hechas por el deudor insolvente con ánimo de defraudar a sus acreedores. Para esta revocación se utilizaba el *interdictum fraudatorium* y, más tarde, la denominada *actio Pauliana*. Como la ejecución recaía sobre todo el patrimonio del concursado, este caía en *infamia*, hasta que se admitió la *bonorum distractio*, una forma de ejecución patrimonial en la cual se vendían únicamente los bienes que fuesen necesarios, hasta cubrir el importe de todas las deudas. A partir de fines de la república se admitió la *cessio bonorum* o entrega de bienes realizada por el deudor, anticipándose a la *bonorum venditio*, con la cual evitaba la declaración de *infamia*.

El procedimiento en la etapa postclásica

1.   Casos especiales de *iurisdictio*

Desde época republicana el pretor podía otorgar protección en determinados casos, amparado en el *imperium* de su cargo, concediendo *restitutiones in integrum*, como hemos visto, o concediendo la posesión sobre determinados bienes mediante decretos eran actos propios del *imperium* del pretor, más que de la *iurisdictio* (D. 2.1.4, *imperii magis est quam iurisdictionis*), etc. En estos casos, el procedimiento se celebraba íntegramente ante el pretor, que, con conocimiento de la causa (*causae cognitio*), decidía la cuestión.

En las fuentes aparecen además ciertos casos cuyo conocimiento se somete directamente a la *iurisdictio* del pretor. Esto sucede con la denuncia de obra nueva (*operis novi nuntiatio*), en la que las partes se tienen que someter a la *iurisdictio* del pretor (D. 39.1.1.9) y con la garantía por el daño temido (*cautio damni infecti*), sobre la cual tenía *iurisdictio* el pretor, que incluso podía delegarla, por razones de la celeridad que se imponía por el daño inminente, en el magistrado municipal (D. 39.2.1).

Pero además, desde Augusto existe constancia de la existencia de algunos pretores especiales, que tenían competencia exclusiva para la decisión de asuntos determinados, como los fideicomisos (*praetor fideicommissarius*), el nombramiento de tutores (Ulpiano escribió un *liber singularis de officio praetoris tutelaris*, D. 27.1.6.13) y las causas en favor de la libertad (*praetor de liberalibus causis*).

La función del pretor en estos casos era la misma que hemos descrito para el procedimiento formulario, esto es, conceder o denegar la acción, pero aquí no era necesaria la emisión de una orden de juzgar al juez. En el caso del fideicomiso, al conceder (o denegar) la acción, directamente estaba reconociendo (o denegando) el derecho del peticionario, en el sentido que vemos más adelante, con lo cual no había necesidad de encomendar a un juez la tarea de *iudicare* (o la emisión de *iudicium*). Esto último tampoco era necesario cuando *praetor tutelaris* determinaba quién sería el tutor de un impúber (*datio tutoris*). Y en el caso del *praetor de liberalibus causis*, el procedimiento tomaba la forma de la *legis actio sacramento*, con lo cual se decidía, tras una apuesta procesal (de 50 ases, según Gayo 4.14), si era conforme a derecho la afirmación del que sostenía que el esclavo debía ser libre (*adsertor in libertatem*), o la del dueño del esclavo, quedando así terminado el litigio.

Para los dos últimos casos mencionados se estableció que la *iurisdictio* del pretor comprendía la facultad de terminar el litigio mediante decretos, por el emperador Constancio (C. 1.39.1) en el año 359. En esta disposición no menciona al *praetor fideicommissarius* porque es probable que en ese momento ya hubiese desaparecido esa figura.

Asimismo se mantuvo un procedimiento extraordinario que se celebraba ante el tribunal de los *centumviri*, de cuyo funcionamiento se tiene noticia desde la república romana hasta la época de los emperadores Severos. El procedimiento se iniciaba ante este tribunal con la *sponsio praeiudicialis*, esto es, con la apuesta de una cantidad de dinero, que servía para iniciar el litigio (no era penal, sino solo prejudicial para iniciar el litigio, Gayo 4.94), en el cual se decidía qué postura era conforme a derecho entre dos afirmaciones contrapuestas, igual que en la antigua *legis actio sacramento*. Se utilizaba este procedimiento cuando se quería impugnar un testamento por parte de los herederos que tenían derecho a la herencia cuando no había testamento, esto es, los herederos legítimos o *ex lege* (la *querela inofficiosi testamenti*, como veremos). La decisión de los *centumviri* consistía en declarar o no inoficioso el testamento. Este mismo procedimiento (*per sponsionem*) se podía utilizar también para reclamar el reconocimiento del derecho de propiedad sobre una cosa, en cuyo caso los *centumviri* declaraban en virtud de su *iurisdictio* cual de las dos partes había hecho una afirmación conforme a derecho.

En todo estos casos se decidía la cuestión *extra ordinem*, esto es, fuera del orden jurisdiccional normal que era el procedimiento formulario[21], que fue perdiendo vigencia, hasta que, en el año 342 una constitución de los emperadores Constancio y Constante (C. 2.57.1) declaró abolidas las fórmulas del derecho. La creciente necesidad de expandir la administración de justicia por todo el territorio del imperio, también fuera de la ciudad de Roma, conforme a la nueva organización territorial y administrativa, había propiciado la instauración de

---

21   Ha sido PARICIO SERRANO, J., *Derecho procesal civil romano*, vol. II , Marcial Pons, Madrid 2020, quien ha descrito el procedimiento de la etapa postclásica en sus correctos términos. No se puede hablar, como generalmente se hace, de la *cognitio extra ordinem* como la forma que adquirió el procedimiento de época posclásica, sino que hubo diferentes casos en que el procedimiento se tramitaba *extra ordinem*, esto es, hubo diferentes casos de *cognitiones extra ordinem*.

una modalidad de procedimiento, en la que existían diferentes magistrados que eran titulares de la *iurisdictio* y con capacidad de nombrar a un juez (*iudex datus*) para cada caso concreto, que también estaba integrado en la administración de justicia. Y, en consecuencia, como vamos a ver, se admitió la posibilidad de apelar la sentencia ante el que era titular de la función jurisdiccional.

2. Otros magistrados con *iurisdictio*

A finales de la época clásica el sistema judicial romano presenta una estructura diferente a la que tuvo inicialmente en la época republicana, al haberse atribuido la titularidad de todos los poderes públicos (la *auctoritas* y el *imperium*) personalmente al emperador. La actividad judicial es impulsada por la autoridad del emperador, que fue concentrando en su persona todos los poderes públicos, incluida la administración de justicia.

En consecuencia, el magistrado que ejercía la *iurisidictio* era un delegado del emperador, que era el máximo titular de la *auctoritas*. Justiniano lo describe muy claramente (I. 2.23.1), cuando, en relación con el origen del pretor fideicomisario afirma que, en un principio el emperador Augusto había ordenado a los cónsules imponer su autoridad en estas cuestiones (*auctoritatem suam interponere*), y esto luego se habría transformado en una jurisdicción asidua (la del *pretor fideicommissarius*).

Se había producido, pues, un importante cambio respecto a la etapa republicana. A finales de la época clásica la *iurisdictio* era una potestad genérica de dirección de la administración de justicia, que, además del emperador, tenían determinados magistrados. Tenía plenísima *iurisdictio* el procónsul, como dice Ulpiano (D. 1.16.7.2: *plenissimam iurisdictionem proconsul habeat*…), y le corresponden en su conjunto las atribuciones de los que, en Roma, administraban justicia, bien en función de magistrados o bien *extra ordinem*[22].

---

22   Según Ulpiano (D. 1.16.1), el procónsul tiene ciertamente en todas las partes las insignias proconsulares, desde luego si sale de la ciudad, pero solo ejerce la potestad en aquella única provincia que le está asignada; y tiene, por tanto, en aquella provincia mayor imperio que todos después del príncipe (D. 1.16.8). Pero la administración de justicia continuaba ligada a la ciudad –*urbs*–. Así se explica la afirmación del jurista Marciano en D. 1.16.2.1: los procónsules, fuera de la ciudad tienen *iurisdictio*, pero no contenciosa, sino voluntaria. La *iurisdictio* voluntaria consistía en intervenir como autoridad pública en manumisiones de hijos o esclavos, o en adopciones. Además, según también dice Marciano (D. 1.16.2.2), el legado del

La *iurisdictio* incluía la potestad de nombrar un juez, el *ius dandi iudicis* (D. 49.1.23.1; D. 5.1.12.2), como dice Ulpiano: la *iurisdictio* comprende la facultad de nombrar un juez (D. 2.1.3: *iurisdictio est etiam iudicis dandi licentia*).

Tenían esta potestad de *iudicem dare*, según Paulo (D. 5.1.12.1), aquellos a los que les era conferida por la ley, o la constitución, o el senadoconsulto. Por ley se le confiere esa potestad al procónsul y también a todos los que tienen la *iurisdictio* delegada, como los legados de los procónsules. Y por la costumbre les es concedida esa potestad a los magistrados en virtud de su *imperium*, p. ej., al prefecto de la ciudad (*praefectus urbi*), igual que a los demás magistrados de Roma, dice Paulo.

En las dos capitales del imperio (Roma y Constantinopla) está al frente de la justicia un *praefectus urbi* que acabó por asumir el conocimiento de absolutamente todos los crímenes (*omnia omnino crimina*, D. 1.13.1), no solo los cometidos dentro de la ciudad, sino también fuera de ella, dentro de Italia. En las provincias está al frente de la administración de justicia el *praeses* o *rector provinciae*, y en las diócesis –agrupación por provincias– está el vicario (que tiene como superior jerárquico al *vicarius urbis Romae*).

Hay que poner de relieve que la *iurisdictio* no comprende la facultad de *iudicare*, esto es, de dictar sentencia. El juez era, pues, un *iudex datus*, esto es, nombrado por quien tiene la *iurisdictio* y tenía encomendada la función de juzgar (*iudicare*). Este juez también estaba integrado en la administración de justicia (C. 3.1.14: *iudices …qui in administrationibus positi sunt*), y ejercía su función de forma estable e independiente, siendo sus sentencias apelables ante el titular de la *iurisdictio*. Y como veremos, también podía ser sancionado por la comisión de un cuasidelito cuando juzgaba con parcialidad (*iudex qui litem suam fecit*).

3. Especialidades del procedimiento en la etapa postclásica

3.1. Inicio del litigio y *litis contestatio*

El procedimiento se celebra mayoritariamente por escrito, iniciándose por medio del *libellus conventionis*, que era el documento escrito de citación del demandado, donde el actor expone al mismo tiempo sus pretensiones (I.4.6.24).

---

procónsul no tiene tal jurisdicción (se entiende que no tiene la jurisdicción voluntaria, que sí tiene el procónsul fuera de la ciudad).

Un copia del *libellus* del actor se remite por el magistrado al demandado por medio de otras personas, también integradas en la administración de justicia, como eran los *viatores* o *exsecutores litium* (I. 4.6.24), o *exsecutores negotii* (C. 3.1.13.2 y 3.1.13.3), que también, p. ej., podían ser nombrados por los jueces para exigir el pago de las deudas (C. 8.17.7: *exsecutores a quocunque iudice dati ad exigenda debita…*).

Se llega a la *litis contestatio* cuando, después de la *narratio* de los hechos, el juez comienza a conocer de la causa (C. 3.9.1), y, en todo caso, tras la *contradictio* del demandado (C.3.1.14.1). Aquí la *litis contestatio* tiene un sentido diferente que en el procedimiento formulario, porque no produce la consunción de la acción. Solamente la sentencia produce el efecto de cosa juzgada (*res iudicata*). La *litis contestatio* produce el efecto de la litispendencia, esto es, indica que hay un litigio pendiente entre personas concretas por una determinada causa.

A diferencia del procedimiento formulario, las excepciones perentorias pueden oponerse hasta el momento anterior a la pronunciación de la sentencia. Pero una sentencia solo se puede revocar por medio de un recurso de apelación, de forma que, si no se hubiese a alegado a tiempo la prescripción de algún derecho mediante una excepción, ya no se puede invocar esta, y lo que procede es la petición de la *restitutio in integrum* (C. 7.50.2).

Se podía celebrar el procedimiento sin que se hubiesen personado las partes, ya fuese el actor o el demandado. Porque se podía lograr el convencimiento del juez en ausencia de las partes, por ejemplo, presentando escrituras, pero no tendría ninguna facultad de apelar la sentencia la parte que está ausente (por contumacia, C. 3.1.13.4).

3.2. Práctica de la prueba

Por lo que respecta al documento como medio de prueba, este se muestra bajo diversas formas. Hay documentos redactados por funcionarios públicos (*acta, gesta*) que constituyen medios probatorios indiscutibles. Además, hay documentos que sirven de prueba, si los confirman con juramento los notarios redactores (*tabelliones*). Y los documentos privados, si están suscritos por testigos, son bastante frecuentes (Just. Nov. 90).

Por tanto, gana peso la prueba documental, aunque, respecto a la prueba del dominio, este no solo se acredita con la escritura de compra (*instrumentum emptionis*), sino con otros cualesquiera medios legítimos de prueba (C. 4.19.4). Y puesto que la venta válida subsiste sin escrituras, la pérdida de estas no destruye la esencia de la verdad (C. 4.21.10). Y para probar que se donó un fundo basta la entrega de la *vacua possessio*, sin que luego se pueda negar la donación por no haber otorgado escrituras (C. 4.21.12). Por otra parte, los documentos o testimonios privados y las anotaciones no bastan por sí solos como prueba, si no se apoyan en otros elementos de prueba (C. 4.19.5). Y si se pierden los instrumentos de prueba se podrá demostrar la veracidad de lo pagado, en ciertos casos, mediante la inspección de las cuentas del fisco (C. 4.21.4). También se estableció que en los litigios tiene tanta fuerza probatoria la verdad que emana de las escrituras (*fides instrumentorum*) como la declaración de los testigos (C. 4.21.15).

En cuanto a los testigos, se establece en las constituciones imperiales la falta de valor probatorio de una única declaración testifical, si no se apoya en otros elementos de prueba legítimos (C. 4.20.4), y que ningún juez deberá admitir en cualquier causa el testimonio de un solo testigo (C. 4.20.9.1). Se excluye como testigos a los ascendientes o descendientes de las partes litigantes, aunque ellos se presenten voluntarios, para dar testimonio unos contra otros (C. 4.20.6). Y la parte contraria no debe ser obligada a exhibir los testigos que va a presentar, para que el actor los utilice a su favor (C. 4.20.7).

3.3. Sentencia y apelación

Las sentencias, una vez pronunciadas son irrevocables (C. 7.50.1) y se tenían que plasmar por escrito (C. 7.44.3; CTh. 4, 17, 4: *sentencia non valeat, quae ex libello data non fuerit*), ya fuese en latín como en griego (C. 7.45.12). Se podía exigir la revisión de una sentencia, previa advertencia oral o por medio de un escrito de apelación, en el plazo de tres días (C. 2.9.3). Y se podía nombrar un *procurator* en la causa de la apelación (C. 4.35.4). La apelación (*appellatio*) se consideraba un auxilio o remedio contra la sentencia definitiva (C. 7.45.16) y se presentaba por escrito, mediante el *libellus appellatorii*, donde debe constar quien apela y contra quien, y qué sentencia (Ulp. 1, *de appellat.*, D. 49.1.1.4).

Los jueces tenían la obligación de admitir la apelación, y en el plazo de treinta días, a contar desde la sentencia, deben remitir a las partes las actuaciones, junto con una relación de la causa, estando sujetos a una multa el juez y sus oficiales en el caso de infracción de esta norma (C. 7.62.24, año 364).

El que conocía de la apelación era en las provincias el *praeses o rector provinciae* (C. 7.43.6, C. 7.48.3, C. 7.52.6), que no podía considerar ninguna sentencia definitiva si no contenía una condena o absolución (C. 7.45.3). El que conoce de la apelación debe resolver toda la cuestión, sin que pueda devolverse esta al juez apelado, esto es, debe declarar que es justa o injusta en su conjunto la apelación interpuesta (C.7.52.6). La sentencia proferida conforme a derecho queda en suspenso por la apelación (C. 2.4.32), por tanto, no sería firme hasta transcurrido el plazo de la apelación.

3.4. Pronunciamiento en costas

El juez al emitir la sentencia, hallándose presentes las partes, puede hacer el pronunciamiento en costas, declarando, o bien que al vencedor se le deben restituir todos los gastos de la causa, o bien que compete una *querela* sobre estos. Pero, después, esto es, una vez fallado el juicio, no es lícito que surja otro litigio de la materia del primero (C. 7.51.3).

PARTE III

LOS DERECHOS REALES

LECCIÓN 9

Derechos reales. Propiedad y copropiedad

1. La noción de derecho real. Las cosas o bienes como objeto del derecho

Desde antiguo existió en Roma la distinción de las acciones con las que se iniciaba un procedimiento, entre acciones reales (*actiones in rem*) y acciones personales (*actiones in personam*). Con las primeras se perseguía el reconocimiento y restitución de un derecho real, mientras que con las segundas se pretendía la declaración de la existencia de un derecho de crédito de un acreedor frente a un deudor.

El primer derecho que le fue reconocido al ciudadano romano fue la propiedad (*dominium ex iure Quiritium*), y, a partir de esta, que es el máximo poder sobre una cosa, surgieron otros derechos reales en cosa ajena (*iura in re aliena*), entre los cuales están las servidumbres (*servitutes* o *iura praediorum*), el usufructo (*ususfructus*), el uso (*usus*), la habitación (*habitatio*). Asimismo, como derechos reales sobre bienes inmuebles se admitieron la enfiteusis y la superficie. Además, la *conventio pignoris* consistía en la constitución de un derecho real de garantía que recaía sobre una cosa propiedad del deudor.

Puesto que el derecho real recae sobre una cosa, es esencial definir la noción o concepto jurídico de cosa (*res*). Para que una cosa tenga relevancia ante el derecho tiene que ser susceptible de valoración económico-social, alcanzando entonces la categoría de bien jurídico.

Pero la noción de cosa es muy amplia, y los juristas romanos establecieron diferentes clasificaciones. La primera división, según Gayo, distingue entre cosas de derecho divino y cosas de derecho humano. Cosas de derecho divino son las cosas sagradas, las cosas religiosas y las cosas santas. Las primeras, las *res sacrae*, son cosas consagradas a los dioses superiores mediante el rito de la *consecratio*, por medio de una ley o senadoconsulto especial, que se consideraba que emanaba de la *auctoritas* del pueblo romano (*ex auctoritate populi romani*), por ejemplo, un templo. Las segundas, las *res religiosae*, son las cosas dedicadas a los dioses inferiores o domésticos, los dioses Manes, que se convierten en religiosas por intervención de los particulares, por ejemplo, el lugar donde ha sido enterrado un cadáver. En tercer lugar, también son de derecho divino las cosas santas, las *res sanctae*, como las murallas o las puertas de la ciudad (Gayo 2.2-2.8). Son aquellas cosas cuya violación constituía un *sacrilegium*, el cual implicaba una sanción (*sanctio*) consistente en la pena capital.

Lo que es de derecho divino no está en propiedad de nadie, pero lo que es de derecho humano, normalmente está en propiedad de alguien (Gayo 2.9).

Las cosas de derecho humano pueden ser públicas o privadas. Las cosas públicas no se consideran que estén en propiedad de nadie, porque se consideran propias de la colectividad, mientras que las cosas privadas pertenecen a los particulares (Gayo 2.10-2.11).

Además, los juristas romanos distinguían entre diferentes categorías de cosas públicas. Las *res communes omnium* son aquellas cosas que se consideran comunes a todos por derecho natural, por ejemplo, el aire, el agua que fluye, el mar y sus orillas (D. 1.8.2.1). Otras cosas públicas lo son, porque son de uso público, no porque lo diga el *ius civile*, sino el *ius gentium*, como la ribera del río (igual que el propio río, D. 1.8.5; I. 2.1.4), o la orilla del mar (igual que el mar, D. 43.8.4; I. 2.1.5). Y en general se consideraban de uso público todas las que no pueden ser objeto de uso privado, como los lugares público, las vías públicas, los ríos públicos, los teatros o baños públicos.

Entre los juristas romanos el concepto de *res* comprendía no solamente las cosas tangibles y materiales, sino también las cosas incorporales. Distinguían entre cosas corporales, como un fundo, un esclavo, un vestido, o una cantidad de oro o plata, y cosas incorporales, las no tangibles, como una herencia, un usufructo, y las obligaciones de cualquier clase (Gayo 2.12-2.14). Por tanto, entre las cosas incorporales están los derechos, que podían ser objeto de negocios jurídicos.

Pero la clasificación más importante de las cosas, porque servía para garantizar la seguridad del tráfico de bienes desde la más antigua etapa del Derecho romano, es la que distingue entre *res mancipi* y *res nec mancipi*. Las primeras serían las cosas pertenecientes a la economía agrícola primitiva, que, por este motivo, estaban vinculadas al grupo familiar, que funcionaba como una unidad económico-patrimonial. *Res mancipi* serían aquellas cosas incorporadas al servicio de la casa (*domus*) o grupo doméstico, porque servían a la actividad económico-agrícola del mismo. La función básica que desempeñaba la familia, como núcleo en torno al cual se organizaba la vida social y cívica, hizo que se considerasen integradas en la familia el colectivo de cosas y personas sometidas al *paterfamilias,* que estaban, a la vez, vinculadas a la vida religiosa del grupo (*sacra familiaria*). A la muerte del *paterfamilias* se consideraba disuelto el vínculo religioso-familiar y podían dividirse los bienes entre sus integrantes, que constituirían nuevas familias.

La *familia* como colectivo o grupo, integrado en el culto doméstico y vinculado a la *domus* bajo la *auctoritas* del *paterfamilias*, comprende personas y animales domésticos, que son *res manicipi,* frente a la *pecunia*, noción que se refiere a los bienes de cambio fuera de los vínculos religiosos de la familia.

Res mancipi son el fundo junto con la casa que están en suelo itálico, los esclavos y los animales que se suelen domar por el cuello o el lomo, como bueyes, caballos, mulos o asnos, y también las servidumbres de los predios rústicos. Hay animales domésticos que son *res mancipi* desde que nacen, pero hay otros que son tan fieros, que solo pueden considerarse domésticos desde que llegan a la edad en que pueden domarse (Gayo 2.14a y 15). En definitiva, son las cosas esenciales para la economía de la más antigua sociedad agrícola y, como cosas perfectamente identificables, son transmisibles mediante *mancipatio*: los *servi* por su nombre, los animales con marca de propiedad (*animalia domiti*) y los fundos, que tenían un *nomen gentilicium*, con sus servidumbres rústicas.

Por otra parte, a efectos del tráfico jurídico de bienes, también tiene especial relevancia la noción de cosa genérica. Desde el punto de vista económico-social constituyen un género de cosas aquellas que se pueden contar, pesar o medir (*res quae pondere numero mensura consistunt*, D.12.1.2.1). Cuando el objeto del negocio jurídico son este tipo de cosas, que se llaman también fungibles, basta con que el deudor entregue una cantidad igual, en peso, número o medida, del mismo género, es decir, no se trata de devolver esa misma cosa que se recibió, sino que se debe entregar otro tanto de la misma especie y calidad.

Frente a esta categoría, las cosas que tienen una individualidad propia y no forman parte de un género (*genus*) serían las cosas específicas o no fungibles. Pero por acuerdo de las partes en un negocio, puede considerarse específica una cosa que no lo es, cuando esta se individualizaba por sus características específicas (p. ej., entregar un determinado caballo de carreras).

2.   Concepto y tipos de propiedad

2.1. *Dominium ex iure Quiritium* y propiedad pretoria

La primera manifestación de la noción de propiedad en Roma es el *dominium ex iure Quiritium* o propiedad quiritaria. Se trata de la condición de *dominus* respecto a una cosa que se le reconoce al ciudadano romano en base al antiguo *ius Quiritium*. Esta titularidad dominical o de dueño (*dominus*) se reconocía respecto al grupo de cosas que constituían el *mancipium*, o cosas comunes integradas en el grupo familiar.

El *dominium ex iure Quiritium* constituía el derecho de propiedad del ciudadano romano, y se reconocía por la autoridad del pueblo romano (*auctoritas populi*) a quienes pertenecían a él. Al *dominus* le asistía una acción reivindicatoria (*reivindicatio*), con la que podía vencer frente a cualquiera en un litigio. Pero era esencial, entonces, que la transmisión del *dominium* se hiciese con plena seguridad jurídica para el adquirente, y esto se lograba por medio de la *mancipatio* (o cuando tenía lugar la *usucapio*, como veremos más adelante).

Pero podía suceder que no se celebrase el formalismo de la *mancipatio*, sino que se realizase la simple entrega de la cosa a una persona con alguna causa negocial (*traditio emptionis, dotis, donationis causa….*). Entonces la seguridad del tráfico de bienes exigía que el pretor reconociese al adquirente un derecho de propiedad análogo al *dominium*, que se llamó propiedad pretoria.

Así, junto al *dominium ex iure Quiritium* propio del *ius civile* coexistió otro tipo de propiedad, llamada pretoria o bonitaria (o *in bonis habere*), porque para su defensa el pretor concedía otra acción, la acción Publiciana.

Gracias a esta acción se fomentó extraordinariamente el tráfico de bienes en Roma, porque siempre estaba protegido el que era poseedor de buena fe, que había adquirido una cosa sin el formalismo del *ius civile*, sino solamente por medio de la *traditio ex iusta causa*[23]. El poseedor de buena fe adquiría la propiedad pretoria, la cual le capacitaba para defenderse frente a todos, menos frente al verdadero dueño, con la acción Publiciana. Era una acción análoga a la *reivindicatio* del *dominus*, acción con la que se defendía el propietario que había adquirido conforme al *ius civile,* que vencía frente a todos, menos frente al que en juicio probase su título de dueño.

Con el reconocimiento de la propiedad pretoria dejó de tener relevancia la condición o no de ciudadano romano del que adquiría por medio de *traditio*. El pretor reconocía la propiedad pretoria y la *actio Publiciana*, fuese ciudadano romano o no, al poseedor de buena fe, esto es, al que había adquirido por *traditio ex iusta causa*, que era, en definitiva, el que confiaba en que su transmitente era dueño de la cosa. Esta fue una de las bases sobre las que Roma asentó su hegemonía co-

---

23 Además, el pretor otorgó asimismo la *actio Publiciana* en otros casos, como por ejemplo, cuando él mismo ordenaba la entrega de la posesión de una cosa a una determinada persona, y, por tanto, aplicaba la acción en los casos en que había un poseedor que se consideraba digno de protección.

mercial en todo el ámbito del mar Mediterráneo. Siglos antes del reconocimiento general de la ciudadanía romana a todos los habitantes del imperio realizada por el emperador Caracalla estaban plenamente equiparados los ciudadanos romanos y los extranjeros el reconocimiento de su derecho como propietarios, aunque se conservara la denominación diferente, uno era *dominus* y el otro era propietario pretorio.

2.2. *Dominium ex iure Quiritium* y propiedad provincial

Como hemos visto, el *dominium ex iure Quiritium* propiamente solo se reconocía a los ciudadanos romanos sobre los terrenos situados dentro de la península itálica (*res mancipi*), entendiéndose que era allí donde, originariamente, se aplicaba el *ius civile*. En cambio, los territorios situados en las provincias eran propiedad del pueblo romano, o bien, a partir de la etapa imperial, territorios del César, como dice Gayo 2.7 (*dominium populi Romani vel Caesaris*), y se consideraba, en consecuencia, que el particular no podía tener entonces el *dominium* sobre ellos, sino solo la *possessio*, esto es, el derecho sobre los frutos o rentas del fundo (*uti frui habere possidere*).

Pero desde finales de época republicana existió la categoría de los *coloni Caesaris*, que eran los habitantes de una determinada zona o territorio, situado fuera de la península itálica, que adquirían esta condición por disposición del emperador, al concederles el *ius Italicum*. Era una concesión con la que se distinguían determinados territorios por su alianza con los romanos y por su fidelidad a la república romana (Ulp. D. 50.15.1), que se fue lentamente otorgando a amplias y numerosas zonas del imperio[24].

La concesión del *ius Italicum* tenía que ver con el pago de impuestos, que recaían sobre los bienes inscritos en el censo. Los ciudadanos romanos tenían que declarar ante el censor todos los bienes de los que eran propietarios y de los que obtenían rentas. Así, p. ej., los fundos, con indicación del lugar, extensión, cultivo –viñas, olivos o lo que fuese– por yugadas, y también los esclavos que allí trabajaban, y los colonos que tenían (D. 50.15.4), ya que con esos datos se podían determinar las rentas que producían esos fundos[25] para determinar la cuantía del impuesto que se imponía a cada uno.

---

24   Vid. la enumeración exhaustiva de las colonias con *ius Italicum* en D. 50.15.1.1-11; 50.15.6; 50.15.7; 50.15.8.1-11.

25   Los impuestos se pagaban a los *conductores vectigalium fisci*, que eran los recaudadores de impuestos, a quienes el censor les arrendaba el cobro de impuestos (pagaban

La concesión del *ius Italicum* implicaba que el territorio en cuestión se consideraba colonia (itálica), esto es, un territorio inmune frente a los impuestos del emperador (*fiscus Caesaris*), y que, por tanto, tenía su propia administración de los impuestos pagados por quienes habitaban ese territorio (*immunitas*, D. 50.15.3.1; D. 50.15.8pr y 7). Así quedaron poco a poco equiparados en la práctica gran parte de los territorios que se iban conquistando y la distinción entre las nociones de *dominium* de inmuebles dentro de la península itálica y la *possessio* de los fundos provinciales fue perdiendo importancia, porque a efectos del pago de impuestos era indiferente que el titular de un inmueble fuese *possessor* en provincias o *dominus* en la península itálica (D. 50.15.4.4).

Así fue como, en época postclásica, se llegó a la utilización de la noción de *proprietas*, como término más genérico que designa el derecho de propiedad, aunque se continuaba utilizando el término *dominium* para designar el genuino título de propietario del *dominus* dentro de la península itálica.

El *ius Italicum*, según Ulpiano (D. 50.15.1pr), fue concedido a la muy ilustre colonia de los tirios, de donde él era oriundo, y lo afirma presumiendo de la importancia de los territorios con *ius Italicum*, donde se encontraban los ciudadanos romanos con mayor solera y arraigo del imperio romano, fuera de la península itálica.

3.   Facultades del *dominus* y limitaciones del derecho de propiedad

El título de dueño atribuía el pleno poder de disposición al *dominus* sobre la cosa. Podía disponer de ella por medio de negocios jurídicos, tanto *mortis causa*, para después de su muerte, como por actos *inter vivos*. Normalmente el dueño de la cosa era también poseedor de la misma, esto es, titular de los frutos o rentas de la cosa, pero podía ceder la posesión a otro, en la forma que veremos más adelante.

También podía el dueño constituir sobre su propia cosa otros derechos reales, como la servidumbre, a favor del dueño de un inmueble vecino, que adquiría así p. ej. un derecho de paso o de conducción de aguas sobre el inmueble en cuestión. O también el derecho de usufructo, con el cual otra persona adquiría el uso y disfrute de la cosa (*uti frui*), conservando el dueño solamente el nudo título de propietario (nuda propiedad). Y podía asimismo el dueño constituir un derecho real de garantía,

---

una renta a cambio de plena potestad de recaudar impuestos, siendo ellos los que quedaban obligados frente al fisco, D. 50.6.5.10).

esto es, acordar con el acreedor que una cosa de su propiedad quedaba vinculada, como garantía, al pago de una deuda, como también veremos más adelante.

Los glosadores medievales describieron la propiedad inmueble romana como ilimitada hacia arriba y hacia abajo (*usque ad sidera; usque ad inferos*). Pero los romanos no mantuvieron esta concepción tan ilimitada de la propiedad inmueble, sino que desde las XII Tablas se admitieron ciertas limitaciones de este derecho. Reconocían al vecino ciertas facultades que obligaban, al propietario contiguo, a tolerar una actividad de aquel. Así existían limitaciones de derecho privado, como la de permitir el corte de las ramas del árbol del fundo vecino que se proyectaban sobre el terreno propio hasta la altura de 15 pies (XII Tablas 7.9). O la de permitir la entrada al dueño del fundo vecino en días alternos (*tertio quoque die*) para recoger los frutos caídos desde sus árboles (XII Tablas 7.10).

La jurisprudencia romana además operaba con el principio muy general de que el propietario de un fundo debe evitar todo acto de inmisión respecto al fundo vecino. La libertad de acción del propietario tenía el límite en la inmisión que se consideraba ilegítima, y así los juristas establecieron la distinción entre las inmisiones justas y tolerables, y las rechazables. Serían totalmente rechazables los actos emulativos del propietario, que son los realizados con la única finalidad nociva de perjudicar al vecino sin ventaja propia.

Junto a estas limitaciones impuestas por razones de vecindad, cabe señalar que por circunstancias de interés público se podían establecer limitaciones al derecho de propiedad. Se estableció, entre otras, la obligación de los propietarios de los fundos ribereños de los ríos de tolerar el uso de la zona ribereña para las diversas necesidades de la navegación fluvial. O, el caso análogo de los dueños de los fundos colindantes con una calzada, que deben permitir que esta transcurriera por el fundo en caso de destrucción de la calzada u obras en la misma. Y en la etapa postclásica existieron también limitaciones en orden a altura, distancia y estética de los edificios, que aparecen recogidos en una constitución del emperador Zenón (C. 8.10.12).

4.   Defensa del derecho de propiedad

4.1.   Acciones en defensa del derecho de propiedad

La acción del *dominus* es la *reivindicatio*, que se define como la acción que tiene el propietario no poseedor contra el poseedor no propietario. Las formas históricas de la *reivindicatio* que encajaban en las diversas etapas del procedimiento romano son: la *legis actio sacramento* (ya analizada); la *actio in rem per sponsionem* y la *(rei)vindicatio per formulam petitoriam*.

La *reivindicatio* en la época clásica romana podía realizarse *per sponsionem o per formulam petitoriam*. En el primer caso, la reclamación de propiedad se inicia, igual que en la *legis actio sacramento*, por medio de una apuesta de dinero, en forma de promesa verbal previa (¿prometes dar 25 sestercios si el esclavo en litigio es mío? *si homo quo de agitur ex iure Quiritium meus est, sestertios XXV nummus dare spondes?*). Esta *sponsio* servía para entablar el procedimiento reivindicatorio ante el tribunal de los *centumviros*, por eso se llamaba *sponsio praeiudicialis*, y no era la pena que tenía que pagar el demandado si perdía el litigio (Gayo 4.93-95). Tenía la peculiaridad de que el tribunal emitía su decisión en virtud de su propia *iurisdictio*.

También cabía la posibilidad de iniciar un procedimiento reivindicatorio ante el pretor, por medio del procedimiento formulario (*reivindicatio per formulam petitoriam*). El procedimiento en este caso se sustanciaba mediante una afirmación del derecho de propiedad del demandante, a la que se contraponía la misma afirmación por parte del demandado, y dando el pretor el mandato al juez para que, según lo considerase probado, condenase al demandado a restituir la cosa y, en caso de que este no realizase la restitución conforme a su arbitrio, le impusiese una *condemnatio pecuniaria*. Por tanto, no valía cualquier restitución que realizase el demandado, sino solo la que el juez considerase adecuada, esto es, conforme a su arbitrio (era una acción arbitraria).

La restitución de la cosa debía hacerse con sus frutos y accesiones. El juez debe retrotraerse al momento de la *litis contestatio* para la fijar la cuantía de los frutos que debe devolver el demandado, si es de buena fe. Pero si es de mala fe, deberá este restituir todos los frutos que haya obtenido, anteriores y posteriores a la *litis contestatio*, y resarcir los daños causados a la cosa en litigio. Y, por su parte, si el demandado hubiese realizado los gastos necesarios o útiles en la cosa, dispone este, si es de buena fe, de la *exceptio doli* cuando el demandante no se los paga.

Si el demandado no restituye la cosa en litigio (demandado contumaz) deberá el juez establecer la *condemnatio pecuniaria*, determinando el valor de aquella. Como sanción por la contumacia del demandado, el pretor permitía al demandante fijar mediante juramento el valor que tenía la cosa (*iusiurandum in litem*), dentro de una cantidad máxima que establecía (*taxatio*, D. 4.3.18). Y si el demandado paga la cuantía del litigio así fijada (*litis aestimatio*), queda en condiciones de realizar una *usucapio* de la cosa objeto del litigio como si fuese comprador de ella (*pro emptore incipit possidere*, D. 41.4.1).

En casos especiales podría ser demandado por medio de la *reivindicatio* una persona que no poseía la cosa: el que deja de poseer dolosamente (*qui dolo desiit possidere*) y el que se ofreció como *fictus possesor* para engañar al dueño (*qui liti se optulit*).

La cosa que se reivindica ha de ser individualizada debidamente y si es compuesta ha de reivindicarse como una unidad que tiene valor económico-social. Así un rebaño (*grex*) es considerado como una cosa unitaria a efectos de la *vindicatio gregis*. Y cuando existían problemas de separación e identificación de la cosa podía emplearse previamente la *actio ad exhibendum,* que era una acción con la que se exigía al demandado que presentase públicamente una cosa (D.10.4.2), cuando se tenía intención de reclamarla judicialmente, pero no necesariamente como propietario, sino por virtud de otra muchas causas (*multae sint causae ad exhibendum agendi,* D. 10.4.3.1), p. ej., si el acreedor pignoraticio pretende interponer la acción Serviana o hipotecaria para perseguir la cosa pignorada (D. 10.4.3.3).

En paralelo con la *reivindicatio* existió, como hemos visto, la *actio Publiciana* que podía utilizar el propietario bonitario o pretorio, llamado así precisamente por hallarse defendido por esta acción de creación pretoria. Es una acción análoga a la acción reivindicatoria, con la cual el propietario pretorio (el que posee de buena fe una cosa que le ha sido entregada en virtud de una *traditio ex iusta causa*), puede defenderse frente a todos, y solo perdería un litigio frente al que demuestre ser el verdadero propietario de la cosa.

4.2. Otros medios de protección del propietario

Existen asimismo otras acciones con las cuales el propietario puede detener o impedir menoscabos o limitaciones a su pleno derecho sobre la cosa. Por ejemplo, tenía la *actio negatoria,* que sirve para rechazar al que pretende tener un derecho real sobre una cosa de su propiedad, p. ej., una servidumbre. Igualmente tenía el propietario la acción para el deslinde de fincas (*actio finium regundorum*), que conduce a una *adiudicatio,* por medio de la cual se determina, con efectos constitutivos, las zonas de terreno que pertenecen a uno u otro propietario de los fundos colindantes.

En general, son también medios de defensa de la propiedad todos aquellos que se refieren a las relaciones de vecindad. Con la *actio aquae pluviae arcendae* se trataba de impedir que por alguna intervención del vecino se desvíe el curso normal del agua de lluvia entre los fundos colindantes.

Asimismo existió la llamada *cautio damni infecti,* una garantía por el daño temido, que podía exigir el propietario de un inmueble, que temía que le fuese causado un daño proveniente del fundo contiguo (desprendimientos de tierra, caída de árboles). Se le exigía al vecino que prestase una fianza o garantía, con la que repararía el daño que eventualmente causase. Si no la prestaba en un plazo establecido, podía el pretor, tras el conocimiento de la causa (*causae cognitio*) permitirle el ejercicio de la *possessio* (*missio in possessionem*) al peticionario, que tendría entonces la detentación del inmueble amenazante y podía adoptar alguna medida urgente para evitar el daño. Pero si el demandado no prestaba la *cautio* ni permitía la entrada en el fundo, podía el pretor mediante un segundo decreto constituir en dueño al peticionario, de forma que incluso podría acabar adquiriendo la propiedad del fundo por *praescriptio longi temporis* (D. 39.2.4.4; D. 39.2.15.16, D. 41.2.3.23).

Asimismo podía utilizar el propietario en su defensa la denuncia de obra nueva (*operis novi nuntiatio*) para prohibir una obra nueva realizada o en trance de realización (D. 39.1.1pr) en un terreno que no es el propio. Puede tratarse de una obra nueva o de una demolición, sea en lugar público o privado. El denunciado debe prestar una fianza o *cautio* obligándose a restaurar las cosas a su primitivo estado en caso de que resultase que no tenía derecho a realizar la obra. Una vez prestada la fianza, el pretor protegía con un interdicto al que la dio, constituyéndole en poseedor y prohibiendo cualquier acto de violencia contra él, con la pretensión de impedirle construir (D. 39.1.20.9).

En el caso de que se realice por otro una obra en terreno propio, es más ventajoso para el propietario la interposición del interdicto *uti possidetis*, o el *interdictum quod vi aut clam* (D. 39.1.5.10), porque de esta forma no se convierte en poseedor el que está realizando la construcción. Este interdicto era un medio de defensa frente a una obra realizada con violencia o clandestinamente (D. 39.1.1.1), que podía interponer el propietario, pero también el poseedor, el usufructuario o el titular de una servidumbre, esto es, todo el que tuviese interés en que la obra no se realizase (*qui interest opus non esse factum*, como también el comprador del fundo, D. 18.2.4.4). Se deberá restituir el fundo al estado en que se hallaba con anterioridad, siempre que se hubiese hecho la obra ilícitamente. Otros interdictos con los mismos efectos se podían interponer cuando se había construido en lugar sagrado o en un río o ribera pública.

5.   Copropiedad o condominio

Cuando la titularidad del derecho de propiedad sobre una misma cosa correspondía a varias personas simultáneamente se producía una situación de copropiedad o condominio, que también se denominó *communio*.

La *communio* clásica tiene su precedente histórico en el antiguo *consortium* que existía entre hermanos a la muerte del *paterfamilias*, que era una forma de vida familiar comunitaria anterior a la noción de copropiedad y propia de los ciudadanos romanos. Cuando moría el *paterfamilias* se formaba este tipo de sociedad, que era a la vez legítima y natural, y que se llamada *societas ercto non cito* o propiedad sin división, entre los herederos del *paterfamilias* (Gayo 3.154a). La especialidad de este tipo de consorcio era que cada consorte podía hacer un acto de disposición sobre la totalidad de la cosa común como si fuese propietario único; así podrá hacer una *mancipatio* de un fundo o una *manumissio* del esclavo común (Gayo 3.154b).

Pero además se admitió que, a imitación del antiguo consorcio entre hermanos, se constituyese una sociedad, mediante el consentimiento de los partícipes, que se llamaban socios (*socii*). Se trata del contrato consensual de sociedad, del que tratamos más adelante, que no es exclusivo de los ciudadanos romanos, sino que pertenece al *ius gentium*, porque se admitió su existencia entre todos los hombres por razón natural (Gayo 3.154).

En época clásica la *communio* o copropiedad sobre una cosa podía constituirse de forma voluntaria (p. ej.: cosas compradas en común por los miembros de una *societas*) o podía constituirse de forma incidental, sin haber contado con la voluntad de los condueños (p. ej. la copropiedad entre coherederos o colegatarios, y en los casos de *confusio* y *commixtio* entre cosas de diferentes propietarios, como veremos). En este segundo caso se incide –involuntariamente– en la copropiedad (*incidimus in communionem*, D. 17.2.31).

Para que la copropiedad pudiese funcionar jurídicamente se entendió, en derecho clásico, que cada copropietario tenía una cuota ideal en la totalidad, esto es, una cuota de la cosa común (*pars pro indiviso*), que era una unidad indivisa. Esta propiedad por cuotas fue la solución natural a la que se llegó porque la propiedad se concebía como el poder pleno sobre una cosa que formaba una unidad económico-social y no era admisible que coexistiesen a la vez dos o más titulares como plenos propietarios (o poseedores) simultáneamente (*duorum quidem in solidum dominium vel possessionem esse non posse* D. 13.6.5.15).

La *communio* o copropiedad clásica, en consecuencia, se rige por dos principios opuestos: por un lado, rige el principio parciario, según el cual cada uno de los copropietarios tiene derecho exclusivo sobre su cuota (*pars quota*), y por otro, rige el principio comunitario, conforme al cual existe una cotitularidad sobre la cosa en su conjunto de todos los copropietarios.

Según el principio de propiedad por cuotas, cada condómino puede disponer libremente, salvo pacto en contrario, del derecho sobre su cuota, enajenándola (normalmente mediante *in iure cessio*), o constituyendo un usufructo, o dándola en prenda, siempre solo en la medida de dicha cuota. No puede, en cambio, constituir sobre la cosa común una servidumbre predial por tratarse este de un derecho indivisible, que recae sobre la totalidad de la cosa y que, por tanto, no puede constituirse *pro parte*, ni realizar la *manumissio* liberadora del esclavo común, porque no existe libertad de un *servus* por cuotas. También se opera con el principio parciario de la cuota cuando se produce una *reivindicatio*, ya que se entiende que cada condómino solo reivindica parcialmente (*vindicatio pro parte*), y asimismo cuando se determina la cuantía que le corresponde a cada uno de los condóminos en la adquisición de los frutos, que será en proporción a su cuota (D. 22.1.25).

En cambio, el principio comunitario, procedente del antiguo *consortium* familiar, se manifiesta en otros aspectos de la *communio* clásica.

En primer lugar, cada condómino puede ejercitar un derecho de veto o prohibición (*ius prohibendi*) frente a cualquier acto de otro condómino que exceda de un uso normal de la cosa o constituya innovación en la misma. De ahí la necesidad de que todos se hallen de acuerdo ante cualquier innovación. El acuerdo entre condóminos era necesario para evitar conflictos y se decidía por mayoría de cuotas acerca del goce, conservación y destino de la cosa común. En principio, tiene mejor razón el que prohíbe (*potior est causa prohibentis*, D. 10.3.28), pero debe ejercitar el *ius prohibendi* tempestivamente, ya que, una vez realizado el acto (p. ej, la construcción de un edificio), solo podrá exigir la reparación del daño mediante la *actio communi dividundo*.

Otro indicio de pervivencia del principio comunitario del *consortium* arcaico es el denominado *ius adcrescendi* entre condóminos. Cuando uno de ellos abandona su cuota, sin enajenarla a otro, esta no queda sin dueño, sino que acrece a los demás condóminos. Así, igual que en el antiguo *consortium*, el copropietario podía realizar la *manumissio* del esclavo, pero este no se liberaba plenamente, sino que se entendía que el condómino manumitente perdía o abandonaba su cuota a favor de los demás, que adquirían su parte en virtud del derecho de acrecer. Más adelante, Justiniano, impulsado por el *favor libertatis*, estableció la validez de la manumisión por un solo condómino, si el *servus* pagaba el valor de las cuotas restantes a los demás.

Finalmente, todo condómino podría pedir la división del condominio, la cual podía llevarse a cabo de común acuerdo o bien por medio de una división judicial. Se iniciaba mediante la *actio communi dividundo* (aunque había otras acciones divisorias de la cosa común, cuando se trataba de una comunidad hereditaria, la *actio familiae erciscundae* y cuando se trataba de los límites de las fincas, la *actio finium regundorum*). Por medio de la *adiudicatio* reconocía el juez la propiedad exclusiva de cada uno de los dueños sobre una parte concreta de la cosa común. Pero para lograr una división lo más equitativa posible, el juez podía, además, mediante *condemnatio,* imponer una compensación pecuniaria entre los condueños para compensar las partes resultantes. También podía el juez a través de la *condemnatio* resolver las pretensiones personales recíprocas que tuviesen los condueños entre sí, para resarcir daños o gastos hechos por alguno de ellos en la cosa común. En derecho justinianeo la *actio communi dividundo* podía ejercitarse para solventar estas pretensiones recíprocas de los condóminos sin necesidad de extinguir el *condominium*.

LECCIÓN 10

La posesión

1.   Concepto de posesión (*possessio*)

La *possessio* no es una de las instituciones que tienen su fundamento en el *ius civile* porque estas surgieron de la ley (*ex lege*) y se defendían mediante acciones (p. ej. el *dominium* se defiende con la acción reivindicatoria –*reivindicatio*–). En el *ius civile* existía la noción de *dominium ex iure Quiritium*, que recaía sobre las *res mancipi*, como los fundos en el suelo itálico (entre otras cosas). Sobre los territorios situados fuera de la península itálica no recaía el *dominium*, porque se consideraba que era tierra conquistada por el pueblo romano (*ager publicus*) y que pertenecía a este. Pero al que de hecho cultivaba y obtenía los frutos de esos terrenos se le reconocía un derecho, la *possessio*. El *possessor* de los terrenos fuera de la península itálica no era, por tanto, *dominus ex iure Quiritium*, pero tenía una relación de hecho con la cosa que era merecedora de protección, y por eso tenía como mecanismo de defensa ante el pretor los interdictos, como veremos.

Puesto que el *dominus* tenía el más absoluto derecho sobre una cosa que se reconoció al ciudadano romano, naturalmente, también era *possessor* de la cosa, teniendo derecho a los frutos o rentas de esta, de los que podía disponer de diferentes formas. Podía autorizar a otro, mediante acuerdo con este, la obtención de los frutos del fundo a cambio del pago de una renta (según Catón, *De agricultura*, cap.146-149, se hacía una venta de los frutos con pago aplazado del precio –la renta–), lo cual se configuró como contrato de arrendamiento o *locatio conductio*. En este caso se entiende que el dueño (arrendador o *locator*) continuaba poseyendo, ya que disfrutaba de la *possessio* (p. ej., del terreno) en forma de rentas que le pagaba el arrendatario (colono o *conductor*), esto es, se entendía que tenía la posesión por medio de este.

Había casos en los que, por el contrario, el *dominus* perdía la *possessio* en favor de otro, p. ej., cuando quería constituir un derecho real de prenda (*conventio pignoris*), esto es, dar una cosa en prenda a un acreedor, en garantía de que devolverá el dinero entregado a crédito. Se podía hacer sin o con entrega de la posesión, y en este segundo caso, podía tener lugar mediante la entrega manual de la cosa pignorada (*traditio*), si esta era mueble o bien, en el caso de bienes inmuebles, se podía constituir al acreedor en poseedor por acuerdo entre ambos (*constitutum possesorium*), de forma que el acreedor se convertía en titular de los frutos o rentas de la cosa pignorada, como veremos.

Un caso distinto es el del *dominus* que transmite la *possessio* mediante la simple entrega de la cosa, llamada *traditio*, con la intención, de acuerdo con el adquirente, de conseguir una determinada finalidad económico-social, que constituía la *iusta causa* de la *traditio* (p. ej., entrega por causa de venta, por causa de donación, en concepto de pago, etc). En este caso, el adquirente era un *possessor ad usucapionem*, esto es, un poseedor que se podía convertir en propietario cuando hubiese transcurrido un tiempo establecido en la ley, y bajo determinadas condiciones, también establecidas en la ley. Ampliaremos esta cuestión cuando nos ocupemos de la institución de la *usucapio*.

Se trataba aquí de proteger la seguridad del tráfico de bienes. El que adquiere mediante *traditio ex iusta causa* confía en que el transmitente es dueño de la cosa, y es, por tanto, poseedor de buena fe. Por este motivo, el pretor reconoció a este *possessor ad usucapionem* como propietario pretorio, que estaba en una situación prácticamente igual al *dominus ex iure Quiritium*. Y le concedía una acción, la acción Publiciana, con la que, como hemos visto, podía vencer frente a todos, menos frente al que demostrase que tenía el verdadero título de propietario (igual que el *dominus* con la *reivindicatio*).

En los demás casos, para la defensa de la posesión el pretor concedía los interdictos, que eran instrumentos de defensa mucho más ágiles que la *reivindicatio*, porque no se requería que las partes en litigio probasen su condición de propietario (*dominus*), sino que bastaba con probar que, de hecho, eran poseedores de una cosa. En el procedimiento interdictal nada se decide respecto al derecho de propiedad de los litigantes sobre una cosa, sino solo sobre su derecho a poseer. Con el interdicto se evita la lucha violenta o el ejercicio de la fuerza entre dos partes en relación a una cosa, dando prevalencia al que posee sin violencia, ni clandestinidad ni en precario frente al que pretende también tener derecho a la posesión.

El interdicto se podía interponer por el *possessor*, pero también por el *dominus* que se veía privado de su *possessio*. Este podía interponer la acción reivindicatoria, en la que se trataba de comprobar cual de las partes tenía el título de propietario, o bien un interdicto, que era el instrumento de protección de la *possessio*, con el que bastaba que probase que, de hecho, tenía derecho a la posesión sobre la cosa.

2. Adquisición y retención de la posesión

En los últimos tiempos de la jurisprudencia clásica, para la adquisición de la *possessio* se exigía la presencia de dos requisitos simultáneamente: el *cor-*

pus (aprehensión material) y el *animus* (intención de poseer). El requisito de la aprehensión material de la cosa (*corpus*) para adquirir la posesión fue bastante riguroso. Así el cazador que hiere una pieza de caza no adquiere la posesión hasta que, persiguiéndola, la captura (D. 4.1.1.5.1). La toma de posesión de una tierra de cultivo requirió en un tiempo recorrer todos los trozos de la tierra (*circumambulare omnes glebas*, D. 41.2.3.1).

Los dos requisitos (*corpus et animus*) no son elementos independientes sino que han de confluir en el mismo acto de adquisición. No basta uno solo de ellos como advierte el jurista Paulo (D. 41.2.3.1: *adipiscimur possessionem corpore et animo; neque per se animo neque per se corpore*). El acto de aprehensión ha de estar dirigido conscientemente a poseer.

El *animus* como requisito de la *possessio* ha sido muy discutido en la doctrina romanística desde que Savigny lo definió como *animus domini* o intención de ser dueño. Pero las fuentes únicamente mencionan un *animus possidendi*, que quizá pueda entenderse como intención o voluntad de poseer la cosa, y que implica una apropiación exclusiva de la utilidad (frutos o rentas) de la misma.

De ahí que la ausencia de *animus* impida la adquisición de la *possessio* por parte del *furiosus* o enajenado, que carece de conciencia de sus actos. El *infans* –que no tiene suficiente uso de razón para realizar negocios jurídicos válidos– es discutible si podía adquirirla con la *auctoritas tutoris*, pero sí podía un *impuber infantia maior*, con la asistencia del tutor, según la opinión más generalizada. Respecto a los hijos o esclavos sometidos a la *potestas* se admite que pueden adquirir la *possessio* para el *paterfamilias* con el conocimiento y la conformidad de este (*voluntas domini*).

Por otra parte, la retención de la *possessio* debía realizarse, en principio, mediante la continuidad del *corpus* y del *animus*. Pero en algunos casos se llegó a admitir la retención de la *possessio* únicamente con el *animus* o intención, debido a circunstancias especiales que hacían imposible temporalmente el contacto material (*corpus*) con la cosa poseída. Así sucedía con el poseedor de un *saltus aestivus* (finca utilizable solamente en verano) o el de un *saltus hibernus* (finca utilizable solamente en invierno), que retiene la *possessio* de dichas fincas rústicas durante la estación en que las mismas no son útiles para el que las posee. Lo mismo sucedía con el esclavo fugitivo (*servus in fuga*); se consideraba que era poseído por el dueño, sobre todo a efectos de reparar el daño que el esclavo hubiese causado durante la fuga.

Existe *possessio* no solo cuando alguien posee personalmente, sino también cuando posee por medio de otro, como sucede cuando hay un contrato de arrendamiento con el colono o con el inquilino. El arrendador es *possessor* porque obtiene los frutos en forma de rentas, y se llama poseedor mediato porque tiene la posesión por medio del inquilino o colono. Asimismo el que entregaba a otro una cosa en depósito (para su custodia) o comodato (para que otro la use) retenía la *possessio*, mientras el depositario o comodatario sería un mero detentador (Gayo 4.153).

3.   Defensa de la *possessio*

Los instrumentos de defensa de la *possessio* fueron los interdictos (*interdicta*), que son distintos de las acciones. En el caso de una perturbación de la *possessio*, se pedía al pretor que determinase quién tenía derecho a la posesión.

Los interdictos son órdenes pretorias destinadas a impedir o prohibir ciertos hechos (*interdicta prohibitoria*) como, por ejemplo, la alteración de la posesión del *ager publicus*, estableciéndose por el pretor la preferencia del que ya estaba poseyendo el inmueble. Este es el origen del más antiguo *interdictum uti possidetis* cuya formulación debió ser: «tal y como estáis poseyendo, así debéis poseer: prohíbo que se utilice la fuerza» (*uti possidetis ita possideatis: vim fieri veto*). En otros casos ordena el pretor que no se impida con actos de fuerza o violentos al *possessor* de un inmueble el ejercicio de su derecho (*interdictum quod vi aut clam*).

Los juristas clásicos distinguen tres tipos de interdictos posesorios: los interdictos de adquirir, los de retener y los de recuperar la *possessio*.

Uno de los interdictos de adquirir la posesión (*adipiscendae possessionis*) es el interdicto Salviano (Gayo 4.147), que tenía el dueño del fundo para perseguir los aperos del colono, cuando este los extrae del fundo sin pagar la renta. El dueño del fundo adquiere con el interdicto la posesión sobre estos, porque se entiende que, de esta forma, puede recolectar y apoderase de los frutos de su propio fundo.

Los interdictos de retener (*interdicta retinendae possessionis*) tienen lugar en el marco de un litigio en torno al derecho de propiedad. Se indaga previamente cual de las partes tiene derecho a poseer, y, en consecuencia, debe actuar como demandante (Gayo 4.148). Estos interdictos son dos: *uti possidetis* y *utrubi*.

El *interdictum uti possidetis* es aplicable a los bienes inmuebles (fundos o edificios). Prevalece el que estaba en posesión del inmueble, siempre y cuando poseyese sin violencia, clandestinidad o en precario (*nec vi, nec clam, nec precario*) frente al otro, porque la autoridad del pretor impedía (de ahí su carácter prohibitorio) todo acto de desposesión contra el que poseía pacíficamente (Gayo 4.150).

El *interdictum utrubi* se aplicaba a cosas muebles. Se protege mediante este interdicto al que hubiese poseído un período de tiempo mayor durante el año en curso, siempre que no fuese poseedor violento, ni clandestino, ni en precario frente al adversario. En el cómputo del tiempo se aplica la *accessio possessionis*, que consiste en sumar el tiempo que ya poseyó su antecesor, p. ej., se sumaba el tiempo al heredero o al que compró del poseedor (Gayo 4.151).

El plazo para interponer este interdicto era de un año porque, pasado este, el demandado podría alegar que ha adquirido por usucapión, y entonces no se trata de determinar quién tiene derecho a poseer, sino quien tiene el título de propietario sobre la cosa.

Otra modalidad es el interdicto de recuperar la posesión (*interdictum reciperandae possessionis*), que se interpone cuando alguien ha sido expulsado violentamente o por la fuerza de la posesión de un fundo (Gayo 4.154). El interdicto comienza así: *unde tu illum vi deiectisti* (por eso se conoce como interdicto *unde vi*) y obliga al que expulsó con violencia a restituir en la posesión al expulsado, siempre que este último, a su vez, no posea frente al que le expulsó con vicio, clandestinidad o en precario.

Pero si el que expulsó a otro lo hizo utilizando armas, este tendrá que restituir siempre inexcusablemente la posesión, aunque el desposeído, a su vez, hubiese sido poseedor violento, clandestino o en precario, por la enorme gravedad del hecho cometido. Se entiende por armas, dice Gayo 4.155, también los palos y las piedras. Por tanto, con este interdicto se trata de impedir cualquier apoderamiento gravemente violento de la posesión (I. 4.15.6).

También existió el interdicto de precario (*interdictum de precario*). En ciertos casos, para garantizar el pago de una deuda, se constituía al acreedor en poseedor de los frutos de un fundo del deudor (pignoración de fundos, *praedia pignori data*). El acreedor podía, por su parte, ceder en precario el fundo al deudor, para que continuase con la explotación del mismo, tal y como venía haciendo, y no perdiese capacidad de pago de la deuda. Pero si no realizaba la explotación convenida, podía el acreedor por medio del interdicto de precario expulsar al deudor de su propio fundo. Así recuperaba el acreedor la *possessio*, y se podía cobrar la deuda con los frutos del fundo conforme al contrato celebrado. Por este motivo, actualmente, se define el precario como un derecho del que una persona solamente puede disfrutar en tanto lo consienta el que se lo concedió.

LECCIÓN 11

Modos de adquirir la propiedad originarios (*iure naturae*)

Los juristas romanos distinguían entre la enajenación de las cosas por naturaleza (*iure naturae*) y la que tiene lugar por derecho civil, que estudiamos en el siguiente lección.

Cuando una cosa se enajena por derecho natural, se adquiere su propiedad también *iure naturae*, esto es, por naturaleza o de forma originaria. Pero también adquirimos por razón de la naturaleza las cosas que tomamos por ocupación cuando antes no eran de nadie (dice Gayo 2.66). Y adquirimos por el mismo derecho natural lo que se nos agrega por aluvión (Gayo 2.70) y también lo edificado por otro en nuestro terreno (Gayo 2.73), así como cuando se elabora vino, aceite o harina con uvas, aceitunas o espigas que son propiedad de otro (Gayo 2.79). Veamos cada uno de estos casos.

1. Adquisición por ocupación (*occupatio*)

El que se apodera de una cosa que no pertenece a nadie (*res nullius*), por el acto de apropiación mismo se convierte en propietario, si esta era su intención. Dice Gayo (D. 41.1.3):lo que no es de nadie se concede por razón natural al que lo ocupa. Para adquirir por ocupación se requieren, por tanto, tres requisitos. En primer lugar, que se trate de una cosa que no es de nadie (*res nullius*), o que sea una cosa abandonada por su dueño (*res derelicta*), o una cosa arrebatada al enemigo (*res capta ex hostibus*). En segundo lugar, que se realice un acto de apoderamiento o aprehensión de la cosa. Y finalmente, se requiere la intención de hacerla propia, esto es, de adquirirla, independientemente de que el adquirente piense o no en la noción jurídica de propiedad.

En Roma se consideraron, por tanto, susceptibles de *occupatio*, las siguientes cosas:

Las *res nullius*, que eran las cosas que no tenían dueño, también los animales que no tenían dueño y que podían ser objeto de caza, como los animales salvajes (*ferae bestiae*) y todo lo que se caza en la tierra o en el aire, o lo que se pesca en el mar (Gayo 2.66-2.67, D. 41.1.1.2; I. 2.1.12). La ocupación por medio de la caza se realizaba por medio de la aprehensión del animal; y si se escapaba y adquiría la libertad natural, se hacía del primero que lo ocupaba (D. 41.1.3.2). En el caso de que se hubiese herido la pieza de caza, afirma Trebacio, que el cazador que la había herido y la perseguía, había adquirido ya el derecho sobre la misma. Solo si dejaba de perseguirla se podía adquirir por quien la ocupaba, pero si durante la persecución otro la aprehendía, tendría el que la hirió contra este la *actio furti*. Pero no todos los juristas eran de esta opinión, porque considera- ban que solo se adquiría el animal si realmente se capturaba, porque podía no tener lugar la aprehensión por muy variadas causas (D. 41.1.5.1). También eran *res nullius* las cosas encontradas en la orilla del mar (*res inventae in litore maris*) y la isla que emerge en el mar *(insula in mari nata)*.

Las *res hostium*, que eran las cosas de los pueblos que se hallaban en guerra con Roma, también podían ser objeto de ocupación (Gayo 2. 69 y D. 41.1.5.7). Si la aprehensión tenía lugar por soldados en acto de guerra, el botín pertenecía, en principio, al *populus romanus*, como *res hostium* o cosas del enemigo. Y se con- sideraba, a la inversa, que las cosas de los romanos caídas en poder de pueblos que estaban en guerra con Roma eran susceptibles de ocupación por estos. La *occupatio bellica* la describe el jurista Gayo 4.16 como el origen del nacimiento del más justo dominio, y por este motivo, afirma, la lanza preside el tribunal de los centunviros.

Se admitía también la adquisición por *occupatio* cuando se trataba de una *res derelicta*. Se entiende por *res derelicta* una cosa abandonada, respecto a la cual su propietario ha renunciado o rechazado intencionada y definitivamente su posesión, con el designio de renunciar a la propiedad. La *res derelicta* se hace propiedad del que la ocupa (D. 41.7.1), y este, entonces, no puede ser acusado de *furtum* (D. 47.2.43.5). Pero si el propietario no la abandonó, e interpone una *reivindicatio*, el que adquirió puede alegar que, creyendo que la cosa estaba abandonada, se hizo propietario por *usucapio,* si pasó el tiempo establecido en la ley (*usucapio pro derelicto,* D. 41.7).

Puede tener relevancia la cuestión cuando se trataba de determinar quién debía responder por los daños causados por un animal o esclavo abandonado. Según Próculo, la cosa continuaba siendo del dueño, hasta que no era poseída por otro, y según Juliano, la cosa no era de otro hasta que este no la poseía (D. 41.7.2.2). Ambas posturas son compatibles, ya que se entiende, entonces, que pagaba el daño el que abandonó el animal o el esclavo, siempre que este no haya sido adquirido por ocupación por otra persona.

2. Adquisición por accesión

La accesión se define como un modo originario de adquirir la propiedad conforme al cual el propietario de una cosa principal adquiere la propiedad de otra cosa, que se considera accesoria, porque esta se incorpora o se une a la primera. Vamos a exponer aquí los casos que implicarían adquisición de la propiedad por accesión, que son casos de adquisición de la propiedad *iure naturae* (Gayo 2.70).

2.1. Accesión a un inmueble

Alluvio. Se denominaba así el lento incremento de tierra que la corriente de agua del río iba depositando en los fundos ribereños. El propietario del fundo ribereño adquiere la propiedad sobre dicho incremento a medida que se va verificando. Según Gayo 2.70, se trata de un incremento que se realiza tan lentamente, que engaña a la vista.

Avulsio. Se produce aquí un incremento ocasional de una cantidad más compacta de material o tierra, que no es producto del lento acarreo del agua, como en el caso anterior. El propietario del fundo ribereño al que va a parar dicho incremento en principio no adquiere la propiedad sobre ese trozo de tierra (Gayo 2.71), sino solamente si se hubiera adherido por más largo tiempo y los árboles que traía consigo hubiesen echado raíces (D. 41.1.7.2).

Insula in fllumine nata. Cuando en el curso de un río se forma una isla, por retirada parcial de las aguas o por cambio del lecho del río, debido a algún fenómeno geológico, los propietarios de los fundos ribereños adquieren la isla emergida (D. 41.1.7.3). Esta es común a todos los que tienen predios a uno y otro lado del río junto a la orilla, pero si no surge en el medio del río, pertenece a los dueños del predio ribereño más próximos a la isla (Gayo 2.72).

Alveus derelictus. El cauce abandonado por un río o corriente de agua pertenece a los que poseen los predios junto a la orilla, con arreglo a la latitud que cada predio tenga. Pero el nuevo cauce que abra el río se hace de derecho público, por derecho de gentes, igual que también lo es el río (D. 41.1.7.5).

2.2. Accesión al suelo de lo que hay en la superficie

El dueño de un inmueble adquiere por accesión todo lo que hay en la superficie del mismo. Se fueron formulando por los juristas romanos varios casos.

Inaedificatio. Por derecho natural adquiere el propietario del terreno lo que se construye o edifica sobre su terreno por cuenta ajena (Gayo 2.73). De aquí se deriva el principio en virtud del cual lo que hay en la superficie accede al suelo: *superficies solo cedit* (también D. 41.1.7.10).

Y puesto que no hizo la edificación el propietario del terreno, los materiales utilizados no pueden ser reivindicados por su dueño, ni podía este ejercitar la acción de *tigno iniuncto* (por la cual el que el que construyó en terreno propio con viga ajena debe pagar el doble de su valor, según las XII Tablas). En cambio, si el edificio se arruina, sí podía el dueño de los materiales reclamarlos mediante la acción reivindicatoria (o la de exhibición), pero no en el caso de que hubiese actuado de mala fe, esto es, si sabía que el terreno era ajeno cuando construyó (D. 41.1.7.12).

Implantatio. El principio *superficies solo cedit* se aplica con más razón (dice Gayo 2.74), en el caso de las plantas colocadas en terreno ajeno. El propietario del suelo se convierte en propietario de ellas, una vez que han enraizado. Antes de echar raíces la planta sigue siendo de su anterior propietario (D. 41.1.7.13). Y si se trata de un árbol plantado junto a un lindero entre fincas, es común, si hubiese echado raíces también en el fundo vecino.

Satio. La semilla esparcida en terreno ajeno, una vez que ha germinado, se convierte en propiedad del dueño del terreno (Gayo 2.75: siembra de trigo en terreno ajeno).

En estos casos aquí expuestos, el que reclamaba la propiedad del edificio, o de lo plantado o sembrado en el fundo propio tenía que pagar, a su vez, los gastos hechos en la edificación, la plantación o la siembra, y si no lo hacía, podía ser rechazado por medio de la *exceptio doli*, siempre que el demandado fuese poseedor de buena fe (Gayo 2.76). Por tanto, *a contrario* (dándole la vuelta al argumento), se entiende que vencerá siempre el propietario del terreno con su acción reivindicatoria, frente al que sembró, plantó o edificó en terreno ajeno con mala fe, sin necesidad de indemnizar los gastos.

2.3. Accesión a una materia (pergamino, tela, tabla)

El dueño de la materia adquiere todo lo que se incorpora a ella por accesión, por actuación de otra persona. Se fueron formulando por los juristas romanos varios casos.

Scriptura. El dueño del papel o pergamino (*cartula, membrana*) adquiere la propiedad de lo que otro ha escrito sobre la materia. Afirma Gayo 2.77 que lo que otro escribiese en papel o pergamino mío, aunque lo hiciera con letras de oro, me pertenece, porque las letras acceden al papel o al pergamino. El propietario del papel o pergamino puede reclamarlo frente al que escribió, pero siempre indemnizando el gasto realizado, porque si no será rechazado con la *exceptio doli* (D. 41.1.9.1).

Lo mismo sucede en el caso de la *tinctura*, en el que el barniz o color accede a la materia que ha sido coloreada, aunque se trate de color púrpura, que resultaba muy costoso, y en el de la *textura*, en el que los hilos entretejidos en una tela ajena se hacen propiedad del dueño de esta.

Tabula picta. En el caso de que se pintase una tabla ajena el criterio es diferente, de forma que aquí lo principal sería la pintura, esto es, el que realizó la pintura adquiriría la propiedad de la tabla. El propio Gayo 2.78 afirma que no se da explicación suficiente a este cambio de criterio. Pero es Justiniano el que lo explica: no tendría sentido que la pintura de un famoso pintor ceda por accesión a una miserabilísima tabla (I. 2.1.34).

En este caso, el pintor podrá reivindicar la tabla que pintó pero siempre indemnizando el valor de la tabla, puesto que si no, será rechazado con la *exceptio doli*. Pero esto siempre que el pintor fuese poseedor de buena fe, porque si la tabla ha sido objeto de *furtum*, por él o por otro, el dueño tendrá la *actio furti*. Se trataba de evitar que se apropiase de la tabla el que pintó de mala fe, esto es, con la intención de apropiarse de tabla.

3. Especificación (*specificatio*)

Hay otro casos en los que se adquiere la propiedad por razón natural. Gayo 2.79 pone como ejemplos el que hace vino, aceite o harina con uvas, aceitunas o espigas ajenas; o el que hace una vasija con oro o plata ajenos, o construye una nave, un armario, o una silla con tablas ajenas.

Se produce la especificación, o *speciem facere ex aliena materia*, cuando en virtud de trabajo o actividad humana se realiza la transformación de un producto o materia ajena en una cosa con entidad económico-social distinta (*nova species*).

El problema jurídico consistió en determinar a quién correspondería la propiedad del nuevo objeto, que es ya distinto de la materia con la que fue creado por el especificador. Según Gayo 2.79, Sabino y Casio atribuían la propiedad al dueño de la materia, que sería también dueño de la nueva cosa elaborada, mientras que los autores de la escuela contraria (Próculo y Nerva) atribuyen la propiedad al especificador. Gayo plantea aquí la discusión entre las escuelas de juristas sin dar más explicación, pero encontramos la solución intermedia en otro pasaje del mismo jurista (D. 41.1.7.7). Se debería tener en cuenta si la especie podía volver a convertirse en la materia originaria. Si la nueva especie fuese reversible (p. ej. un vaso forjado podría convertirse en una masa informe de oro o plata), entonces, según Sabino y Casio, sería propiedad del dueño de la materia, pero si no fuese reversible (p. ej. las uvas no pueden volver a convertirse en vino), entonces, según Próculo o Nerva, sería del especificador.

Pero en este segundo caso, el especificador tendría que pagar el doble del valor de la materia que utilizó, porque el dueño de la materia ya no podía reivindicarla en su antiguo estado, al haberse esta extinguido, y por este motivo la acción que le correspondía era la *actio furti* (Gayo 2.79), con la cual obtenía el doble del valor de la cosa que fue objeto de especificación.

Finalmente, si el especificador pone en parte materiales propios y en parte materiales ajenos, adquiere la propiedad también, aunque el nuevo objeto pueda ser reducido a la materia originaria (*ad pristinam materiam*), porque, dice Justiniano, no solo puso su trabajo sino también parte de la materia (I. 2.1.25).

4. Confusión y conmixtión (*confusio* y *commixtio*)

La mezcla de cosas líquidas o sólidas pertenecientes a diversos propietarios se considera también un caso de adquisición de la propiedad *iure naturae*. En el caso de mezcla de líquidos, o de metales fundidos o de materias sólidas (por ejemplo, mezclar vinos, u oro) pertenecientes a diversos propietarios, y hecha por voluntad común, se convierte en propiedad de estos (I. 2.1.27). Y si se trata de materias diversas, con las que se hubiese creado una especie distinta (p. ej. mezclar vino y miel, u oro con plata), también el nuevo objeto es común. Y lo mismo sucede si se mezclaron fortuitamente materias de diversos dueños.

Se considera un caso especial la mezcla de granos de trigo pertenecientes a diversos propietarios: se hacen de propiedad común si sucedió por voluntad de los respectivos propietarios. Pero si la mezcla se produjo casualmente o contra la voluntad de uno de los dueños, no se hará común, porque, dice Justiniano, el caso es semejante a aquel en el que se mezclan dos ganados de diferentes propietarios. Así, si uno de los dos retuviese ese trigo, tendrá el otro una acción para reivindicarlo, y se reserva al arbitrio del juez la determinación de la calidad del trigo de cada parte (I. 2.1.28).

5. Adquisición de los frutos

Otra forma de adquirir la propiedad *iure naturae* es la del poseedor de buena fe de un fundo, que se hace propietario de los frutos que percibió por medio de su cultivo o explotación agraria. Si el dueño interpone una acción reivindicatoria, no puede exigirle todos los frutos ya consumidos, sino solo los que obtuvo a partir de la *litis contestatio*. En cambio, si se trata de un poseedor de mala fe, esto es, que posee a sabiendas de que el fundo no es suyo, debe restituirlo con sus frutos, aunque hayan sido consumidos (I. 2.1.35).

Por otra parte, el que tiene un derecho de usufructo sobre una cosa solamente se hace dueño de los frutos que percibe, por tanto, si muere estando los frutos maduros, sin haberlos percibido todavía, estos no pertenecen al heredero del usufructuario, sino que son adquiridos por el propietario del fundo (I. 2.1.36).

6.   Adquisición del tesoro

Se entiende por tesoro (*thesaurus*) un depósito de monedas u objetos preciosos, que está oculto desde tiempo inmemorial, de tal modo que se desconoce ya quién es su dueño, y cuyo descubrimiento es casual. Se consideraba que ya no tenía dueño, y por eso se hacía propiedad del que lo había encontrado (D. 41.1.31.1).

Pero además se estableció por el emperador Adriano, teniendo en cuenta la equidad natural, la siguiente regulación: se concedía la propiedad del tesoro al descubridor, si lo hubiese hallado en suelo propio, y también si lo hubiese encontrado fortuitamente en un lugar sagrado. Pero si el hallazgo se producía en terreno ajeno, la mitad sería para el descubridor y la otra mitad para el dueño del terreno. Y, en consecuencia, si se hallaba el tesoro en territorio del César (fundos patrimoniales), o en algún lugar público o perteneciente al fisco, será la mitad para el descubridor y la mitad para el César, para el municipio o para el fisco. Justiniano mantuvo esta regulación (I. 2.1.39).

7.   Adquisición mediante *traditio ex iusta causa*

La *traditio* es una de las formas de alienación (convertir la cosa en ajena, enajenar) por derecho natural (*iure naturali*, dice Gayo 2.65). Por tanto, la entrega o *traditio* de la cosa supone la alienación de la cosa *iure naturali*, frente a otras formas de alienación, que se realizan conforme al derecho civil, como son la *mancipatio*, la *in iure cessio* y la *usucapio* (Gayo 2.66).

En otro pasaje afirma Gayo (D. 41.1.9.3) que la *traditio* es una forma de enajenar que pertenece al *ius gentium*, porque nada es tan conforme a la equidad natural como que se tenga por válida la voluntad del dueño que quiere transferir a otro una cosa. La simple entrega de la cosa es, pues, una forma de enajenarla conforme al derecho natural o al derecho común de todos los pueblos, que se contrapone a los modos de transmisión del *dominium* establecidos por el derecho civil.

La *traditio* puede tener lugar por el mismo dueño de la cosa, o la puede realizar otro por voluntad de aquel, p. ej, el que por mandato de otro vende una cosa que pertenece al mandante (D. 41.1.9.4). Además, en ciertos casos para considerar hecha la *traditio* basta la mera voluntad del dueño, p. ej., cuando se vende una cosa que el comprador ya había recibido antes en comodato, arriendo o depósito. En este caso basta con el consentimiento del transmitente de que el adquirente tenga la cosa en virtud de la venta realizada (*ex causa emptionis*, D. 41.1.9.5). Esta modalidad se llamó posteriormente *traditio brevi manu*. Asimismo, se admitió la llamada *traditio* simbólica, p. ej, cuando se vendían mercancías que estaban en un almacén, la entrega de las llaves era equivalente a la *traditio* de aquellas (D. 41.1.9.6). También bastaba para la *traditio* la indicación desde lejos con la mano del inmueble en cuestión, o *traditio longa manu*.

Asimismo, existió la que los juristas medievales llaman *traditio per chartam*. Se trata de la *traditio* de la cosa mediante la entrega del documento en el que conste la transmisión, práctica proveniente de los derechos orientales, que se introdujo en Roma a finales de la época clásica. En una constitución de Severo y Caracalla (C. 8, 53 (54), 1) se afirma que para transferir la propiedad de esclavos por razón de donación basta que el donante entregue al donatario un instrumento escrito de compraventa de los mismos.

También existió la *traditio in incertam personam*, cuando p. ej. se arrojaba a la multitud un donativo (*iactus missilium*) en una ceremonia o festividad pública, los objetos se hacían propiedad del primer ocupante, que, con su voluntad de adquirir, completaba la voluntad de transmitir del donante, aunque este no sabía quién iba a ser el beneficiario.

La simple entrega o *nuda traditio* de una cosa solo produce efectos si va acompañada de un acuerdo de venta o de alguna otra justa causa por la cual se realizaba, según afirma Paulo (D. 41.1.31 pr). La causa era la finalidad económico-social perseguida por las partes de común acuerdo, y que, por tanto, determinaba los efectos jurídicos de la *traditio* realizada. Y esta podía tener lugar en virtud de múltiples causas, p. ej., por causa de venta (*emptionis causa*), pero también con la finalidad de celebrar otro negocio jurídico como la donación (*donandi causa*) o de extinguir una obligación (*solvendi causa*), etc.

Con la *traditio ex iusta causa* una cosa se convierte en ajena (*res aliena*), pero solo en el caso de que se trate de una *res nec mancipi*, el adquirente se convierte en *dominus* (Ulp. 19.7). Cuando se trataba de una *res mancipi*, el adquirente no se convertía en *dominus* por derecho civil, sino solo adquiría la condición de *possessor ad usucapionem* (o propietario pretorio), de forma que, con el paso del tiempo, por medio de la *usucapio*, podía convertirse en *dominus*.

LECCIÓN 12

Adquisición de la propiedad según el *ius civile*

Como hemos visto, en Roma se distinguía entre la enajenación de las cosas por derecho natural o por derecho civil (Gayo 2.65 y 2.66). Son formas de enajenación, según el derecho civil, la *mancipatio*, la in *iure cessio* y la *usucapio*.

1. La *mancipatio* como modo de adquirir la propiedad

Ya hemos analizado la *mancipatio* como negocio jurídico formal, por medio del cual el *paterfamilias* podía realizar algún acto de disposición sobre cosas o personas sujetas a su potestad. Si se realizaba a cambio de una cantidad de dinero se trataba entonces de la *mancipatio emptionis causa*, con la que se escenificaba la transmisión del *dominium ex iure Quiritium* de una *res mancipi*.

El ritual solemne de la *mancipatio emptionis causa* se celebrada ante cinco testigos, que tenían que ser ciudadanos romanos púberes y que actuaban como representantes de la *auctoritas* del pueblo romano. El que se presentaba ante ellos como dueño y transmitente de la cosa era el *auctor* (titular originario del derecho de propiedad según el *ius civile*), que en ese acto solemne asumía una responsabilidad por *auctoritas*. Por tanto, con la celebración de la *mancipatio emptionis causa* se producía la transmisión al adquirente del *usus* —o título originario de dueño— por quien era responsable por *auctoritas*.

Con la presencia de los testigos se aseguraba el comprador (*mancipio accipiens*) la prueba de que había adquirido el *dominium*, en el caso de que se suscitase un litigio respecto al derecho de propiedad. Porque el medio de prueba preferente en el juicio eran los testigos que habían presenciado la celebración del negocio jurídico, que estaban obligados a testificar, bajo la pena de ser declarados *intestabiles* (XII Tablas 8.22, según Aulo Gelio). Los sancionados con esta pena no podrían, en reciprocidad, exigir la intervención como testigos de otros ciudadanos romanos en sus propios negocios jurídicos, quedando así sin posibilidad de aportar la prueba para defender su posición en un posible litigio que se suscitase[26].

Pero la absoluta seguridad de que el vendedor (*mancipio dans*) era el verdadero dueño solamente se lograba si se probaba que existía una cadena ininterrumpida de transmitentes, en la que cada uno de los anteriores era *dominus* de la cosa transmitida, y esta prueba podía extenderse indefinidamente entre los transmitentes anteriores (lo que los juristas medievales llamaron *probatio diabolica*).

Para eludir esta imposible prueba y favorecer la agilidad y seguridad del tráfico de bienes se estableció una limitación temporal en las XII Tablas 6.3 del siguiente modo: el *usus* y la *auctoritas* duraban dos años para inmuebles y un año para todas las restantes cosas. Según este principio general, el *usus* y la *auctoritas* van unidas durante ese tiempo, pasado el cual, el que adquirió por *mancipatio* se puede presentar como dueño en una posterior *mancipatio* que se celebre.

Pero en el caso de que se suscitase el eterno problema que podía surgir en el tráfico jurídico de bienes, cuando el transmitente (*mancipio dans*) no era el verdadero dueño, este se resolvía de la siguiente manera: si un tercero, el verdadero dueño, interponía una acción reivindicatoria y lograba probar su derecho dominical frente al comprador, se llamaba, en el mismo juicio, al que actuó como vendedor, para que demostrase que era propietario en el momento de la venta. Si este no comparecía o no lo lograba demostrar (*auctoritatem defugere*, Plaut. *Poen.* 147), se le condenaba, como responsable por *auctoritas*, al doble del valor de la cosa vendida (PS 2.17.3). Como el verdadero dueño había vencido en el litigio, ya existía la prueba de que no le había sido transmitido al comprador el título originario de dueño –*usus*–, y, por tanto, al vendedor (*mancipio dans*) se le exigíar esponsabilidad por *auctoritas*. El responsable por *auctoritas* en la *mancipatio* era el vendedor (*mancipio dans*), que podía solo remitirse al anterior

---

26   Además, en la *mancipatio* tenía que estar presente físicamente la *res mancipi* (Gayo 4.16, si se trataba de cosas muebles o semovientes, por ej. un esclavo) o su representación simbólica (Gayo 4.17, p. ej. una oveja del rebaño o un trozo de tierra, si era un inmueble). Solo en el caso de un inmueble se podía celebrar la *mancipatio* sin el requisito de su presencia, porque es necesario que el comprador sujete el objeto con la mano, y de ahí viene el nombre de *mancipatio*, dice Gayo 1.121). Y Ulpiano afirma que las cosas muebles se pueden vender mediante *mancipatio*, pero solo cuando están presentes, y no más que las que caben en una mano, mientras que las cosas inmuebles se pueden mancipar varias simultáneamente y estando en diferentes lugares (Tit. Ulp. 19.6).

mancipio dans, cuando la anterior *mancipatio* se había realizado dentro del plazo de dos años para inmuebles y uno para bienes muebles.

La responsabilidad por *auctoritas* la tenía también el *mancipio dans* cuando el adquirente era extranjero. Los *peregrini* en ciertos casos tenían el *ius commercii*, que les permitía, según el *ius civile*, celebrar negocios jurídicos válidos con los romanos, estándoles permitido ser parte contratante en la *mancipatio* (Tit. Ulp. 19.4). En consecuencia, también el extranjero podía probar, por medio de los testigos de la *mancipatio*, que había comprado una *res mancipi* de quien en la *mancipatio* se presentaba como dueño. Por tanto, si un ciudadano romano reivindicaba frente a un extranjero la propiedad civil de una *res mancipi*, este se podía siempre remitir al último ciudadano romano que realizó la venta de la cosa mediante *mancipatio* a un extranjero[27]. Por este motivo se encuentra en las fuentes romanas la afirmación de que frente al extranjero la responsabilidad por *auctoritas* es eterna (Cic. *De off.* I.1.37).

En realidad, la imposición de la *aeterna auctoritas* al ciudadano romano frente al extranjero no fue más que una forma de proteger la seguridad del tráfico de bienes. Porque si el *ius civile* admitía que un extranjero celebrase negocios jurídicos válidos con los ciudadanos romanos, tenía que reconocerle la misma seguridad en la adquisición a título oneroso que la que tenían los ciudadanos romanos. Así se fomentó y liberalizó el comercio entre Roma y los integrantes de otros pueblos.

Tenemos, por tanto, por un lado, al *dominus* que siempre vencía con su acción reivindicatoria, pero, además, al *mancipio dans* que, si vendió no siendo dueño, responde siempre por *auctoritas* por el doble del valor de la cosa. De esta forma obtenemos el principio sobre el que se fundamentó la seguridad del tráfico de bienes del *ius civile*: la absoluta protección del derecho de propietario, pero siempre en ausencia de perjuicio de tercero (el que pagó un precio por una cosa).

---

27   También, entonces, había que admitir que el *peregrinus* que había adquirido por *man-cipatio* interpusiese la acción reivindicatoria frente al ciudadano romano, lo cual habría sido probablemente la esfera de competencia del *praetor peregrinus*, cuya aparición se sitúa en torno al año 242 a.C. Pero a partir del procedimiento formulario, en cuanto se admitió por el pretor la interposición de la *actio Publiciana*, se le reconoció al adquirente, fuese ciudadano romano o no, la propiedad pretoria, con lo cual quedaron todos -romanos y extranjeros- igualados ante el pretor en seguridad jurídica. Vid. FUENTESECA, M., *La seguridad del tráfico de bienes en Roma*, ed. Reus, Madrid, 2019.

Pronto se comenzó a realizar la compraventa (*emptio venditio*) por la simple *traditio* o entrega de una cosa a cambio de un precio, sin el formalismo de la *mancipatio*. La *emptio venditio*, contrato no formal sino meramente consensual, no transmitía el *dominium ex iure Quiritium*, sino solamente la propiedad pretoria (o *possessio ad usucapionem*), protegida por el pretor mediante la acción Publiciana. Se fue relegando la *mancipatio*, cuya abolición se declaró mucho más tarde, en época justinianea, en favor de la *emptio venditio*, que era menos formal pero con idénticas garantías de seguridad, lo cual propició la enorme expansión comercial del pueblo romano. Si el comprador de cosa mueble o inmueble era vencido en un litigio (*evictus*) por el verdadero dueño de la cosa, tenía el vendedor que resarcirle del perjuicio causado con el pago del doble del precio[28]. El mero hecho de que en un juicio se demuestre que otro era el verdadero propietario implicaba, directamente, que el vendedor no era dueño cuando vendió, y que era responsable por este hecho. En la compraventa (o *emptio venditio*) esta responsabilidad del vendedor se llamaba responsabilidad por evicción.

2.   La *in iure cessio*

La transmisión del *dominium* en virtud del *ius civile* se lograba asimismo por medio de la *in iure cessio*, que era un acto formal de transmisión que se celebraba ante el pretor (*in iure*), simulando la celebración de un juicio. El vindicante afirmaba su titularidad dominical sobre la cosa, y el cedente guardaba silencio, con lo cual el magistrado pronunciaba la *addictio* a favor del primero. Era una forma de enajenar tanto las *res mancipi* como las *res nec mancipi*, pero, además, según Ulpiano, servía para enajenar cosas incorporales (*res incorporales* o derechos) o un conjunto patrimonial de cosas (por ejemplo, venta de una herencia, Tit. Ulp. 19.15). Estas eran cosas que no se podían llevar individualmente ante los testigos, si se hacía una *mancipatio*, y por eso se requería el refuerzo de la presencia del magistrado, que garantizaría su identificación en el caso de que se suscitase litigio en torno a quién era propietario de ellas.

---

28   La ley Atinia, hacia mediados del siglo I. a.C., estableció que siempre que se trataba de una cosa sustraída a su dueño, la *auctoritas* era eterna (Aulo Gelio, N.A. 17.7). La ley Atinia recordaba, desde el momento en que se empezó a desarrollar el procedimiento formulario, y, por tanto, desde la instauración de la *actio empti* y de la *emptio venditio*, que, si se había producido una venta por quien no era dueño (venta *a no domino*) siempre respondía el vendedor por *auctoritas*, que era la garantía de que era dueño en el momento de la transmisión. Vid. FUENTESECA, M., *En defensa de la ley Atinia*, Scritti per Alessandro Corbino, Libellula Edizioni, Tricase, Italia, 2016, p. 173-194.

En cambio, la *mancipatio* servía para celebrar un negocio jurídico relativo a las *res mancipi*, que eran cosas plenamente identificables por los testigos que intervenían en el acto, lo cual constituía una garantía para la seguridad del tráfico de bienes.

3. La *usucapio*

3.1. La *usucapio* como modo de adquisición de la propiedad

La *usucapio* era otra forma de adquirir el *dominium* conforme al *ius civile*, que nació como complemento de la *mancipatio*, pero se desarrolló luego con independencia de esta. En las XII Tablas, como ya hemos dicho, se estableció el principio conforme al cual el *usus* y la responsabilidad por *auctoritas* duraban un año, si la cosa era mueble, o dos años, si la cosa era inmueble (*usus auctoritas fundi biennium, ceterarum rerum omnium annus est usus*)[29]. Por tanto, pasados esos plazos, el adquirente por *mancipatio* podía presentarse a su vez como dueño en una nueva *mancipatio*, sin tener que probarlo por medio del que le transmitió la cosa. Había adquirido el titulo originario de propietario, el *usus*, por el paso del tiempo (*usucapio*).

El mismo derecho a adquirir el título de propietario por medio del paso del tiempo lo tenía cualquier poseedor de buena fe, que es el que cree que su transmitente es dueño. Por eso, cuando no se celebraba la *mancipatio*, sino que se realizaba solo la entrega de la cosa o *traditio*, unida a una *iusta causa* (*traditio ex iusta causa*), se entendía que el poseedor de buena fe podía hacerse *dominus* por medio de la *usucapio*, cuyos plazos eran los establecidos en las XII Tablas. El adquirente mediante *traditio* adquiría la *possessio ad usucapionem*, que era una condición (o título) que le habilitaba para usucapir, esto es, para adquirir el *usus* por medio del ejercicio de la condición de dueño, en el plazo de tiempo establecido en la ley[30].

---

29   Vid. Cic., Top. 4.23: *...usus auctoritas fundi biennium est, ceterarum rerum omnium annus est usus...* y pro Caec. 19.54: *lex usum et auctoritatem fundi iubet esse biennium...*

30   La *traditio ex iusta causa* de una *res mancipi* transmitía al adquirente no el título de *dominus*, pero sí un título que le habilitaba para usucapir. En las fuentes romanas se encuentran el título *pro emptore, pro donato, pro dote, pro legato, pro derelicto, pro soluto, pro herede*, e incluso se admitió el título *pro suo*, bastando en este caso la creencia del poseedor que la cosa era suya.

En consecuencia, la *usucapio* se define como un modo de adquirir el *dominium*, o derecho de propiedad según el *ius civile*, por parte del poseedor de buena fe, cuando habían pasado los plazos establecidos en la ley.

Como hemos visto, la *traditio* se podía realizar por diferentes causas negociales (*emptionis, donandi, solvendi causa, etc.*). Si la *traditio* (*ex iusta causa*) se realizaba por quien era dueño de la cosa, entonces el adquirente de buena fe podía convertirse en *dominus* pasados los plazos establecidos en las XII Tablas (*usucapio a domino*, Gayo 2.41). Esto significa que el adquirente se podía presentar como *dominus* frente a cualquier tercero, una vez pasados los plazos. Pero mientras que no ha usucapido, es un *possessor ad usucapionem* o propietario pretorio, con la protección de la *actio Publiciana*. El pretor al conceder esta acción en defensa de la propiedad pretoria, hacía una ficción como si hubiesen pasado los plazos establecidos en las XII Tablas (Gayo 4.36).

Y además, se podía adquirir por *usucapio* aunque el transmitente no fuese dueño, porque la seguridad del tráfico de bienes exigía la protección del que poseía de buena fe, esto es, del que creía que el transmitente era dueño (Gayo 2.43, *usucapio a non domino*). La única excepción se producía, como hemos visto, en el caso de *traditio emptionis causa* (o *emptio venditio*) realizada por un no dueño[31]. Si el verdadero dueño vencía, ya existía la prueba de que el vendedor transmitió una cosa que no era suya, y debe, por este hecho, responder por el doble del precio frente al comprador, que tiene que restituir la cosa a su dueño.

La *usucapio* era un modo de adquirir el *dominium* según el derecho civil, y, por tanto, cualquier poseedor de buena fe, fuese ciudadano romano o no, una vez pasados los plazos, podía interponer una *reivindicatio* como *dominus*, que era una acción fundamentada en el *ius civile*. Con la *usucapio* se protegía al poseedor de buena fe, y este era otro principio fundamental sobre el que se basaba la seguridad del tráfico de bienes en Roma: la protección del poseedor de buena fe, siempre sin perjuicio de terceros.

---

31 También estaba excluido de la *usucapio* –por no tener un título apto para la *usucapio*– el comprador que tenía un título inválido o ilícito. Prueba de ello es la antigua prohibición de usucapir las *res mancipi* vendidas por una mujer sin la *auctoritas* del tutor (Gayo 2.47). Este era un caso en el que el pretor podía conceder, como medida excepcional, la *restitutio in integrum*, esto es, que se volviese entre las partes al estado anterior a la celebración de la venta. En las constituciones imperiales se confirma que no solo el adquirente *a non domino* estaba excluido de la *usucapio*, sino también cualquier comprador de cosa mueble o inmueble cuyo título fuese inválido o ilícito. (C. 7.26.1; C. 7.26.2; C. 7.26.9).

3.2. La *usucapio* de bienes muebles

La *usucapio* de las cosas muebles tenía lugar en casos muy excepcionales, porque existían desde muy antiguo dos prohibiciones de usucapir: una impuesta por la ley de las XII Tablas, que prohibían la usucapión de las cosas sustraídas al dueño (*res furtivae*), y otra impuesta por la ley Julia y Plaucia, que prohibía la usucapión de las *res vi possessae*, que eran las cosas poseídas por la fuerza o a espaldas del dueño (Gayo 2.45). Si hay *res furtiva* es porque ha habido un *furtum*, que comete también el que vende una cosa ajena o la entrega por cualquier otra causa (Gayo 2.50; I. 2.6.3).

Por tanto, si el verdadero dueño podía probar su derecho de propiedad, vencería siempre en juicio con la acción reivindicatoria frente a todo poseedor de esa cosa mueble (que, si era un comprador, a su vez, podía exigirle responsabilidad por evicción al vendedor). En consecuencia, respecto a los bienes muebles, solo era posible la *usucapio* en los casos en los que el transmitente no había cometido *furtum*. Y esto solo sucedía cuando se probaba que el transmitente creía que la cosa era suya. Entonces no había *furtum* por ausencia de *animus furandi*, ni, por tanto, tampoco *res furtiva*, y es cuando podía tener lugar la *usucapio*. Por eso Gayo afirma en 2.50: la *usucapio* de bienes muebles no es fácil que tenga lugar (*unde in rebus mobilibus non facile procedit, ut bonae fidei possessori usucapio conpetat),* y lo repite Justiniano (I. 2.6.2).

La *usucapio* de las *res furtivae* y *vi possessae* siempre estuvo prohibida en Roma desde las XII Tablas hasta la etapa final justinianea. Eran, pues, pocos los casos en que la *usucapio* de cosas muebles tenía lugar, pero aún así, para aumentar la seguridad del tráfico de bienes, se amplió a tres años el plazo que tenía que transcurrir para que el *possessor* de buena fe adquiriese por usucapión la cosa mueble en época justinianea (C. 7.31.2, año 531 e I. 2.6pr.).

3.3. La *usucapio* de bienes inmuebles

La *usucapio* de bienes inmuebles transcurrió por una vía distinta a la de los bienes muebles, porque no cabía *furtum* respecto a los inmuebles. Según Gayo 2.51, es rechazable la opinión de quienes opinaban que sería *furtum* la transmisión de un fundo ajeno[32].

---

32   Y reitera Gayo en otro pasaje que está derogada la opinión antigua de que podía cometerse *furtum* del fundo (D. 41.3.38). Lo mismo opina Ulpiano en D. 47.2.25pr. y se repite esta idea en I. 2.6.7.

En consecuencia, era admisible la adquisición por *usucapio* de un fundo ajeno por el poseedor de buena fe con justo título a la que se aplicaba todavía en época clásica el plazo, establecido en las XII Tablas, de dos años (Gayo 2.42). Explica Gayo 2.44 que estos plazos parecieron suficientes para que el propietario vigilase sus cosas (*cum sufficeret domino ad inquiriendam rem suam anni aut biennii spatium…*).

En su origen, para la *usucapio* de inmuebles se consideraba suficiente el transcurso de estos breves plazos porque en la más antigua economía agrícola romana era normal que, siendo los frutos o rentas de los fundos el sustento del grupo familiar, los propietarios mantuviesen continuamente vigiladas sus propiedades. No se podía considerar que se causaba un perjuicio con la *usucapio* al propietario de un fundo que, durante dos años, no se había preocupado de los frutos que daba. Gayo se siente obligado a explicar esto, porque cuando él escribe, a finales de la época clásica, estos plazos resultaban ya muy cortos, teniendo en cuenta que la economía ya no era exclusivamente agrícola, sino comercial y pecuniaria, en un imperio que se había expandido enormemente.

3.4. Requisitos de la *usucapio*

La *usucapio* solo podía recaer sobre determinadas cosas que se consideraban aptas para ello (*res habilis ad usucapionem*). Estaban excluidas, como hemos visto, las *res furtivae,* las *vi possessae,* pero también las cosas *extra commercium*, los bienes del fisco y los bienes que eran propiedad del emperador, entre otras. No se pueden usucapir las personas libres, ni las cosas sagradas, ni las religiosas (Gayo 2.48). Tampoco eran susceptible de *usucapio* los inmuebles situados fuera de la península itálica, sobre los que no se admitía la existencia del *dominium* (o derecho de propiedad según el *ius civile*), sino solo la *possessio*.

Se requería que el usucapiente ejercitase la *possessio civilis* de forma ininterrumpida. Y la muerte del usucapiente no interrumpía la *usucapio*, sino que se admitía la *successio possessionis*, esto es, la sucesión de su heredero en la posesión para completar el tiempo establecido en la ley para adquirir por *usucapio*. Y también se admitió la *accessio possessionis* con la que un adquirente *inter vivos* completaba el tiempo necesario para la *usucapio*, sumándolo al de su antecesor. Por otra parte, se consideraba interrumpida la *possessio* por la iniciación de un litigio, siempre que el demandante pudiese demostrar que todavía era propietario en el momento de la *litis contestatio*.

Y puesto que la *usucapio* se basaba en la existencia de una *traditio* realizada con *iusta causa*, la *causa possidendi* permanecía inmutable, porque imperaba un principio riguroso según el cual nadie puede cambiar por sí mismo la *causa possessionis* (*nemo sibi ipse causam possessionis mutare potest*). Así, p. ej., si poseía la cosa como comprador, no puede alegar luego que adquirió por usucapión porque le habían donado la cosa.

Como hemos visto, la *usucapio* fue otro instrumento de protección del tráfico jurídico, porque se basaba en la protección del poseedor de buena fe, esto es, del que creía que su transmitente era el verdadero dueño. Quedaba, pues, excluido de la *usucapio* el poseedor de mala fe, que es el que posee a sabiendas de que su transmitente no era dueño. Pero era suficiente para la *usucapio* la buena fe inicial del poseedor (el *iustum initium possessionis*), porque el conocimiento posterior por el poseedor de que la cosa era ajena no le perjudicaba para la adquisición del *dominium* por el paso del tiempo (según el principio: *mala fides superveniens non nocet*).

4. La *exceptio* y la *praescriptio longi temporis*

La *usucapio* no se aplicaba a los inmuebles sitos en provincias, porque era un modo de adquirir la propiedad según el *ius civile*, y solo los fundos dentro de la península itálica eran *res mancipi* sobre los que recaía el *dominium*. Fuera de la península itálica solamente podía existir la propiedad pretoria sobre los inmuebles, que coincidía, en caso de litigio, con el *possessor* del mismo, esto es, con el que explotaba los frutos o rentas de un fundo. Pero, como hemos dicho, este no era propiamente *dominus* ni tenía, por tanto, una acción reivindicatoria para defender su derecho.

La solución que se abrió paso consistió en conceder a los poseedores de inmuebles en provincias un instrumento procesal en defensa de su derecho: el poseedor de buena fe, pasados diez años entre presentes (personas que vivían en la misma provincia) o veinte años entre ausentes (personas que vivían en diferentes provincias), podía paralizar una acción reivindicatoria del dueño, oponiendo a la acción de este la *exceptio longi temporis*. Así al *possessor* de buena fe, pasados estos plazos, se le reconocía de hecho una situación análoga a la del propietario.

En consecuencia, si el poseedor por largo tiempo podía paralizar con esta *exceptio longi temporis* la acción del *dominus*, se podía entender que la acción de este había prescrito pasados esos plazos. Y así, de forma general, se admitió la existencia de una nueva institución, la *praescriptio longi temporis*, aplicable a todos los bienes, muebles o inmuebles, dentro o fuera de la península itálica, conforme a la cual se consideraba prescrita la acción del *dominus* con el paso de esos plazos más largos (según PS 5.2.3; 5.2.3.4). Por tanto, ningún *dominus* podía imponer su derecho de propietario pasado ese tiempo frente a un poseedor de buena fe.

Justiniano finalmente dio un paso más en la consolidación de esta institución de la *praescriptio longi temporis* (C. 7.39.8.pr. del año 528): admitió que el poseedor de buena fe de una cosa cualquiera (*res aliqua*), que había adquirido la *exceptio longi temporis* (esto es, una vez pasados los plazos de diez años entre presentes y veinte entre ausentes) adquiría, además, la acción reivindicatoria frente a todos. Esto significa que el poseedor de buena fe por largo tiempo tenía una acción reivindicatoria con la que defenderse como propietario frente a todos, esto es, estaba en la misma situación del que había adquirido el *dominium* o el derecho de propiedad[33].

Y la última reforma la introdujo Justiniano tres años después. Estableció que el plazo más amplio de diez, veinte (o treinta años) sería también aplicable a la *usucapio* de inmuebles situados en la península itálica (C. 7.31.1). Allí durante mucho tiempo estuvo vigente la *usucapio* como forma de adquirir el *dominium* de los inmuebles con plazos más cortos, sin perjuicio de que los poseedores de buena fe pudiesen también alegar la *praescriptio longi temporis* cuando habían pasado los plazos más largos. Justiniano lo que hizo fue derogar la antigua *usucapio* de dos años de inmuebles y establecer que, cuando se trataba de inmuebles situados en el península itálica, el que había poseído de buena fe durante esos plazos más largos, había usucapido (esto es, había adquirido el más antiguo derecho de propietario reconocido por el *ius civile*).

Así se mantuvo, solo formalmente, la diferencia entre los inmuebles situados dentro y fuera de la península itálica. En ambos casos y con los mismos plazos, el poseedor de buena fe se convertía en *dominus*, uno por *usucapio*, y el otro porque nadie podía ya discutirle su titularidad dominical porque el derecho del verdadero dueño había prescrito.

---

33   Justiniano expresamente menciona como requisito para oponer la *exceptio longi temporis* la existencia de un título de compra, donación o de un título contractual cualquiera. Por tanto, según esta constitución, adquiría la *exceptio longi temporis* el poseedor de buena fe siempre que tuviera un título contractual, cualquiera que este fuese. Esto significa que podía oponer la *exceptio* también el que compró de un no dueño (*a non domino*) o con título inválido o ilícito. A partir de aquí elaboraron los glosadores medievales la teoría según la cual la transmisión del *dominum* se producía en Roma por medio del *modus* (*mancipatio, in iure cessio*), o bien por medio del *titulus* (apto para la *usucapio*, o para la *praescriptio* justinianea).

5. Otros plazos para la prescripción de las acciones

Ya antes de la reforma justinianea aquí descrita se había admitido la existencia de la prescripción de treinta años (*praescriptio triginta annorum* C. 7.39.3, del emperador Teodosio, año 424) que era un plazo general de prescripción para todas las acciones, reales y personales. Prescribía, entonces, por el paso de treinta años, la acción del propietario frente a cualquier poseedor de cosa mueble o inmueble, con independencia de si este era de buena o mala fe o si tenía o no tenía justo título. Si este demostraba su posesión durante treinta años, vencería frente al cualquiera, incluido el verdadero dueño.

Y cuando se trataba de bienes propiedad del Estado, de la Iglesia o dedicados a obras pías (*piae causae*) tenían que pasar cuarenta años para la prescripción del derecho del propietario.

LECCIÓN 13

Derechos reales en cosa ajena: las servidumbres

1. Servidumbres (*servitutes*): concepto

Los romanos denominaron *servitutes* y también *iura praediorum* a determinadas relaciones de dependencia entre dos fundos, en virtud de las cuales el dueño del fundo llamado sirviente debía soportar o tolerar la realización de una cierta actividad por parte del titular del fundo dominante. Las *servitutes* consisten en tolerar (*pati*) el dueño de un fundo sirviente una actividad por parte del dueño del fundo dominante, o bien en abstenerse (*non facere*) de impedir el ejercicio de su derecho al fundo dominante. La servidumbre no se impone para obligar a otro a hacer una cosa, sino para que no prohíba la actividad de otro.

Los juristas discutieron en torno a un caso concreto, que fue la *servitus oneris ferendi*, que se constituía para que un edificio soporte la carga de otro. Igual que en todas las servidumbres, dice Ulpiano, el mantenimiento o la reparación corresponde al titular de la servidumbre (esto es, al dueño del fundo dominante). Pero en este caso concreto prevaleció la opinión de Servio, reconociendo que se podría obligar al adversario a que repare la pared que soporta la carga. Por tanto, excepcionalmente, en este caso la servidumbre no consistiría solo en tolerar o soportar la actividad de otro. Por otra parte, Labeón recuerda que la servidumbre no la debe la persona, sino la cosa, y, por tanto, el dueño de la pared de carga podría abandonarla (D. 8.5.6.2).

El jurista Marciano distingue entre las servidumbres reales, que son las servidumbres de los predios rústicos y urbanos (*servitutes rusticorum praediorum et urbanorum*), y las servidumbres personales (*servitutes personarum*), que serían el *usus* y el usufructo (D. 8.1.1.pr).

Las primeras son derechos reales que son inherentes a los fundos rústicos o urbanos por razón de su vecindad y tienden a procurar una utilidad objetiva del fundo dominante, y, por tanto, a favor del que en ese momento es su titular dominical, mientras que las *servitutes personarum* tienen como finalidad el goce o disfrute, más o menos amplio, de una cosa de otro, a favor de una persona concreta y determinada.

2.   Características de las *servitutes*

No se conocía en Roma la categoría abstracta de la *servitus* como en el derecho vigente, sino que, como afirma P. Fuenteseca (Derecho Privado romano, DPR, Madrid, p. 136-138), se reconocía la existencia de *servitutes* concretas y con una denominación específica. Por tanto, cada *servitus* constituía una figura característica y tipificada con un nombre propio y una caracterización determinada (*modus servitutis*).

La *servitus* ha de implicar una utilidad económico-agrícola para el fundo dominante, y no puede perseguir un interés particular del dueño de este. Y esta utilidad debe estar vinculada objetivamente al fundo, de tal modo que, p. ej., en las servidumbres que tienen la finalidad de apacentar o abrevar ganado, se deberá tener en cuenta el tipo de cultivo del predio sirviente.

La previa condición para que se pueda obtener tal utilidad es que exista una relación de vecindad entre los fundos, que haga posible el ejercicio de la *servitus*. En principio, las *servitutes* se originaron entre predios vecinos, pero la vecindad fue interpretando en el sentido más amplio de que entre los fundos no debía existir una distancia tal que haga imposible el ejercicio de la *servitus*. Y además, la *servitus* se constituía de forma estable, esto es, debía durar un tiempo indefinido. No se admitirá la existencia de la misma por un tiempo limitado.

La *servitus* debe responder a una causa permanente, determinada objetivamente por la situación de los fundos. No puede obedecer a situaciones artificialmente creadas. Así la servidumbre de conducción o de extracción de agua (*servitus aquae ductus* o *aquae haustus*) solo pueden ser constituidas *ex capite* o *ex fonte*, es decir, desde el origen o manantial, pero no desde cualquier punto de la corriente de agua. Como tampoco pueden derivarse dichas servidumbres de una cisterna o estanque construido artificialmente. De ahí que la *servitus* se caracterice por su perpetuidad en el sentido de duración indefinida y por la imposibilidad de que sean constituidas para un preciso momento (*ad tempus*).

La *servitus* es indivisible en el sentido de que nace o se extingue enteramente y no por partes. Puede fraccionarse el contenido de la *servitus* en el caso de división de los fundos, pero cada parte del fundo dominante tendrá derecho a la *servitus* entera y cada parte del fundo sirviente deberá soportarla por entero. Pero el fraccionamiento del contenido o ejercicio de la *servitus* no debe, en este caso, hacer más gravosa la situación del fundo sirviente.

Como hemos visto, la servidumbre es inherente al fundo y, por tanto, si se transmite el fundo (sirviente o dominante), se transmite este con la servidumbre.

Pero podría ser objeto de negocio jurídico la servidumbre predial (no la urbana) de forma independiente al fundo, en cuanto es un bien patrimonial. Se podía vender al dueño de otro predio, que estuviese en condiciones de explotarla (y también podía darse en prenda. D. 20.1.12). Pero no se podía ceder el *usus* o el usufructo sobre ella, porque, como dice Paulo, no hay servidumbre sobre servidumbre (D. 33.2.1: *servitus servitutis esse non potest*).

Finalmente, no existe *servitus* sobre cosa propia puesto que el derecho de propiedad excluye la existencia de una servidumbre a favor del mismo propietario, según el principio *nemini res sua servit* (no hay servidumbre sobre cosa propia. D.8.2.26pr.). Si la propiedad de ambos fundos recae en una misma persona, la *servitus* deja de existir.

3.   Clases de *servitutes*

3.1.   Servidumbres rústicas

Las más antiguas son las tres servidumbres rústicas que se han llamado *iura itinerum*, las servidumbres de paso (vid. P. Fuenteseca, DPR, p. 138-139). Se trata de las siguientes figuras: *iter* (servidumbre de paso a pie, a caballo o en una litera, p. ej. el *iter ad sepulchrum*, o camino que conduce al sepulcro); *actus* (paso con conducción de ganado y carruajes); y *via* (camino de mayor amplitud), que en las XII Tablas, según Gayo (D. 8.3.8), tendría una amplitud de 8 pies en tramos rectos (*porrectum*) y 16 en zonas curvilíneas (*in anfractum*). Para el jurista Paulo (D. 1.8.3.7pr) la *servitus viae*, además de paso y conducción, probablemente permitía transportar materiales (piedra y maderas) y, además, pasar con las armas en alto (*hastam rectam ferre*), sin dañar los frutos.

El grupo de *servitutes* denominado *iura aquarum* (servidumbres en materia de aguas) comprende las siguientes: *servitus aquae ductus* (conducción de agua para el fundo); *servitus aquae haustus* (extracción de agua, que lleva consigo el derecho de paso para acceder al pozo o manantial: *iter ad hauriendum*); *servitus navigandi* consistente en el derecho a atravesar un fundo ajeno navegando sobre una corriente de agua.

Además de los dos grupos citados otras servidumbres rústicas son: *ius pascendi* (derecho a apacentar el ganado en el fundo vecino); *servitus cretae eximendae* (derecho a extraer creta); *servitus calcis coquendae* (derecho a cocer la cal en el fundo vecino); *servitus lapidis eximendae* (obtener piedra). También existe la servidumbre de abrevar ganado, que da derecho a conducir ganado hasta una fuente o manantial situado en el fundo ajeno para beber (*pecoris ad aquam adpulsus*, D. 8.3.1.1).

Se trata de servicios o utilidades que ha de prestar el fundo vecino, pero que redundan en ventaja del fundo dominante y no en la utilidad personal del titular de la *servitus*. Así, por ejemplo, la extracción de materiales, creta, piedras o arena, ha de hacerse para realizar construcciones en el fundo dominante y no para comercializar estos productos vendiéndolos a terceros.

3.2. Servidumbres urbanas

Las denominadas servidumbres urbanas pueden agruparse en las siguientes modalidades:

Servidumbres de aguas pluviales, entre las que se encuentran: la *servitus stillicidii*, que es el derecho a dejar caer el agua de lluvia del tejado propio sobre un solar o edificio ajeno (de forma que el dueño del solar no puede edificar allí donde cae el agua D. 8.2.20.3, pero si es un edificio, puede construir justo por encima del estilicidio, D. 8.2.20.6); la *servitus fluminis* o derecho a hacer pasar por un canalón el agua de lluvia y la *servitus cloacae* o derecho de desagüe de aguas pútridas.

Son servidumbres de luces: la *servitus ne luminibus officiatur* o derecho a que no se estorben con construcciones vecinas la luz del edificio o fundo dominante; *servitus ne prospectui officiatur,* derecho a no ser privado de la vista, incluso a que no se interponga cosa alguna que prive de una vista agradable y libre al fundo dominante (D. 8.2.15); *servitus ne luminis immittendi*, derecho a que no se abran ventanas en la pared común para ventaja del fundo ajeno (D. 8.2.40); *servitus altius non tollendi*, o derecho a que el vecino no eleve su construcción más allá de una determinada altura, quitando luces o vistas (D. 8.2.2; D. 8.2.3).

Por último hay que mencionar las servidumbres destinadas a regular los problemas de los muros vecinos y sus proyecciones. Existen las figuras siguientes: *servitus oneris ferendi* o derecho de carga o apoyo del edificio o construcción propia sobre el edificio vecino, que obliga a este a mantener sus muros con la solidez necesaria; *servitus tigni inmittendi* o derecho a apoyar la construcción propia con la introducción de una viga o madero en el muro vecino; *servitus proiciendi* o derecho a proyectar los balcones o terrazas de la construcción propia sobre el fundo ajeno; *servitus protegendi* o derecho a hacer un voladizo sobre el fundo ajeno.

Este no es un elenco exhaustivo de todas servidumbres existentes. Cabe también mencionar entre otras la *servitus fumi inmittendi* (de lanzamiento del humo a los fundos contiguos, D. 8.5.8.5) o la *servitus cuniculi balneari habendi* (lanzamiento de vapores por una chimenea hacia el fundo ajeno, D. 43.21.3.6).

4. Modos de constitución de las servidumbres

Para constituir una *servitus* válidamente debe tratarse de un fundo situado en la península itálica (*fundus in solo italico*).

Mancipatio e *in iure cessio* fueron los modos de constituir las cuatro primeras *servitutes rusticae* consideradas como *res mancipi*. También se podían constituir por medio del legado *per vindicationem* cuando el que hace testamento lega la propiedad de los fundos a dos personas diversas y al mismo tiempo constituye entre ellos una servidumbre.

También podían constituirse mediante la *deductio servitutis*, que es la reserva de la *servitus* en el acto mismo de enajenación del fundo. Cuando el propietario de un fundo hace una *mancipatio* de una parte de este se puede reservar el derecho de servidumbre sobre la parte que vende, o, lo que es lo mismo, transmite la propiedad de uno de los fundos *deducta servitute*.

La *adiudicatio* es modo de constitución de *servitutes* cuando el *iudex* como consecuencia de una acción divisoria (*actio communi dividundo* o *actio familiae erciscundae*) realiza el acto constitutivo de *adiudicare servitutem*, esto es, al hacer el reparto del fundo común entre los antiguos condóminos, a la vez constituye una servidumbre entre los fundos resultantes.

No era posible la *usucapio* de las *servitutes*, que fue prohibida por la *lex Scribonia* de fines de la república. Lo que sí se podía era usucapir la libertad de las servidumbres (*libertatem servitutum usucapi posse*, D. 41.3.4.29), de forma que, si se posee de buena fe un inmueble durante el tiempo establecido en la ley para la adquisición mediante *usucapio*, sin que nadie reclame la servidumbre, se ha usucapido el fundo libre de sevidumbres.

Existió también la *traditio sive patientia servitutis*, que tenía lugar cuando meramente se toleraba el ejercicio de hecho de la *servitus* (*usus servitutis*). En derecho postclásico, una vez que se admitió que la posesión podía recaer sobre un derecho (*possessio iuris* o *quasi possessio*), la *traditio* se convierte en modo general de constitución de las *servitutes*.

También se admitió la constitución tácita de la *servitus*, como es el caso de la destinación del padre de familia, cuando este ha dejado subsistir los signos externos de una servidumbre entre dos fundos que van a parar a dueños distintos después de su muerte.

En suelo provincial se establecieron *servitutes* mediante pactos y estipulaciones (*pactiones et stipulationes*), constituyéndose un derecho equiparable a la servidumbre. El acuerdo sin forma especial (*pactio*) tenía eficacia real, e iba acompañado de una *stipulatio*, mediante la que se prometía, p. ej., no impedir la utilización del paso o el camino.

5.   Defensa de las *servitutes*

La acción de defensa de las *servitutes* según el *ius civile* se denomina *vindicatio servitutis*, asimismo llamada *actio confessoria*. Con esta *actio* se defiende el titular de la servidumbre frente al que pretende desconocer la existencia de la *servitus*. Se dirige contra el propietario del fundo sirviente y, en caso necesario, contra cualquier tercero que perturbe el ejercicio de aquella. Para protección de las *servitutes* constituidas sobre fundos provinciales cabe admitir la existencia de una acción análoga a la *vindicatio servitutis*.

Y existe también una acción que puede interponer el dueño del predio o edificio, sobre el que otro pretende tener una servidumbre, que es la acción negatoria (D. 8.5.2pr).

Además de las acciones mencionadas, el pretor otorgó algunos interdictos para proteger el ejercicio de hecho de ciertas *servitutes*. No sirven para determinar si una persona es titular de la servidumbre, sino para proteger el ejercicio de hecho de esta, frente al que lo impide, lo cual provocó que la jurisprudencia hablase en el caso de las servidumbres de *quasi possessio*.

Estos interdictos son los siguientes: *de itinere actuque privato*, en defensa de las servidumbres rústicas de paso, en el que se tiene que probar que se usó la servidumbre en el año en curso (D. 43.19.1); *de aqua quotidiana et aestiva,* en defensa de la servidumbre de aguas, sean de uso cotidiano, o solo estival (D. 43.20, 1); *de rivis* (que se permita reparación o limpieza las acequias, D. 43.21.1); *de fonte* (que se permita el uso de la fuente, D. 43.22.1); *de cloacis* (que se permita reparar la cloaca propia perteneciente a otra edificación, D. 43.23.1). En todos ellos se exige que el ejercicio de la *servitus* no haya sido logrado mediante la violencia, la clandestinidad o en precario.

6.   Extinción de las *servitutes*

La *servitus* no puede establecerse para un tiempo determinado porque consiste en una vinculación permanente entre dos fundos; pero se admite que por hechos sobrevenidos con posterioridad pueda ser extinguida. Se admitía, pues, la extinción de las *servitutes*:

Por confusión, cuando el fundo dominante y el sirviente pasan a ser propiedad del mismo *dominus*. Entonces se aplica el principio según el cual nadie puede servir a su propia cosa (*nemini res sua servit*).

Por imposibilidad material de subsistencia de la *servitus* cuando se ha producido la destrucción o transformación de uno de los fundos o de los dos, de tal modo que la servidumbre se haga imposible.

Por voluntaria renuncia (*remissio servitutis*) mediante acto expreso del titular; p. ej., no oponiéndose a la *actio negatoria* interpuesta por el dueño del fundo que pretende liberarse de la servidumbre.

Por *non usus*, que consiste en el no ejercicio de la *servitus* durante diez años (entre presentes) o veinte años (entre ausentes), ya que, si prescribe el derecho del propietario a interponer una *reivindicatio*, también prescribe el derecho de servidumbre (vid. P. Fuenteseca, DPR, p. 142 y 143).

Pero hay que añadir que, en cambio, la servidumbre se retiene por el *usus*, esto es, según dice *Scaevola*, si el que tiene derecho a la servidumbre (o la *possessio* de esta) la usa, no se extingue. Y cita como ejemplos al jornalero, a un huésped, al médico que va a visitar al dueño, al colono y al usufructuario (D. 8.6.20). Incluso si el que la usa es poseedor de mala fe, se retiene la servidumbre (D. 8.6.24).

Otros derechos reales en cosa ajena: usufructo, uso y habitación

1. Usufructo (*usus fructus*)

1.1. Concepto y características

El jurista Paulo define el usufructo como *ius alienis rebus utendi fruendi salva rerum substantia* (D. 7.1.1). Por tanto, consiste el usufructo en el derecho a usar y disfrutar de una cosa ajena dejando inalterada su sustancia (vid. P. Fuenteseca, DPR, p. 145-150).

El usufructuario ha de mantener inalterada la naturaleza o sustancia de la cosa de acuerdo con el destino económico-social que esta cumple. El contenido esencial del derecho de usufructo es el uso y disfrute (*uti frui*) de la cosa, esto es, la obtención de los frutos. Una regla jurídica afirmaba que no hay *fructus* sin el *usus* (*fructus sine usu esse non potest*, PS. 3.6.24), es decir, se trata del disfrute (*frui*) del *usus*, que es el título del propietario. Por tanto, por un lado estaría el titular de la propiedad, que tiene únicamente el título de propietario, y por eso se llama nudo propietario, y, por otro, estaría el que disfruta del *usus*, que es el usufructuario.

El *uti frui* del usufructuario consiste en la utilización de la cosa únicamente *fruendi causa*, esto es, para la obtención de los frutos, frente al cual se contrapone siempre un nudo propietario. Por ese motivo no se puede considerar que el usufructuario sea un poseedor (Gayo 2.93: *non possidet*), sino que es un *fructuarius* (usufructuario) por concesión del que tiene el *usus*. No tiene derecho a adquirir el *usus* o título de propietario (*usucapere*) con el paso del tiempo, sino que se le concede a título personal el derecho a la obtención de los frutos por quien es titular del *usus*.

Históricamente el *ususfructus* debió surgir por razones de asistencia entre familiares (hacia el siglo III. a.C.) para subvenir a las necesidades de la viuda (o hijas solteras de la familia) a la muerte del *paterfamilias*. La forma jurídica sería la concesión de un *legatum ususfructus*, esto es, la concesión por medio del testamento de un legado a favor de la esposa, que podría usar y disfrutar de los bienes del fallecido, pero con institución, en ese mismo testamento, de los hijos como herederos, que, por tanto, serían los nudos propietarios. Así se puede explicar el carácter personal del derecho de usufructo, que aparece vinculado a un sujeto determinado (*fructuarius*) y cesa con la muerte de este sin posibilidad de transmisión de este derecho *mortis causa* ni *inter vivos*.

Así también pueden explicarse las amplias facultades que tiene el usufructuario, de pleno uso y disfrute de la cosa ajena, que deja el derecho del propietario reducido a la mera titularidad o nuda propiedad (*nuda proprietas*). Por otra parte, hay un cierto paralelismo con las *servitutes* lo que, como hemos visto, condujo a calificar el *ususfructus* como servidumbre personal.

El usufructuario tiene derecho a todo lo que naturalmente la cosa produce y se halla comprendido en la noción de *fructus*, lo cual se determina según el destino económico-social de la cosa. Los frutos o productos naturales de la cosa fructífera pasan a ser propiedad del usufructuario en el momento de la aprehensión consciente (*perceptio*). De ahí que, en caso de muerte del usufructuario, los herederos obtendrán los frutos percibidos (*percepti*), pero no los frutos maduros no percibidos (*nondum percepti*), aunque se hallen separados de la cosa madre. Corresponden también al usufructuario los réditos de la cosa o frutos civiles; y así, por ejemplo, si el usufructuario cede a otro el uso de la cosa por medio de un contrato de arrendamiento, tiene derecho al cobro de la renta.

El usufructuario no puede realizar transformaciones sobre la cosa, ni siquiera para hacerla más rentable. En cambio, debe llevar a cabo las reparaciones necesarias para mantener la cosa en el estado en que la ha recibido, en condiciones de ser explotada económicamente.

Según P. Fuenteseca, los juristas fueron determinando los límites del *ususfructus* según el objeto o cosa sobre el cual este recaía. Así el *ususfructus fundi* comprende el disfrute de las colmenas que se hallen en el fundo así como la explotación de las minas que existan en el mismo. Constituye un caso especial el usufructo de un rebaño, que tiene por objeto, no las singulares cabezas de ganado, sino el rebaño como conjunto. El usufructuario puede consumir el excedente de las crías, con tal de mantener el número constante de cabezas del rebaño, que formaba una unidad patrimonial. De modo análogo, el usufructo de un bosque implica la posibilidad de consumir la madera en la medida en que se venía haciendo. Un caso muy especial es el usufructo de un esclavo, en cuyo caso se entiende por frutos el beneficiarse los trabajos de este (*operae servorum*).

El *ususfructus* es un derecho inalienable e intransferible. De ahí que únicamente pueda cederse el ejercicio del mismo, p. ej., mediante venta o donación, pero solamente se cede el ejercicio del derecho en la misma medida en que lo tenía el usufructuario.

Las relaciones entre el propietario y el usufructuario se regulaban por medio de la *cautio usufructuaria*, que el pretor imponía al usufructuario. Consistía en obligarse este, mediante la entrega de una cantidad de dinero, a usar la cosa según lo que sería normal para un hombre honesto (*bonus vir*), y a restituirla tal como se hallaba en el momento de recibirla. Solía añadirse una *stipulatio* con promesa de ausencia de *dolus* o *clausula doli*. Con este instrumento de garantía quedaba protegido el propietario contra cualquier extralimitación del usufructuario en sus facultades. Durante el usufructo el propietario conservaba algunas acciones que le protegían en su condición de propietario; así, entre otras, la acción para la reparación de los daños causados (de la ley Aquilia), la *actio furti*, etc.

1.2. Constitución del usufructo

El modo originario de constitución del usufructo fue el *legatum per vindicationem*. El testador atribuiría al legatario –normalmente la esposa– el *ius utendi fruendi* (así en Cicerón, *Pro Caecina*, 11, la viuda Cesennia obtiene el *ususfructus* de todos los bienes del marido fallecido para que los disfrutase junto con su hijo) y nombraba herederos a sus hijos, que serían los nudos propietarios hasta que la madre falleciese, momento en el cual se extinguía el usufructo y se convertían en plenos propietarios.

Otro modo de constitución fue la *deductio* o reserva del usufructo a favor del mancipante en el acto de transmisión de la propiedad de una *res mancipi* mediante *mancipatio*. O bien se podía constituir mediante *in iure cessio* (Tit. Ulp. 19.11). El transmitente enajenaba solamente la nuda propiedad y se reservaba el derecho de usufructo.

Se admitió también la constitución del usufructo mediante *traditio* una vez admitida la *quasi possessio* o posesión de derechos. Y en fundos provinciales el usufructo podía constituirse mediante pactos y estipulaciones (*pactiones et stipulationes,* Gayo 2.31) naciendo así la obligación de respetar el *uti frui* por el dueño del fundo. En derecho postclásico, desaparecida la distinción entre fundos itálicos y provinciales, se admitió la constitución del usufructo, de forma general, mediante acuerdo.

1.3. Defensa procesal y extinción del usufructo

El usufructuario podía utilizar en defensa del usufructo la *vindicatio ususfructus*, en principio, contra el nudo propietario, pero posteriormente, como reconocieron los juristas clásicos, esta acción se concedió contra cualquiera que perturbase el ejercicio del usufructo.

El usufructuario perseguía mediante esta acción la reintegración en el ejercicio de su derecho, y podía exigir la *cautio de amplius non turbando* que era la prestación de una garantía pecuniaria frente a cualquier intento de mayor perturbación.

En el caso del ejercicio de hecho del derecho de usufructo (*uti frui*) en fundos provinciales, el pretor defendía esta situación aplicando el *interdictum uti possidetis* útil y el *interdictum*, análogo al *unde vi*, de naturaleza restitutoria. Se defendía mediante estos interdictos el ejercicio de hecho del usufructo, y podían, al mismo tiempo, servir de preparación para la *vindicatio ususfructus* en cuanto se aclaraba el hecho posesorio.

Según P. Fuenteseca, eran causas de extinción del *ususfructus* las siguientes:

La muerte o *capitis deminutio* del usufructuario; el cumplimiento del término o la verificación de la condición en el caso de haber sido constituido el usufructo a término o con pacto de resolución; el perecimiento o la transformación material o jurídica de la cosa (p. ej., conversión en *res extra commercium*); el no ejercicio del derecho; la renuncia mediante *in iure cessio* o enajenación del usufructuario al nudo propietario; la consolidación en el mismo *dominus* del derecho de usufructo y la propiedad.

2. Cuasi usufructo

Las cosas que se consumen por el uso (cosas consumibles) no podían, en principio, ser objeto de *ususfructus*, dado que el usufructuario había de mantener inalterada la sustancia de la cosa, según P. Fuenteseca. Pero un senadoconsulto de los primeros tiempos del principado declaró la validez del legado de usufructo de todo un patrimonio. Se consideró atribuida la propiedad también de las cosas consumibles al legatario obligándose este a restituir la misma cantidad, peso o medida, cuando el usufructo se extinguiese. Para ello se le exigía la prestación de la *cautio* usufructuaria, que contenía una cláusula de restitución, conforme a la cual el usufructuario quedaba obligado a la restitución de otro tanto de la misma especie y calidad.

Un tipo muy frecuente de cosas fungibles que formaban parte de un patrimonio eran las monedas o el dinero. En este caso el usufructo se acerca más a los derechos de crédito que a la noción de derecho real. De ahí la denominación de *quasi ususfructus*.

3. Derecho real de uso (*usus*) y la habitación (*habitatio*)

Frente al *ususfructus* que comprendía el uso y disfrute de una cosa ajena (*uti* y *frui*) se individualizó el concepto de *usus* como derecho real. Se entendía que era un mero uso, sin los frutos (*nudus usus, id est sine fructu*, D. 7.8.1.7). El titular del *usus* puede usar, pero no disfrutar, en el sentido de obtener los frutos (*cui usus relictus est, uti potest frui non potest*, D. 7.8.1.17).

Normalmente se concedía el *usus* mediante legado, como forma de beneficiar a otra persona con algún derecho tras la muerte del concedente, pero que no comprendía la explotación económica de un bien.

El *usus* de un fundo es menos que el usufructo, dice Ulpiano, y comprende morar en él (D. 7.8.10.4), sin molestar al dueño ni a los trabajadores del campo, pero el titular del *usus* no puede vender, ni dar en arriendo, ni conceder gratuitamente el derecho que tiene (D. 7.8.11; I. 2.5.1).

El *usus* de animales ovinos en rebaño, según el jurista Labeón, implica que solo puede ser usado este para estercolar (*ad stercorandum*, D. 7.8.12.2) y excluye toda utilización de los frutos, como la lana, la leche o las crías; aunque Ulpiano admitió que el usuario podía aprovecharse moderadamente de la leche de los rebaños (*modico lacte uti*), lo cual fue rechazado luego por Justiniano (I. 2.5.4). El que tiene el *usus* de un *servus* podía utilizar los servicios de este, pero no transferirlo a otro.

Cuando el *usus* se establecía respecto a un edificio, este consistía en el derecho a habitarlo personalmente (*habitatio*), sin explotarlo económicamente. El *usus* de la casa concedido por medio de legado al marido o a la esposa (*habitatio*) implica que podía vivir en ella con su familia (hijos, personas libres, libertos y esclavos), incluso con un huésped, pero siempre que también habite personalmente en la casa (D. 7.8.2.1).

Finalmente, Justiniano, en una constitución del año 530 (C. 3.33.13; I. 2.5.5) decide que el legado de habitación es un caso que se rige por derecho propio (*ius proprium*), admitiendo que el titular del derecho habitación pueda arrendar la vivienda, porque no ve diferencia alguna entre que el mismo legatario permanezca en la vivienda o la ceda a otro, a cambio de una renta (I. 2.5.5).

Otros derechos reales en cosa ajena: enfiteusis y superficie

1. La enfiteusis

El *dominium ex iure Quiritium* recaía sobre los fundos dentro de la península itálica. Pero también dentro de la península itálica había terrenos de titularidad pública, cultivables, y cuya explotación podía obtener un particular mediante un contrato de arrendamiento realizado con el censor. Se adquiría así un *ius in agro vectigali*, un derecho que recaía sobre las tierras de la comunidad ciudadana (*agri civitatium*, D. 6.3.1) o de los municipios, cuya explotación podía adquirir un particular a cambio del pago de un impuesto (*vectigal*).

Estas tierras se arrendaban por el censor a perpetuidad, esto es, a condición de que, mientras por ellos se pague un canon o pensión, no será lícito quitarles los campos a los que los tomaron en arriendo, ni a sus herederos (Paulo, D. 6.3.1; y esta sería la *lex locationis*, según Gayo 3.145). Los arrendadores adquirían un *ius in agro vectigali*, un derecho perpetuo y transmisible a los herederos de cultivar el terreno siempre y cuando pagaran el canon o pensión.

Por este motivo, Gayo 3.145 se pregunta si aquí habría un contrato de compraventa o de arrendamiento, y afirma que pareció más acertada la opinión de que se trata de un arrendamiento (*magis placuit locationem conductionemque esse*).

El arrendatario (*conductor*) tenía un derecho real sobre esos campos de cultivo, porque el pretor le concedía para su defensa una *actio in rem vectigalis*, que era análoga a la *reivindicatio*. Dice Paulo (D. 6.3.1.1) que se trata de una acción real que se podía ejercitar contra cualquier poseedor, y también contra los propios municipios. Por tanto, el arrendatario a perpetuidad es titular de un derecho real, que le permitía obtener la restitución frente a cualquiera que se considerase titular de los frutos del fundo, o que pretendiese perturbarle en el goce y disfrute del mismo.

Según P. Fuenteseca (DPR, p. 154), la posición del vectigalista es prácticamente análoga a la de un propietario puesto que no solamente puede defender su plena y exclusiva utilización de la tierra sino que puede utilizar como útiles otras acciones que defienden la propiedad como la *actio aquae pluviae arcendae*, *actio arborum furtim caesarum*, *actio finium regundorum*, y puede ejercitar la *cautio damni infecti* y la *operis novi nuntiatio*. Además puede transmitir su derecho a otra persona tanto por actos *inter vivos* como *mortis causa* y puede gravarlo constituyendo sobre él un derecho de prenda o darlo en usufructo. En definitiva, la diferencia entre el *dominus ex iure Quiritium* y el vectigalista es la obligación de este de pagar el canon o *vectigal*, mientras que el primero paga por los fundos el impuesto que grava los bienes inscritos en el censo (*tributum capitis*).

Una situación análoga al vectigalista era la de los detentadores de fundos provinciales, a los cuales el pretor les reconocía una *actio in rem* para exigir la restitución de su derecho frente a terceros (*si praedium stipendiarium vel tributarium petatur*). Finalmente, bajo el nombre de enfiteusis se englobaban a finales de la época clásica los arriendos a perpetuidad realizados tanto en la península itálica como en las provincias (el terreno se llamaba entonces *ager emphyteuticarius*). Se concedía la enfiteusis también sobre los fundos de propiedad del emperador (o patrimoniales), pero siempre con la obligación del pago de un canon. De esta forma la enfiteusis quedó desvinculada del pago del originario tributo, convirtiéndose en un arriendo a perpetuidad con la obligación a cargo del enfiteuta de pagar un canon, cualquiera que fuese el concedente.

Finalmente, el emperador Zenón (año 480) calificó a la enfiteusis como contrato especial (C. 4.66.1), que no encaja propiamente en la compraventa ni en el arrendamiento, sino que tiene su propio concepto y definición. Desde entonces se configura la enfiteusis como un derecho real sobre cosa ajena, distinto de la propiedad y de los demás derechos reales en cosa ajena (*iura in re aliena*).

Justiniano regula extensamente los caracteres de la enfiteusis en sucesivas disposiciones. El enfiteuta tiene todas las facultades que corresponden al propietario sobre el fundo y puede gravarlo con servidumbres o hipoteca y darlo en usufructo. Puede ceder su derecho a otro, convirtiendo a este en enfiteuta frente al propietario. En este caso debe comunicar la cesión o venta de su derecho enfitéutico al propietario, el cual tiene un derecho de prelación o preferencia para hacer cesar la enfiteusis, pagando el precio ofrecido por el aspirante a concesionario. Si el propietario no ejerce su derecho de prelación, tiene la facultad de exigir el dos por ciento del precio de transmisión del derecho enfitéutico o del valor de este, si la cesión fue gratuita (C. 4.66.3). Esta anticipación o cuota del propietario por haber consentido en la transmisión se denominó en el derecho medieval *laudemium*.

Como contrapartida y según P. Fuenteseca (vid. DPR, p. 155 y 156), el enfiteuta tiene la obligación rigurosa del pago del canon, de tal modo que la no realización de este pago durante tres años consecutivos faculta al propietario para recuperar el fundo libre del vínculo enfitéutico, que se considera decaído. Se entiende que el pago periódico del canon persiste aunque existan daños o variaciones en el fundo, salvo el caso de destrucción total del mismo. Y el canon no se considera variable sino que se mantiene fijo. Es causa de resolución del contrato el no haber notificado la transmisión de la enfiteusis al propietario, el no haberle pagado el laudemio o el haber deteriorado el fundo.

Desde los tiempos de Roma la enfiteusis fue la forma jurídica que utilizaron los propietarios de grandes extensiones de terreno para obtener rentabilidad de las tierras y lograr que otros las cultivasen como propias, pero sin ceder la titularidad de propietarios. Ya en época de Justiniano tuvo gran importancia las enfiteusis de bienes de la Iglesia como se deduce de la legislación del emperador sobre enfiteusis eclesiásticas. Y la institución pasó a la Edad Media sirviendo de cauce a las concesiones de tierras de entes eclesiásticos (monasterios, abadías, etc.), y de otras entidades o sujetos terratenientes como la nobleza, órdenes militares o corporaciones. En general, en la sociedad feudal medieval, la enfiteusis jugó un importante papel.

2.   El derecho de superficie

Según la definición de P. Fuenteseca (DPR, p. 156) el derecho de superficie (*superficies*) consistía en el derecho a disfrutar de un edificio o construcción realizado sobre suelo ajeno. Se trataba de un derecho real enajenable y transmisible a los herederos.

Según un antiguo principio, que Gayo 2.73 consideraba de derecho natural, *superficies solo cedit*, esto es, lo que hay en la superficie accede al suelo. Se otorgaba la propiedad (*dominium*) de la construcción o edificación al dueño del suelo, que lo adquiere por medio de la accesión. Por este motivo surgió la necesidad de conceder una situación jurídica estable a los numerosos detentadores de suelo público que, principalmente en el foro, habían abierto sus negocios. Se concedió la utilización y disfrute de las tiendas a cambio del pago de un canon (*pensio, solarium*). Un tipo frecuente de negocio desarrollado en el foro fue el de los negocios de las platerías (*argentarii*) que establecían allí sus locales de comercio.

Ulpiano afirma (D. 18.1.32) que el que vendía un establecimiento de platería (*taberna argentaria*) o cualquier establecimiento situado en suelo público, no vendía el suelo, sino el *ius* (*non solum sed ius vendit*) porque, siendo los establecimientos públicos, el uso era privado.

También se podía utilizar el suelo público por medio de un contrato de arrendamiento para la colocación de imágenes o estatuas para ornamento de la república. En este caso, se concedía al que era molestado en el uso del suelo público el *interdictum de loco publico fruendo* (D. 43.9.1 y 2).

Cuando los particulares comenzaron a conceder (bien mediante arriendo o mediante venta) parcelas de terreno o solares a otros para construir se hablaba de *locare* o *conducere superficiem*. El superficiario pagaba una cantidad que, por tratarse de utilización del suelo, se llamaba *solarium* y estaba protegido en esta situación por un *interdictum de superficiebus*. Con este interdicto se podía defender el disfrute –*frui*– del suelo ajeno por parte del superficiario si lo hacía sin vicio alguno (*nec vi, nec clam, nec precario*) y de acuerdo con la ley establecido en el contrato de arriendo (*ex lege locationis*) frente a cualquiera que pretendía usurpar su situación (Ulpiano D. 43.18pr). Además se podía conceder al superficiario una *actio* por el pretor, con efectos reales (D. 43.18.1, una *actio quasi in rem*), para defender su derecho frente a terceros, pero siempre que hubiese adquirido su derecho por arrendamiento por largo tiempo.

El derecho de superficie es enajenable (D. 18.1.32), transmisible por *traditio*, y, por tanto, puede ser objeto de legado o donación (D. 43.18.1.7), y de prenda.

LECCIÓN 16

La *conventio pignoris*

1. Concepto de *conventio pignoris*

Había en Roma dos formas de garantizar el cumplimiento de las obligaciones. Desde época muy antigua existió la fianza o garantía personal, consistente en que una persona (fiador, *sponsor*) se obligaba junto al deudor principal al pago de la deuda. Esta forma de garantía personal será analizada al estudiar el derecho de obligaciones. Ahora nos ocupamos de la forma garantizar el cumplimiento de las obligaciones mediante la constitución de un derecho real (*ius in re*) sobre una cosa propiedad del deudor.

Para ello era esencial el acuerdo entre las partes, la *conventio pignoris*. Por medio de este acuerdo las partes convenían que una cosa, propiedad del deudor, quedaba vinculada al pago de una deuda, de forma que, en caso de impago del deudor, se procedía a la venta de esa misma cosa. La *conventio pignoris* podía tener lugar, como afirma Ulpiano (D. 13.7.1pr), bien mediante la entrega de la cosa pignorada al acreedor (*traditio possessionis*), o bien por medio de una simple convención o el mero acuerdo de las partes. Esta segunda forma se denominó *hypotheca*.

La primera modalidad de *conventio pignoris* fue la que se realizaba con la entrega de la *possessio* por parte del deudor al acreedor pignoraticio, pero posteriormente se consideró suficiente para la constitución del derecho real de garantía el simple acuerdo entre las partes. A finales de la época clásica romana coexistieron ambas formas.

2. La *conventio pignoris* con *traditio possessionis* (*res pignori data*)

2.1. La pignoración de los aperos del colono

El caso más antiguo de *conventio pignoris* aparece en el ámbito de los arrendamientos rústicos, donde, a partir del momento en que entraba el *colonus* (arrendatario rústico) en el fundo con sus aperos de labranza, quedaban estos pignorados en garantía del pago de la renta. Era esencial la introducción de los aperos en el fundo (*importatio in fundo*, D. 43.33.1.1 y 1.2), porque así se ponía de manifiesto el acuerdo de pignoración, que recaía sobre todos los bienes del colono ligados a la explotación agrícola del fundo arrendado, incluidos los animales de tiro y carga, y los esclavos, como mano de obra.

El dueño del fundo (*dominus fundi*) era también *possessor* o titular de los frutos o rentas del mismo y, por medio del contrato de arrendamiento (*locatio conductio*), permitía al colono la obtención de los frutos del fundo a cambio del pago de una renta. El dueño del fundo (o arrendador, *locator*) mantenía la *possessio* o titularidad de los frutos por medio del colono (arrendatario, *conductor*).

Por este motivo, el dueño del fundo tenía un interdicto, llamado Salviano, que servía para adquirir la posesión en el caso de que el colono sacase del fundo arrendado las cosas pignoradas sin pagar la renta y no cumpliendo el plazo de duración del arriendo. El interdicto le servía al dueño del fundo para adquirir la posesión sobre los aperos del colono y así poder obtener los frutos o rentas de su fundo (Gayo 4.147).

Con este interdicto (D. 43.33, *de Salviano interdicto*) solamente se decidía ante el pretor quién de las dos partes tenía mejor derecho a poseer. Pero, sin embargo, de nada servía el interdicto si los aperos estaban en manos de alguien que los compró, porque el comprador sería propietario pretorio, y, por tanto, nunca sería vencido por el que interponía un interdicto, esto es, por el invocaba solo el derecho a poseerlos.

Para proteger al acreedor en todos los casos, se introdujo la acción Serviana (*actio Serviana*), desde inicios del procedimiento formulario. Era una acción real, y, por tanto, arbitraria, mediante la que se ordenaba al demandado la restitución de la misma cosa pignorada o bien el pago del valor de la cosa (*quanti ea res est*), una vez probada la existencia de la previa *conventio pignoris*. Es una acción análoga a la del propietario, pero que se concede al acreedor pignoraticio. Este puede perseguir la cosa pignorada allí donde esté, porque se impone siempre frente a cualquier poseedor (frente a todos, *erga omnes*), cuando demuestre que su derecho se fundamenta en la previa *conventio pignoris*.

Gracias a la *actio Serviana*, la *conventio pignoris* se generalizó como forma de constituir un derecho real de garantía también fuera del ámbito de los arrendamientos rústicos.

2.2. La tácita pignoración en los arrendamientos urbanos

A partir del caso más antiguo, que fue el de los arrendamientos rústicos, en época clásica romana existió el caso análogo de pignoración de bienes en el ámbito de los arrendamientos urbanos. Los juristas romanos hablan de una *tacita conventio pignoris* que recaía sobre los enseres que el inquilino introducía en la vivienda o edificio arrendado, que se entendía que quedaban pignorados en garantía del pago de la pensión (D. 20.2.4pr y D. 20.2.6). Con la entrada en la vivienda del inquilino con sus enseres –equipaje, mercancías, instrumentos o utensilios para ejercicio de la profesión, mobiliario, esclavos, etc.– se entendía hecha la *traditio possessionis* que producía, automáticamente, la sujeción de estos al control del arrendador. Este tenía derecho a oponerse a la extracción de los enseres de la vivienda. Podía controlar la entrada y salida del edificio, y así asegurarse el mantenimiento de las cosas pignoradas en el sitio (*status loci*)[34].

El dueño del edificio tenía derecho a los frutos civiles del inmueble desde el momento en que el inquilino entraba en la vivienda y, por este motivo, el arrendador (acreedor de la renta) tenía la acción Serviana para perseguir las cosas pignoradas, que se habían sacado de la vivienda, incluso antes de que se cumpliera del plazo pactado para el pago de la renta (D. 20.1.14pr).

3.   La *conventio pignoris* sin *traditio possessionis* o *hypotheca* (*res obligata*)

Había ciertos casos en que era imposible el traslado de la posesión al acreedor. El caso paradigmático fue el de la pignoración de cosas futuras (p. ej. la cosecha pendiente, el parto de la esclava). Si el deudor no pagaba, únicamente podía el acreedor interponer la acción frente a él, ya que era el único que, como propietario de la cosa madre, podía vender la cosa futura. Por tanto, al deudor no se le podía exigir propiamente la entrega de la cosa (*restitutio rei*), sino el pago de su valor, que, en definitiva, era el pago del importe de la deuda (*quanti ea res erit*). Como no se había hecho ni se podía hacer la *traditio possessionis*, aquí no había una cosa dada en prenda (*res pignori data*), sino solamente una cosa obligada (*res obligata*). Por el mero acuerdo de las partes quedaba la cosa vinculada u obligada al pago de la deuda. La acción del acreedor se llamaba *actio hypothecaria* (y por eso, en el caso de pignoración de las cosas futuras, Gayo habla de *hypotheca*, D. 20.4.11.3).

---

34   Frente a la *praeclusio* del arrendador tenía el inquilino el *interdicto de migrando* (D. 43.32.1pr,) con el cual, cuando ya había pagado o había dado las garantías suficientes de que pagaría, podía oponerse a la retención de sus enseres por parte del arrendador. Para evitar el uso abusivo de la *praeclusio* se impuso, en época imperial, su vigilancia a cargo del *praefectus vigilum* (D. 20.2.9).

Esta *actio hypothecaria* era la misma *actio Serviana*, cuando solo se podía interponer frente al propio deudor, ya que en este caso presenta la peculiaridad de que funcionaba solo como acción personal. El acreedor no tenía la *possessio*, y la única acción que tenía contra el deudor que no pagaba era la acción hipotecaria. Con esta acción, se le exigía al deudor, que era el único que podía vender la cosa futura, que, con el importe de la venta, pagase la deuda (*quanti ea res erit*).

Este era el matiz diferenciador que se introdujo mediante la *actio hypothecaria*. Y así, para mayor protección del acreedor lo que se hizo fue admitir una ampliación de la *actio Serviana*, con el nombre de *actio Serviana sive hypothecaria*, en la que se incluían ambas modalidades de acción, la real para perseguir la cosa pignorada frente al terceros, y la personal, para perseguir la cosa frente al propio deudor lo cual, como hemos visto, implicaba exigirle el pago de la deuda. Por este motivo, la *actio Serviana sive hypothecaria* era una acción mixta, *in rem* e *in personam*.

La creciente utilización de la acción Serviana como acción mixta o *actio Serviana sive hypothecaria*, fue restando importancia a la necesidad de la *traditio possessionis* de la cosa pignorada al acreedor para la constitución del derecho real de garantía. Bastaba el mero acuerdo entre las partes (*conventio pignoris nuda conventione*), porque la acción del acreedor le aseguraba a este siempre la restitución de la cosa o el pago de su valor frente a terceros, y también la restitución de la cosa, o el pago de la deuda frente al deudor. Y este acuerdo se llamó hipoteca (*hypotheca*).

4. La pignoración de fundos

La pignoración de los fundos se hacía con *traditio possessionis*, como se deduce de los escritos de los juristas clásicos (D. 41.2.36; D. 13.7.15; D. 13.7.8pr; D. 13.7.8pr). Se convertía el acreedor en poseedor de los frutos o rentas del fundo, por medio de un acuerdo con su deudor, llamado *constitutum possessorium*.

Por medio de este acuerdo, el acreedor, como titular de la *possessio*, se convertía en titular de los frutos o rentas del fundo, lo cual era una forma de asegurarse el cobro de la deuda. Por este motivo podía, además, el acreedor arrendar el fundo al propio deudor. De esta forma, el acreedor cobraba la deuda con la renta que le pagaba el deudor y conservaba la *possessio*, esto es, era poseedor por medio del deudor (Gayo 4. 153; D. 41.2.30.6; D. 41.2.31).

También conservaba el acreedor la *possessio* si cedía el fundo al deudor en precario. El deudor se convertía en precarista, esto es, en titular de un derecho

–sobre la cosa propia– que le concedía el acreedor. Ulpiano nos recuerda (en D. 43.26.6.4) que podía existir el precario sobre la cosa propia del deudor dada en prenda. Y si el deudor no cultivaba o no entregaba los frutos, tenía el acreedor el interdicto *de precario* para expulsarle del fundo y apropiarse de los frutos para cobrarse así la deuda.

En consecuencia, la pignoración de los fundos era una forma de obtención de crédito que beneficiaba tanto al deudor como al acreedor. El deudor podía continuar con la explotación del fundo y se beneficiaba del dinero obtenido en préstamo por adelantado, y el acreedor se podía asegurar el cobro de la deuda en forma de rentas.

Y puesto que era el acreedor el que era titular de la *possessio* del fundo, estaba seguro de que cobraría la deuda con los frutos de este, cualquiera que fuese su dueño. Por este motivo, tiene la acción *Serviana sive hypothecaria* para exigir la restitución de los frutos frente a quien era su titular dominical en el momento del acuerdo o *conventio pignoris*, incluso si el deudor vendió el fundo[35].

Por este motivo la pignoración de los fundos se describe en las fuentes como una modalidad híbrida entre el *pignus* y la *hypotheca*, ya que se realizaba con *traditio possessionis* al acreedor, pero luego, la acción Serviana solo se podía dirigir contra el que en el momento de la *conventio pignoris* era el dueño del fundo. Las fuentes cuando se refieren a la pignoración de los fundos hablan de *pignus hypothecave* (D. 20.1.16pr; D. 32.38pr; D. 20.4.12.8).

Un caso análogo fue el de pignoración del derecho de usufructo (D. 20.4.11.3). El acreedor pignoraticio adquiría el derecho sobre los frutos o rentas de la cosa usufructuada. Pero si el deudor no pagaba, disponía el acreedor de la *actio Serviana sive hypothecaria* solo contra el usufructuario, que era el propio deudor con el que acordó la *conventio pignoris*. En este caso también se utiliza el término mixto *pignus hipothecave* (D. 20.6.8pr; D. 20.1.11.2).

---

35   Cuando se vendía un fundo dado en prenda no se extinguía el derecho real de garantía. El deudor, al vender el fundo, podía pactar, a cambio de un precio menor, que fuese el comprador el que continuase pagando la deuda al acreedor, pero si no se hacía tal pacto, o si el comprador no pagaba, el acreedor podía interponer la acción Serviana contra el deudor, esto es, el que en el momento de la *conventio pignoris* era el dueño del fundo.

5.   Un caso especial: los bienes muebles

Una vez generalizado el uso de la *actio Serviana sive hypothecaria* a finales de época clásica estaba admitida de forma general la constitución de la hipoteca sobre cualquier tipo de bienes, sin traslado de la posesión al acreedor, incluidas las cosas muebles (así p. ej. en D. 20.4.11.2 o D. 20.4.12pr). En este caso, el acreedor podía perseguir con la *actio Serviana sive hypothecaria* la cosa pignorada allí donde estuviese, frente a todos, *erga omnes*, ya fuese en manos de un tercero o del propio deudor (y este, o restituía la cosa, o pagaba la deuda).

Pero, por su propia naturaleza, las cosas muebles se podían pignorar asimismo con traslado de la posesión, esto es, con su entrega manual al acreedor. Teniendo este la cosa mueble en su poder, no corría el riesgo de tener que perseguirla frente a terceros ni frente al deudor. Por este motivo, este caso concreto se conoció propiamente como *pignus*, como nos explica Gayo: el *pignus* se llama así porque se refiere al puño, ya que las cosas que se pignoran se entregan con la mano (D. 50.6.238.2; I. 4.6.7).

El término prenda o *pignus*, pues, terminó por utilizarse propiamente para el caso en que se pignoraban las cosas muebles por medio de su entrega manual al acreedor.

6.   Pluralidad de hipotecas

Para aumentar las posibilidades de obtener dinero a crédito se fue admitiendo la constitución de sucesivos derechos reales de garantía sobre una misma cosa a favor de diferentes personas. Podían existir, pues, varios acreedores hipotecarios sobre la misma cosa para garantizar diferentes créditos. En este caso, la segunda hipoteca sólo podía recaer sobre el *superfluum*, esto es, sobre la cantidad que sobrase una vez deducida la primera deuda (D. 20.1.15.2).

Marciano describe claramente qué acreedor tenía prioridad para obtener la restitución de la cosa (D. 20.4.12pr.). Afirma que tiene prioridad el primer acreedor hipotecario (*qui prior hypothecam acceperit*) frente al posterior, si se le hubiese hecho la *traditio* de la cosa. Pero si se hizo la *traditio* al segundo acreedor, también tiene prioridad el primer acreedor, porque le fue obligada la cosa antes. Y tiene prioridad este primer acreedor también incluso en el caso de que el segundo acreedor haya obtenido la restitución de la cosa pignorada frente a un tercero.

Este sería el fundamento de lo que hoy en día se considera un principio general, acuñado en Derecho romano, según el cual el primero en el tiempo es más fuerte en derecho (*sicut prior es tempore, ita potior iure*, C. 8.18.3, año 212).

7. La forma de la *conventio pignoris*

Para la constitución de *hypotheca*, afirma Gayo (D. 20.1.4), lo esencial es que exista el pacto entre las partes (*pactum conventum*) con independencia de las palabras con las que se haga, como sucede en las obligaciones consensuales. Bastaba, pues, el acuerdo de las partes, con independencia de las palabras que se pronunciasen y de que hubiese habido o no *traditio possessionis*.

En consecuencia, era esencial, sobre todo a partir de que se generalizó la *hypotheca* (*conventio pignoris* sin *traditio possessionis*), la prueba de que se había celebrado la *conventio pignoris* por las partes y en qué fecha.

Por este motivo la *conventio pignoris* se realizaba normalmente por escrito a finales de época clásica. Y además, en época postclásica, en una constitución del emperador León (C. 8.18.11, año 472) se le da preferencia a la hipoteca constituida en escritura pública sobre otra, aunque fuese de fecha anterior, pero que no tuviese esa formalidad, salvo que se tratase de una hipoteca constituida en escritura privada con firma de tres testigos.

Pero no se llegó a convertir la forma escrita en un requisito constitutivo de la *conventio pignoris*. Se trataba de una forma *ad probationem*, esto es, para que las partes pudiesen probar que el acuerdo se había celebrado y su fecha.

8. Pacto de venta de la cosa pignorada

Como hemos visto, la finalidad de la *conventio pignoris* era la vinculación de una cosa, por acuerdo de las partes, al pago de una deuda, de forma que, si el deudor pagaba, se extinguía la deuda y, en consecuencia, el derecho real de garantía. Pero si no pagaba, la cosa pignorada tenía que ser vendida. Las partes podían pactar la venta y sus condiciones (*pactum de distrahendo pignore*, D. 13.7.4). La venta no será lícita si las partes contravienen de cualquier manera lo pactado respecto a la suma, la condición, o el lugar de la venta (D. 13.7.5).

En época clásica se entendía implícitamente incluido el pacto de venta o *pactum de distrahendo pignore* en la *conventio pignoris*. Esto condujo a que se considerase que existía más bien un derecho a vender (*ius vendendi* o *ius distrahendi*) del acreedor pignoraticio.

La venta se realizaba mediante pública subasta, siendo el requisito principal el previo requerimiento de pago al deudor. Y si el acreedor no requiere al deudor tres veces para el pago antes de la venta, responde por *furtum* (D. 13.7.4). Además, se exige para la venta su realización de buena fe (C. 8.28.4) y la forma solemne (C. 8.27.9, *bona fides et solemniter vendere*).

9. Acciones entre deudor y acreedor

Las partes celebrantes de la *conventio pignoris* tenían acciones entre sí para exigir la una frente a la otra el cumplimiento de sus obligaciones contractuales.

Tenía el deudor desde finales de la época republicana romana la *actio pignoraticia* para exigir al acreedor la devolución de la cosa pignorada cuando la deuda había sido satisfecha (D. 13.7.9.3).

Pero a partir de un rescripto del emperador Gordiano III (C. 8.26.1.2, año 239) el acreedor podía oponer la *exceptio doli* frente a la acción pignoraticia del deudor y, por tanto, retener la cosa dada en prenda, cuando el deudor tenía frente a él otras deudas todavía no pagadas, aunque respecto a estas no hubiesen pactado la garantía real. Esta extensión del derecho real de garantía se llamó *pignus Gordianum*.

El deudor podía interponer también la *actio pignoraticia* para reclamar la cantidad sobrante (*superfluum*), una vez realizada la venta de la cosa pignorada y deducida la cuantía de la deuda (D. 13.7.42 y C. 8.27.20). También para exigirle al acreedor responsabilidad por dolo o culpa y por custodia de la cosa pignorada, salvo que hubiese existido fuerza mayor (D. 13.7.13.1 y C. 8.14.19). La responsabilidad por custodia se imponía al acreedor, porque este se beneficiaba, por su parte, de la ventaja de poder perseguir la cosa pignorada incluso aunque este hubiese sucumbido (p. ej., el esclavo pignorado muere).

Y el acreedor que se apropiaba del beneficio económico de la cosa pignorada cometía *furtum usus* (D. 47.2.54pr y I. 4.1.6), esto es, si se lucraba con la cosa pignorada, por ejemplo, una cosa mueble que le fue entregada. En este caso, tenía el deudor contra él la *actio furti* para recuperar el doble de la cuantía con la que se lucró.

Por su parte, el acreedor pignoraticio podía interponer contra el deudor la *actio pignoraticia contraria* para reclamar los gastos y los daños y perjuicios que le hubiese ocasionado el mantenimiento de la cosa pignorada (D. 13.7.8pr; C. 4.27.4.1). También si el deudor sustituye por otro el objeto pignorado, no estando este en poder del acreedor (D. 13.7.1.2). Asimismo tiene esta acción cuando el deudor dio en prenda una cosa ajena o de cualquier manera actuó maliciosamente (D. 13.7.9pr y D. 13.7.16.1).

10. Consideración final

El acreedor con la *actio Serviana sive hypothecaria* tenía plena seguridad jurídica de que iba a cobrar la deuda, ya que podía exigir la restitución de la cosa sobre la que se había constituido la *conventio pignoris* frente a todos (*erga omnes*), incluido el propio deudor. Por este motivo el uso de la *conventio pignoris* se generalizó, pudiendo recaer indistintamente sobre todo tipo de cosas, muebles e inmuebles, cosas incorporales o universalidades de cosas (establecimientos mercantiles, bosques o rebaños), hasta el punto de que Gayo afirmó con rotundidad que todo lo que se puede vender puede ser pignorado (D. 20.1.91).

La *conventio pignoris* tuvo una enorme presencia en Derecho romano y fue, sin duda, el instrumento que impulsó definitivamente la conversión del imperio romano en la potencia económica del Mediterráneo, puesto que facilitó la obtención de dinero a crédito, que fue fundamental para la expansión del tráfico comercial de bienes.

PARTE IV

OBLIGACIONES Y CONTRATOS

LECCIÓN 17

La noción de *obligatio*.
Garantías de las obligaciones

1.   La noción de *obligatio*

El sentido originario de la obligación romana es todavía discutido en la doctrina. En Derecho romano encontramos dos definiciones de la *obligatio*, una de la etapa justinianea, que la define como vínculo jurídico (Inst. 3.13: *Obligatio est iuris vinculum, quo necessitate adstringimur alicuius solvendae rei secundum nostrae civitatis iura*) y otra, de origen clásico, según la cual la obligación consiste en que otra persona se vincule a dar, a hacer o a realizar una prestación respecto a nosotros (*Paul. lib.2 Inst*, D. 44.7.3, *obligationum substantia…consistit..ut alium nobis obstringat ad dandum aliquid, vel faciendum, vel praestandum*).

Desde la época clásica la *obligatio* venía considerada como un vínculo jurídico (*vinculum iuris*) que se creaba entre dos personas, un acreedor y un deudor. Esta noción surgió a partir de la antigua figura de la *sponsio*, que era una promesa, inicialmente vinculante ante los dioses y, por tanto, con sanción divina o de tipo religioso. A esta se le reconoció un cauce procesal *per sponsionem*, de forma que el receptor de la promesa podía iniciar un procedimiento en caso de que el *sponsor* no cumpliese lo prometido.

A partir de la *legis actio per iudicis arbitrive postulationem*, como hemos visto, se hizo exigible judicialmente y de forma secularizada toda promesa que una persona realizaba, comprometiéndose a dar, hacer o a realizar una prestación frente a otra, con el nombre de *stipulatio*. El incumplimiento de la promesa llevaba aparejada una *condemnatio* calculada por un juez en dinero.

Cuando se había celebrado una *sponsio-stipulatio* entre dos partes nace una obligación a cargo de una de ellas, que consiste en el deber de cumplir alguna prestación frente a la otra. Y esta obligación es un vínculo jurídico porque se puede exigir judicialmente el cumplimiento mediante una acción, y de ahí que se considere *obligatus* al que se halla sometido a una *actio in personam*.

Por eso la noción de *obligatio* es inseparable de la noción de *actio*, esto es, hay una *obligatio* siempre que exista una *actio*, que es un instrumento por medio del cual se le exige jurídicamente al *obligatus* el cumplimiento. Esto concuerda con la definición de *actio* del jurista Celso (D. 44, 7, 51: *nihil aliud est actio, quam ius, quod sibi debeatur, iudicio persequendi*): la acción no es otra cosa que el derecho a reclamar en juicio lo que nos es debido.

El sujeto activo o titular de la relación obligatoria solía denominarse *creditor* o acreedor y el sujeto pasivo o deudor aparecía como *debitor*, *obligatus*, etc. Y se denomina *creditum* el derecho que el acreedor tenía frente al deudor, y en sentido más técnico se ha empleado la expresión *nomen* para designar al crédito entendido como activo o parte integrante del patrimonio del acreedor.

2. Objeto de las obligaciones: la prestación

El objeto o contenido de la *obligatio* puede ser muy diverso en cuanto el *obligatus* puede comprometerse a realizar prestaciones de naturaleza muy distinta, por ejemplo, a la entrega de una cantidad de dinero o cosas fungibles, a la entrega de una cosa material concreta, a realizar una tarea u obra determinada, etc. Todas estas prestaciones a las que un sujeto puede quedar obligado consisten en un dar o un hacer, es decir, el deudor debe prestar un *dare* o un *facere* (*dare facere praestare*, Gayo 4.2). Por este motivo, en las acciones personales o *in personam* se le pide al juez que condene al demandado a todo lo que este daba dar o hacer (*quidquid dare facere oportet*).

Praestare es un término discutido puesto que cualquier objeto de *obligatio* puede reducirse a los términos *dare facere*. Originariamente deriva de salir garante, lo que hacían los antiguos *praedes* en el proceso (que garantizaban que el poseedor de un fundo, que había sido demandado, devolvería los frutos si resultaba condenado a la restitución). Luego *praestare* fue comprendiendo todos los casos de asunción de responsabilidad, tanto de dar o hacer, como responsabilidad por custodia, dolo o culpa (*praestare custodiam, dolum, culpam*). Así *praestare* se convirtió en término genérico prestación, como sinónimo de objeto de la obligación en general.

Según P. Fuenteseca, la prestación requiere determinadas características para ser válida[36]:

---

36   Vid. P. FUENTESECA, DPR, p. 174 ss. En homenaje al prof. Fuenteseca se han incluido en esta parte «Obligaciones y Contratos» muchas de sus enseñanzas magistrales, que durante años transmitió a sus alumnos en la Universidad Autónoma de Madrid. Se cumple así, al menos en lo que a esta parte se refiere, su deseo

Tiene que ser una prestación posible, porque a lo imposible nadie está obligado (*imposibilium nulla obligatio est,* D. 50.17.185). Si era imposible físicamente (por ejemplo, la obligación de *dare hypocentaurum*) o jurídicamente (por ejemplo, venta de cosa que no existe o de una *res sacra*) la obligación se consideraba nula. Pero se entendía que si la imposibilidad afectaba únicamente a la persona concreta del deudor, mientras para otras personas sería realizable, la obligación era válida puesto que la prestación no era objetivamente imposible.

La prestación tiene que ser lícita y, por tanto, se consideraban nulas las prestaciones consistentes en una actividad contraria a la moral y buenas costumbres (*contra bonos mores*) o contraria a la ley (*contra legem*). La *actio* que se iniciase en virtud de esta *obligatio* se paralizaría mediante *exceptio* o *denegatio actionis*. Análogamente existió también la noción de *turpitudo*, ya que se consideraba que lo prometido con base en una causa torpe o reprobable –*turpis causa*– no obliga.

La prestación tiene que ser concreta y determinada o tener suficientes elementos objetivos para su determinación. Así, por ejemplo, es determinada si el precio que el comprador debe pagar puede determinarse de modo indirecto (te pago la cantidad contenida en ese cofre, D.18.1.7.1). No se podía, como es lógico, encomendar la determinación de la prestación a la voluntad del deudor o del acreedor.

Además, la determinación de la prestación podía ser remitida a una tercera persona ajena al vínculo obligacional y elegida por las partes (por ejemplo, la fijación del precio en la compraventa). Las partes podían remitirse al criterio absoluto de dicho tercero (*arbitrium merum*) en cuyo caso la *obligatio* aparece condicionada a que se realice esa determinación, cuya ausencia implicaría la nulidad de la obligación. Pero si las partes se remiten al juicio de un tercero para que determine con criterio prudente la prestación conforme a la equidad, entonces otra persona en análoga situación o incluso el juez pueden sustituir al elegido para este *arbitrium boni viri*.

Finalmente, la prestación ha de tener contenido patrimonial, esto es, su valor tiene que ser susceptible de estimación pecuniaria. La condena en el proceso formulario tenía que expresarse siempre en una cantidad de dinero (*condemnatio pecuniaria*) y por este motivo solamente podía constituir objeto de *obligatio* una prestación valorable en dinero. No pueden ser objeto de una prestación

---

de que los estudiantes dispongan de un manual adaptado a los nuevos planes de estudios.

algún bien cuyo valor no pueda ser determinado (el aire que respiramos) o que tenga mero valor afectivo.

3. Clasificación de las *obligationes*

3.1. Obligaciones con prestación genérica

Según P. Fuenteseca (DPR, p. 175-179) cuando la prestación se refiere a una cosa perteneciente a una categoría o grupo de cosas nos hallamos ante una obligación genérica. El género (*genus*) en sentido jurídico constituye una categoría amplia de cosas homogéneas, sustituibles entre sí, pero siempre teniendo en cuenta la forma en que se constituyó la obligación. Por ejemplo, las obligaciones de entregar un esclavo o un caballo contendrían, en principio, prestaciones genéricas, también si las partes acordaron que debía entregarse un esclavo de ciertas características o un caballo de una determinada raza o color. En cambio, la prestación consistente en la entrega del esclavo Stico o bien de un caballo concreto de carreras sería específica y no genérica. Si se individualiza dentro del *genus*, la obligación deja de ser genérica.

Por el contrario, una obligación donde el *genus* haya sido tomado con excesiva amplitud puede convertirse en prestación irrisoria o absurda y, por tanto, nula. Así, el que se compromete a dar un *fundus* en sentido general cumpliría dando una mínima (o ridícula) parte del fundo. Una *stipulatio* cuyo contenido sea simplemente un *dare* concebido así, con tal indeterminación, sería nula (D. 23.3.69.4).

La característica de las obligaciones genéricas es que el género no perece (*genus non perit*) y, por tanto, el deudor nunca puede quedar liberado alegando destrucción fortuita de la cosa, a diferencia de lo que sucede en las obligaciones específicas.

El caso más frecuente de obligación genérica es el que consiste en la entrega de cosas fungibles, que suelen ser objeto de tráfico comercial según unidades de peso, número o medida (*quae pondere numero mensurave constant*, D. 12.1.2.1). En estos casos el obligado o deudor cumplía mediante la entrega de la cantidad, peso y medida del género en cuestión. Las deudas de dinero son los típicos casos de deudas genéricas.

La elección de la calidad del objeto a devolver correspondía, normalmente, al deudor, salvo que fuera deferida al acreedor. El problema de la calidad preocupó a los juristas especialmente en el caso del legado genérico de un esclavo, en cuyo supuesto se admitió que el legatario no podía pretender el mejor esclavo, ni el heredero dar el peor. Así se abre camino la solución de Justiniano que considera que habrá de entregarse un esclavo de calidad media.

3.2. Obligaciones con prestación alternativa

Se denominan obligaciones alternativas aquellas en las cuales existen dos o más prestaciones establecidas disyuntivamente de tal modo que el deudor cumple con una de ellas (p. ej., dar 10 sestercios o el esclavo Stico). Normalmente es el deudor el que elige la prestación que prefiera de acuerdo con el principio de que se debe admitir la prestación menos gravosa para el obligado.

Pero en el acto constitutivo de la obligación puede ser atribuida la facultad de elección al acreedor o a un tercero. El acreedor tenía que hacer uso de dicha facultad personalmente (*intuitu personae*) y no la transmitía a sus herederos. Y si se otorgaba la facultad de elección a un tercero, la obligación se consideraba condicional e incluso perecía, si dicho tercero no pudiese o no quisiese elegir (D. 45.1.141.1). Una vez hecha por el tercero la elección no podía ya ser modificada.

La facultad de variar la elección cambiando una prestación por otra (el denominado luego *ius variandi*) depende fundamentalmente de la voluntad expresada por las partes en el acto constitutivo de la obligación. En principio, el deudor podía modificar la elección hasta el pago integral y el acreedor hasta el momento de la *litis contestatio* en el proceso formulario o hasta la ejecución de la sentencia en el procedimiento de la etapa postclásica.

La *obligatio* alternativa se considera como una unidad o *vinculum iuris* único, pese a la pluralidad de prestaciones, de ahí que la extinción de la obligación con la prestación de una de ellas surta efecto extintivo respecto al vínculo obligacional en su totalidad. En cambio, la imposibilidad de una o varias de las prestaciones alternativas hace que la obligación se vaya concentrando en las que quedan, sucesivamente, hasta concretarse en la única prestación subsistente. Conviene, sin embargo, precisar las posibles hipótesis en caso de que haya intervenido culpa de una de las partes.

Si por culpa del deudor una de las prestaciones se hace imposible, la obligación se concentra en las restantes y si hubiesen sido únicamente dos las prestaciones a elegir, deberá prestar, sin más, la única subsistente. Análoga solución se presenta en caso de imposibilidad debida a culpa del acreedor teniendo este la facultad electiva. La obligación se iría concentrando hasta que el acreedor se viese obligado a reclamar la única prestación subsistente. Pero el acreedor responderá, sin embargo, con la acción de la *lex Aquilia de damno*, esto es, por el daño causado al deudor, si la prestación se hiciese imposible por su culpa mientras que el deudor no está en mora (D. 9.2.55: debía entregar el esclavo Stico o el esclavo Pánfilo, y el acreedor mata primero a uno y luego al otro). Pero si el deudor está en mora y el acreedor convierte las prestaciones en imposibles, queda liberado el deudor de la obligación, y no tiene la acción de la *lex Aqulia* contra el acreedor, porque «se entiende que hizo la injuria a sí mismo» (D. 9.2.54).

Presenta un interés especial, respecto a las obligaciones facultativas, el caso de que se haga imposible la prestación debido al caso fortuito (*casus*). Una vez concentrada la obligación en una prestación, si esta perece por caso fortuito, la obligación se extingue de acuerdo con los principios generales que liberan de responsabilidad al deudor, incluso en el supuesto de que este haya sido culpable de la imposibilidad de la primera prestación. No cabe, en este caso, exigirle al deudor lo que prometió, aunque respondería si hubiese actuado dolosamente con la *actio doli* (D. 46.2.95.1). Pero si era el acreedor el que eligió una de las dos prestaciones (entre los esclavos Stico o Pánfilo eligió al primero), y, estando el deudor en mora, perece la segunda prestación (muere Pánfilo), no se libera el deudor, sino responde por el valor de la que había elegido el acreedor (D. 46.3.95pr).

Distinta de la obligación alternativa es la que suele llamarse simplemente facultativa o también *cum facultate solutionis*. La obligación tiene por objeto una sola cosa o prestación, pero el deudor tiene la facultad de pagar con otra, si así se previó en el acto constitutivo (p. ej., entregar una cosa futura –la cosecha del año– o bien lo que se obtenga con su venta). Si en el momento del pago resulta imposible la prestación primera, que se halla *in obligatione*, se extingue la obligación.

3.3. Obligaciones divisibles e indivisibles

La obligación se considera divisible o indivisible según exista o no la posibilidad de cumplimiento por partes, de modo que las prestaciones parciales unidas formarían un conjunto equivalente a la prestación debida, con la misma naturaleza de esta. Las prestaciones que no son susceptibles de una ejecución o cumplimiento *pro parte* son indivisibles.

Las obligaciones son divisibles si pueden ser objeto de cumplimiento por partes, p. ej., dar dinero u otra cosa fungible. Pero no sería divisible la obligación de entregar una cosa concreta, sin referencia a la cantidad, peso o medida (p. ej., un caballo). También sería indivisible una prestación consistente en una obra o resultado unitario (*obligatio operis*), como construir un edificio, hacer una obra artística, etc.

La realización de una actividad es divisible cuando se puede ejecutar por partes, como la prestación de servicios (*operae*), cuya remuneración se pacta por días, meses o años. Pero cuando la obligación consistía en una abstención (*non facere*), la realización de la actividad que se debía omitir implicaba incumplimiento de la obligación, p. ej, prohibición de vender algo y, por tanto, era indivisible.

La indivisibilidad de la obligación constituye un problema cuando existen varios acreedores o varios deudores en la relación obligacional. Si hay varios acreedores el deudor puede pagar a cualquiera de ellos, pero no está obligado a pagar a uno solo, si este no garantiza previamente que satisfará a los demás. Por otra parte, tampoco cada acreedor podría percibir más que una parte correspondiente a su cuota en la condena pecuniaria que pudiese recaer contra el deudor.

3.4. Obligaciones civiles y naturales

Obligaciones civiles son las obligaciones del *ius civile*, que son exigibles mediante acciones civiles, cuya característica es haber surgido *ex lege publica*, en época republicana principalmente. En contraposición a estas se comenzó a hablar de *obligatio naturalis* en el caso de los vínculos crediticios de los *servi* y de los *filiifamilias*.

Cuando se trata de la denominada *obligatio naturalis* (Gayo 3.119a y D.46.1.16.3 y D. 46.1.16.4) se entiende que hay una *obligatio* sin una *actio*. El efecto de esta obligación natural es que, si se ha producido un pago (sin existir obligación civil) el que lo recibió podía retener lo pagado (*soluti retentio*), e incluso podía oponerse con la *exceptio doli* si esa cantidad se le reclamaba judicialmente.

Un ejemplo de obligación natural sería el caso del préstamo de dinero, entregado a un hijo de familia. No nacía la obligación civil de devolver la cantidad prestada, porque se trataba de un negocio jurídico celebrado con quien no era *sui iuris*, y del que, por tanto, no nacen obligaciones según el *ius civile*, pero sí nacía la obligación natural de pagar a cargo del que recibió el dinero. Si este paga, entonces el acreedor tiene derecho a retener la cantidad que recibió (*soluti retentio*), y esto significa que el que pagó no puede repetir (exigir la devolución de) lo pagado, alegando que no tenía verdadera obligación (civil) de pagar.

Por tanto, para el derecho existía esa obligación natural, que daba derecho al acreedor a retener lo pagado, y además podía ser objeto de fianza personal (*fideiussio*) por parte de un tercero (Gayo 3.119a), o podía ser objeto de novación, convirtiéndose así en una *obligatio civilis*.

Más adelante, cuando estaba lentamente desapareciendo la ordenación jurídico-social fundamentada en la familia agnaticia, se prohibieron los préstamos realizados a los hijos de familia mediante el Senadoconsulto Macedoniano (de la época de Vespasiano). De esta forma, cuando se había hecho un préstamo a un hijo *in potestate*, si este era demandado, tenía frente al acreedor la excepción derivada de este senadoconsulto, con la cual se le absolvía de la obligación de restituir la cantidad prestada.

Pero si pagó voluntariamente, se entiende que cumplió su obligación natural de pagar y el acreedor tiene derecho a retener lo pagado.

El efecto de la retención del pago, propio de las obligaciones naturales, se daba también, por los mismos motivos, en derecho clásico, en el caso del impúber sometido a tutela que negocia sin el respaldo jurídico del tutor (*sine tutoris auctoritate*), en cuyo caso, si paga al acreedor, tiene este la *soluti retentio*.

El mismo derecho de retención lo tenía el acreedor que había recibido el pago de una obligación después de la *litis contestatio*, mientras todavía estaba pendiente el juicio (D. 12.6.60 pr).

En época postclásica se tiende a generalizar la denominación de *obligatio naturalis* incluyendo bajo esta noción una serie de deberes morales que, una vez cumplidos, no podían ser objeto de repetición, sobre todo, en relaciones pertenecientes a la esfera familiar. Por ejemplo, el pariente que hace una prestación de alimentos creyéndose obligado a ello; la mujer que hace una entrega en concepto de dote (*dotis nomine*) considerándose erróneamente obligada. En ambos casos, cumplido el deber moral *pietatis causa* no hay lugar a reclamación de lo pagado. Análogo es el caso del liberto que realiza servicios (*operae*) a favor del patrono creyéndose obligado. Se supone que esta prestación se debe naturalmente (D. 12.6.26.12).

Los efectos de la *obligatio naturalis*, en definitiva, son dos: la retención de lo pagado (*soluti retentio*) a favor del que recibió el pago, no pudiendo ser considerado como pago indebido; y la posible transformación de la obligación en obligación civil, por medio de la novación o de compensación, así como poder ser objeto de garantías personales.

3.5. Obligaciones con varios sujetos

La *obligatio* vinculaba a dos sujetos, uno sería el sujeto activo (*creditor*) y el otro el sujeto pasivo (*debitor, reus*), ambos determinados desde el momento de nacimiento del *vinculum iuris*. Pero fueron surgiendo situaciones en las cuales había una pluralidad de sujetos del lado activo, del lado pasivo, o de ambos a la vez. Desde este punto de vista hay que distinguir tres tipos de obligaciones, según P. Fuenteseca (DPR, 181 y 182):

En primer lugar, existen obligaciones parciarias, que son aquellas en las cuales, existiendo varios sujetos activos o pasivos, se entendía, si la prestación era divisible, que la *obligatio* se hallaba constituida parcialmente (*pro parte*), en el sentido de que se dividiría en tantas *obligationes* como sujetos activos o pasivos. De este modo cada *creditor* podría reclamar su parte y cada *debitor* debía pagar la suya.

En segundo lugar, obligaciones cumulativas pasivas son las nacidas de un acto ilícito (*delictum*) sancionado con una pena. Si eran varios los que lo habían cometido, se entendía que la totalidad de la pena debía ser pagada por cada uno de ellos.

En tercer lugar, las obligaciones solidarias eran aquellas en las cuales la totalidad de la prestación debía ser pagada por cualquiera de los deudores que fuese demandado, o podía ser exigida, también en su totalidad, por cada uno de los varios acreedores demandantes. Esta situación de solidaridad entre una pluralidad, ya sea de acreedores o de deudores (*obligatio in solidum*), surgía espontáneamente en los casos de una prestación indivisible.

Pero la forma más frecuente de constitución de una obligación solidaria fue la *stipulatio*, cuando dos o más acreedores se hacían prometer cada uno la misma prestación, o bien, cuando varios deudores prometían a un mismo acreedor idéntica prestación. La estructura formal de la *stipulatio* y la identidad de prestación (*idem debitum*) engendraba una *actio* única. Otra fuente formal de solidaridad fue el *legatum per damnationem* cuando se hallaban obligados varios herederos a cumplir el legado solidariamente (solidaridad pasiva, los herederos Ticio y Cayo tenían que dar al legatario Sempronio una finca) o cuando el legado se había dispuesto a favor de varios legatarios (solidaridad activa, hay dos legatarios Ticio y Cayo a los que el heredero Sempronio debe dar la finca).

Se ha analizado la naturaleza de la obligación solidaria en el sentido de si en su estructura existía unidad o pluralidad de vínculos obligatorios dentro de la unidad de *debitum*. Si se tiene en cuenta el lado activo, esto es, del titular de la *actio*, para los juristas clásicos no existiría más que una sola *obligatio*. De ahí que, una vez llegado a la *litis contestatio* del proceso formulario, se consuma la acción de todos, aunque la hubiese interpuesto uno solo de los acreedores. Pero desde el lado pasivo, para considerar extinguida una obligación solidaria no bastaba una causa meramente subjetiva de extinción, esto es, la que afectaba a uno solo de los sujetos obligados, porque esta extinguía la obligación solamente respecto al afectado por ella (p. ej. *capitis deminutio, confusio, pactum de non petendo*).

La solidaridad clásica se entendía como obligación por el todo o por la totalidad de la prestación (*in solidum*), de modo que el deudor solidario que había pagado se hacía ceder el crédito (*cessio nominum*) para actuar contra sus codeudores y exigirles su parte. Pero si se trataba de la institución de la fianza, con cofiadores solidarios, si uno de ellos pagó la deuda, tenía la ventaja de que se le cedían las acciones del acreedor (*beneficium cedendarum actionum*) para ejercitarlas frente a los otros cofiadores y por solo su parte (*beneficium divisionis*). Así se fue abriendo camino la solución que Justiniano impuso, consistente en reconocer directamente al deudor que había pagado el derecho de reclamar contra sus codeudores (acción de regreso), los cuales habían sido liberados gracias al pago realizado por él.

4.   Incumplimiento imputable al deudor y riesgo contractual

Existen dos principios fundamentales respecto al incumplimiento de las obligaciones. En primer lugar, el incumplimiento de una obligación no es imputable al deudor cuando la prestación se hizo irrealizable por fuerza mayor (*vis maior*), esto es, por un hecho irresistible por ser superior a las fuerzas humanas y, por tanto, independiente de la voluntad del deudor; o por caso fortuito, esto es, por un acontecimiento fortuito e imprevisible (*casus*). En este sentido, como afirma P. Fuenteseca (DPR, p. 216-222), los romanos fueron admitiendo unos supuestos o hechos liberatorios (ruina, incendio, naufragio, etc.), de los cuales nadie debía responder (*a nullo praestantur*).

En segundo lugar, el incumplimiento es imputable al deudor cuando propició mediante una actividad suya (*factum debitoris*) que la prestación se hiciese imposible, o bien cuando dolosamente (*dolus*) o por negligencia (*culpa*) no ha cumplido.

En estos casos, para la imposición de la condena pecuniaria debía tenerse en cuenta las circunstancias de su acción (u omisión), que podía ser dolosa o culposa. El dolo es el engaño o intención dañina o de perjudicar a la otra parte. Y la responsabilidad por dolo tenía especial relevancia en el ámbito de las acciones de buena fe, en las que el deudor debe prestar todo lo que exige la buena fe (*quidquid dare facere oportet ex fide bona*). En estas acciones, todo incumplimiento se considera realizada con dolo porque cualquier actividad que cause daño a la otra parte, por sí misma, ya era contraria a la *fides* contractual.

Fuera de la responsabilidad dolosa, existía la responsabilidad por culpa, entendida como negligencia o falta de diligencia. La *culpa debitoris* se entendió como conducta negligente del deudor que causa algún daño a la otra parte o hace imposible el cumplimiento de la obligación, en cuyo caso se producía la *perpetuatio obligationis* y el acreedor podía demandar como si la prestación continuase existiendo.

La noción de culpa se matiza en grados desde la época clásica hasta la etapa justinianea. Aparece el concepto de *culpa lata,* que equivale a la negligencia extrema, consistente en no actuar con el cuidado mínimo que cualquier persona pone en su conducta. Se trata, por tanto, de la máxima negligencia que resulta equiparable al *dolus: culpa lata dolo aequiparatur.* Un grado menor de negligencia es la *culpa levis,* en aquellos casos en que el deudor no ha observado en el cumplimiento de la prestación la diligencia de un buen padre de familia (*bonus paterfamilias*), es decir, de un hombre medio y honesto. Este módulo o canon de la conducta del *bonus paterfamilias* se exigía en algunos casos tomando como medida la diligencia que el demandado empleaba en sus propias cosas (*diligentia qualem in suis rebus adhibere solet,* D. 17.2.72).

Otros matices de la noción de culpa aparecen en ciertos casos especiales. Así se habla de *culpa in eligendo* cuando el deudor, al utilizar la colaboración de otra persona para cumplir la prestación, no hizo la elección con la debida diligencia. También se habla de *culpa in vigilando* cuando el deudor no vigiló debidamente a la persona elegida.

Por otra parte, en ciertos casos al deudor se le imponía responsabilidad por *custodia* (*custodiam praestare*) cuando se le hacía responder en todo caso de perecimiento de la cosa. Se entendía que el obligado respondía en caso de robo y, en general, de la pérdida de la cosa, que el acreedor le había confiado en determinados negocios jurídicos. Gayo menciona (3. 205-6) los casos del comodatario, del tintorero (*fullo*) y del sastre (*sarcinator*). Asimismo, tenía el deber de custodia, según una cláusula del edicto pretorio, el naviero (*nauta*), el dueño de un negocio de hostelería (*caupo*) y el que alquilaba establos (*stabularius*). Y también el acreedor pignoraticio. Se trataba de un tipo de responsabilidad objetiva, porque no se tenía en cuenta si había sido más o menos diligente el obligado. Prevalecía la idea de que el que responde por custodia es el que obtiene el beneficio del negocio, gracias a la cosa que el acreedor le confió. A principios del periodo clásico bastaba con comprobar que la cosa había perecido para que se exigiese responsabilidad por custodia, pero la idea de culpabilidad fue penetrando y se habla de *diligentia in custodiendo* quizá ya desde el final de la época clásica.

De forma análoga a la responsabilidad por custodia, en ciertos casos se habla de responsabilidad por riesgo de la cosa. Esto sucede en la compraventa, cuando, una vez perfeccionado el contrato y mientras no se había entregado la cosa vendida, todo el beneficio o todo el daño se le atribuye al comprador (C. 4.48.1), generalizándose el principio según cual el comprador corría el riesgo de la pérdida de la cosa comprada (*periculum est emptoris*). También el deudor pignorante que deposita las mercancías pignoradas en unos almacenes públicos asume el riesgo de su pérdida (según las *Tabulae Pompeianae*). Se trata de determinar quien debe soportar la pérdida de la cosa que se hallaba *in obligatione*, entrando en juego la noción de *periculum* o asunción del riesgo. En este caso no hay responsabilidad propiamente dicha, sino un problema de atribución del riesgo de la pérdida de la cosa a una de las partes.

5. *Mora creditoris* y *mora debitoris*

Según P. Fuenteseca (DPR, p. 222 y 223) una modalidad especial de incumplimiento es la mora, que consiste en un retardo injustificado del deudor en el cumplimiento de la obligación (*mora debitoris*). Existe también una *mora creditoris*, consistente en que el acreedor rechace sin causa justificada el pago o cumplimiento que el deudor intenta realizar.

Para que el deudor incurriese en mora era necesario que la obligación fuese válida y exigible y, por tanto, no pendiente de condición o término. Un caso particular de mora entre los romanos fue el del ladrón, que siempre estaba en mora (D. 13.1.8.1: *semper enim moram fur facere videtur*). Se requería, además, que el acreedor hubiese realizado una advertencia al deudor, intimándole a cumplir (*interpellatio*). Pero esta *interpellatio* no era necesaria cuando la obligación tenía un término cierto (*dies interpellat pro homine*) ni cuando se trataba de obligaciones nacidas de delito.

La mora requería, asimismo, que el retardo fuese imputable al deudor, esto es, que este hubiese sido culpable de no haber realizado a tiempo la prestación (*...per debitorem stare quominus praestet*). Los efectos de la mora en este punto son, por tanto, iguales al incumplimiento y tiene lugar la *perpetuatio obligationis*. Para hacer cesar la mora era preciso hacer una oferta de pago integral (*purgatio morae*) y que el acreedor no tuviese una causa justa de rechazo de dicho pago.

La *mora creditoris* tenía lugar cuando el acreedor, sin causa justificada, rechazaba la prestación que el deudor le ofrecía. A partir de ese momento, el riesgo de perecimiento del objeto de la obligación corría a cargo del acreedor, salvo que el deudor actuase dolosamente. La mora del acreedor cesaba si este declaraba que se hallaba dispuesto a recibir la prestación y a indemnizar al deudor del eventual daño que su retraso en aceptar le hubiese ocasionado.

6. Formas de garantizar la obligaciones

6.1. *Sponsio* y *fidepromissio*

En el Derecho romano fue muy frecuente la ayuda o refuerzo a la obligación contraída por el deudor mediante un acto de garantía o fianza personal consistente en que otra persona se obligaba verbalmente junto al deudor principal como fiador. Coexistió esta con otra forma muy frecuente de garantizar el cumplimiento de las obligaciones, que, como ya hemos visto, era la *conventio pingoris* o garantía real.

Según P. Fuenteseca (DPR, p. 203 y 204) la más antigua forma personal de garantizar las obligaciones fue la *sponsio*, exclusivamente reservada a los *cives romani*. El *sponsor* se colocaba junto al deudor principal, al que se le preguntaba ¿prometes darme diez? (*decem mihi dari spondes?*) y obtenida la repuesta de este (prometo, *spondeo*), el acreedor se dirigía al *sponsor* o fiador preguntándole: ¿prometes dar lo mismo? (*idem dari spondes?*).

La promesa del fiador se refería a la promesa verbal contraída en ese acto por el deudor, y, por tanto, solo se podían garantizar mediante *sponsio* las obligaciones contraídas verbalmente (Gayo 3.119). Se constituía una obligación con dos sujetos obligados respecto a la misma deuda (*idem debitum*). Por eso, el *sponsor* o fiador queda obligado aunque la obligación principal fuese ineficaz por haber sido contraída por un *pupillus* o una *mulier* sin la *auctoritas tutoris* (según Gayo 3.119).

En consecuencia, la *sponsio* del fiador nunca puede sobrepasar la cuantía de la *obligatio* principal y hace surgir una situación de solidaridad pasiva, con las siguientes características. El acreedor puede demandar a cualquiera de los dos; puede incluso reclamar primero al fiador (*sponsor*), si bien en ciertos casos debía demandar primero al deudor principal, p. ej., si la condena para este llevaba aparejada la declaración de infamia. Además, la *litis contestatio* realizada en un procedimiento contra el deudor principal o contra el *sponsor* extingue la obligación únicamente respecto al que haya sido demandado, mientras que la *obligatio* sigue intacta frente al otro. Y, finalmente, el pago efectuado por cualquiera de los dos requiere de la *acceptilatio* (declaración formal y solemne de extinción de la obligación) por parte del acreedor, para ser liberatorio para ambos.

La *obligatio* del *sponsor* tiene un carácter rigurosamente personal en el sentido de que desaparece con este en el momento de su muerte, siendo, por tanto, intransmisible a los herederos (Gayo 3.120). Además, se encuentra limitada a dos años desde que así lo dispuso la *lex Furia*, que era aplicable solamente en Italia (Gayo 3.121a: *sed cum lex Furia tantum in Italia locum habeat…*). Además, el *sponsor* o fiador que ha pagado tiene la *manus iniectio* (otorgada por una *lex Publilia*) contra el deudor que no le ha reembolsado lo pagado dentro del plazo de seis meses.

La modalidad de *sponsio* aplicable a los *peregrini* fue la denominada *fidepromissio*, en la cual el acreedor preguntaba al fiador: ¿prometes bajo tu fe que me será dado lo mismo? (*idem dari fidepromittisne?*). La promesa aquí se fundamentaba en la *fides* propia del que prometía como fiador, que, al ser extranjero, no podía obligarse mediante una *sponsio*. Ambas modalidades de fianza tenían las mismas características.

Por otra parte, existía la posibilidad de constituir más de una garantía con diferentes fiadores respecto a la misma obligación, al mismo tiempo que la obligación principal o bien en un momento posterior. En este caso había una única *obligatio* exigible frente al deudor principal y una única frente a todos los *sponsores* o *fidepromissores*, que asumían solamente su parte de responsabilidad de la deuda principal. La *lex Furia*, además del plazo de dos años, estableció que la obligación se dividía en tantas partes como promitentes había en el momento en que la deuda fuese exigible y si uno de ellos era insolvente, su parte correspondía a los demás (Gayo 3.121). Además, según la ley Apuleya, si uno de ellos pagó una cantidad superior a la que le correspondía, tenía una acción contra los demás, por la cantidad que pagó de más (Gayo 3.122).

Y por medio de la *lex Cicereia* se exigió al acreedor que aceptaba *sponsores* o *fidepromissores* que anunciase públicamente qué créditos habían sido garantizados y con cuantos garantes. Los *sponsores* o *fidepromissores* tenían un plazo de treinta días para pedir un juicio previo (*praeiudicium ex lege Cicereia*, Gayo 3. 123), en el que se investigara si el acreedor hizo ese anuncio público, y si se probaba que no lo hizo, quedaban liberados de la obligación. Esta costumbre se mantuvo también cuando una obligación se garantizaba mediante *fideiussores*, figura que analizamos a continuación.

6.2. *Fideiussio*

Es una nueva forma de fianza surgida a fines de la república como consecuencia de la instauración del procedimiento formulario. Según P. Fuenteseca (DPR, p. 205) la fórmula usual de la *fideiussio* parece haber sido: lo que Sempronio me debe lo asumes bajo tu fianza? (*quod Sempronius mihi debet id fide tua esse iubes?*). El *fideiussor* respondía: *fideiubeo*, que equivaldría a afirmar que asumía bajo su *fides* la deuda (*iubeo id fide mea esse*). Aquí no hay un *sponsor* que prometa exactamente lo mismo (*idem debitum*), colocándose en lugar del deudor principal, sino una promesa autónoma del fiador, conforme a la cual, bajo su *fides*, promete que lo que debe el deudor será pagado cuando sea requerido para ello.

La *fideiussio* se impuso finalmente como forma generalizada de fianza desplazando a las otras dos (*sponsio* y *fidepromissio*), respecto a las cuales presenta ciertas diferencias.

La *fideiussio* no requiere una *stipulatio* como obligación principal, esto es, una *obligatio verbis*, puesto que puede garantizar una *obligatio* nacida de cualquier otra causa e incluso una *obligatio naturalis* (Gayo 3. 119a). Quedaron excluidas de la garantía por *fideiussio* en época clásica las *obligationes ex delicto.*

El *fideiussor* contraía una obligación accesoria de la obligación principal, esto es, que se mantiene al lado de esta y se extingue igual que esta. Por este motivo, la *obligatio* garantizada por *fideiussio* ha de existir para que esta sea válida, a diferencia de la *sponsio* y la *fidepromissio,* que podrían ser válidas aunque la principal fuese nula.

Por tanto, la extinción de la *obligatio* principal libera al fiador. Aunque el *fideiussor*, una vez liberado el deudor principal, puede responder en caso de dolo (*actio doli*) o bien mediante *actio utilis* (por ejemplo, si causó un daño) si de alguna manera hizo imposible el cumplimiento de la obligación principal. Además, las causas de extinción de las obligaciones y las excepciones que tenía el deudor frente al acreedor las puede utilizar el fiador, salvo las que tengan un carácter estrictamente personal como, por ejemplo, el *beneficium competentiae* (que conduce a una condena limitada a cuanto el deudor pueda pagar).

La *fideiussio* es transmisible al heredero (Gayo 3.120) y además no tiene plazo de caducidad. Y en el caso de que varios *fideiussores* hayan garantizado la deuda, cada uno responde por el total (Gayo 3.121). Pero desde una *epistula* del emperador Adriano, cada cofiador tiene derecho a que el acreedor le reclame solo la parte que le corresponde (*beneficium divisionis*), y la parte del que no sea solvente es asumida por los demás. Y en el caso de que sea uno solo solvente, le corresponde el pago de la cantidad de todos los demás (Gayo 3.121).

Otra característica de la *fideiussio* es que es una obligación subsidiaria, porque el fiador solamente se verá obligado a pagar cuando el acreedor haya utilizado contra el deudor, sin resultado, todos los medios posibles para forzarle al pago (*beneficium excussionis*). Y en el caso de que el fiador se viese obligado a pagar, dispone directamente frente al deudor principal de la acción que tenía contra él el acreedor, sin necesidad de que este le haga una cesión expresa de la acción (*beneficium cedendarum actionum*).

Finalmente, existió la llamada *fideiussio indemnitatis* que consistía en asumir un tercero frente al acreedor la parte de obligación que el deudor principal no hubiese pagado. Se entendía que este tipo de obligación era condicional respecto a la principal, esto es, solo será exigible si hay una parte que no se puede exigir al deudor principal (D. 45.1.116).

LECCIÓN 18

Fuentes de las obligaciones. La noción de *contractus.* Contratos reales

1.   Las fuentes de las obligaciones

Son fuentes de las obligaciones aquellos hechos o actos jurídicos de los cuales nace un vínculo obligatorio. Gayo 3. 88 afirma que toda obligación nace de un contrato o de un delito: *omnis obligatio vel ex contractu nascitur vel ex delicto.* Nos presenta una rigurosa bipartición (*summa divisio*) de fuentes las de las obligaciones. Pero, en otro pasaje del mismo jurista (contenido en un fragmento del Digesto, D. 44.7.1pr), afirma este que además del contrato y del delito, la obligación nace de otros varios tipos de causas (*ex variis causarum figuris*).

Hay que admitir, por tanto, que en época de Gayo (siglo II d.C.) existían más vínculos obligatorios que los nacidos de un *contractus* o de un *delictum.* Todos ellos fueron reunidos en la clasificación cuatripartita establecida más tarde por Justiniano (I. 3.13.1), según la cual las obligaciones nacen del contrato, del cuasicontrato (*quasi ex contractu*), del delito y del cuasidelito (*quasi ex delicto* o *ex maleficio*). Se incluyen, pues, en las fuentes de las obligaciones ciertos casos, semejantes a los contratos y a los delitos, pero que no eran considerados propiamente ni contratos ni delitos por falta de algún requisito, como veremos.

La antigua discusión acerca de la prioridad del *contractus* o del *delictum* como fuente de las obligaciones está hoy superada. La *obligatio* surgía porque se estableció un vínculo entre un sujeto que queda *obligatus* frente a otro, que puede entablar una *actio.* El vínculo puede ser contractual (*obligatio ex contractu*), pero también puede provenir de haberse causado un daño o perjuicio patrimonial, de forma que el que lo causó será declarado responsable (*damnatus*) y queda obligado al pago de una *poena* prevista en la ley (*obligatio ex delicto*). Ambos supuestos tienen su origen en las XII Tablas. La obligación *ex contractu* se puede decir que nace desde el momento en que a la *sponsio-stipulatio* se le reconoce un cauce procesal que permitía imponer una *condemnatio pecuniaria* al que incumplió (con *legis actio per iudicis postulationem*), y la obligación *ex delicto* nace cuando en las XII Tablas se establece la cuantía pecuniaria de la *poena damni* (la cantidad fija, como en la *iniuria*, o el múltiplo del daño causado, como en el *furtum*), que debía ser impuesta a los que causaban un perjuicio patrimonial a otro.

Y las nociones de cuasicontrato y de cuasidelito surgen a partir de que se reconoció que, de figuras que no llegaban a ser propiamente contratos o delitos, porque les faltaba algún elemento para serlo, también nacía una obligación, que sería exigible por medio de una acción, como veremos.

2.   La noción de contrato (*contractus*)

El origen del término *contractus* se asienta sobre la noción previa de contraer una obligación (*contrahere obligationem*). Para que haya un contrato tiene que haberse contraído una obligación, y Gayo expone cuatro modos mediante los cuales se contrae una obligación: por la entrega de una cosa, por medio de la expresión oral, por escrito o por el mero consentimiento (3.89, *aut enim re contrahitur obligatio aut verbis aut litteris aut consensu*). Gayo no establece propiamente una clasificación de los contratos existentes, sino de las modalidades o formas por las que se contraen las obligaciones.

La obligación contractual nace a partir de que hubo que reconocer que existían negocios jurídicos que no se realizaban exclusivamente por los ciudadanos romanos, sino que eran vinculantes en las relaciones comerciales entre todos los hombres. A los acuerdos negociales celebrados entre dos partes se le reconocía la producción de efectos jurídicos porque se basaban en la *fides*, en la confianza mutua que existía entre ellas, que conducía al nacimiento de recíprocas obligaciones conforme al *ius gentium*, el derecho común a todos los pueblos. En caso de incumplimiento de una de las partes, se le exigía al juez que condenase al demandado a todo lo que tuviese que dar o hacer conforme a la buena fe (*quidquid dare facere oportet ex fide bona*). Se amplió, pues, la fórmula del *ius civile*, mediante la cual se pedía al juez que condenara el demandado a todo lo que debía dar o hacer, con la alusión a la buena fe (*ex fide bona*), y esta fue la forma mediante la cual los contratos del *ius gentium* se integraron en el *ius civile*.

El pretor en estos casos tenía que reconocer la existencia de una obligación entre las partes, y otorgaba acciones para que estas se exigiesen el cumplimiento de lo acordado, aunque no se hubiesen cumplido las formalidades del *ius civile* o aunque una de las partes fuese un *peregrinus*. Desde muy pronto la actividad del pretor fue la que sentó las bases para la expansión de las relaciones comerciales en Roma con plena seguridad jurídica.

Así, por ejemplo, la compraventa (*emptio venditio*) se convirtió en un contrato del *ius civile* cuando, sin haberse celebrado el formalismo de la *mancipatio*, el pretor reconocía la validez de la actividad negocial realizada con *causa emp-*

tionis, en la que una parte entrega a la otra una cosa a cambio de un precio, concediéndole al comprador la *actio empti* y al vendedor la *actio venditi*, en defensa de sus respectivas posiciones. De esta forma, los negocios jurídicos procedentes del *ius gentium*, basados en la buena fe (*bona fides*) se integraron en el *ius civile*.

Se fueron configurando modalidades específicas de contratos (p. ej., compraventa, arrendamiento, depósito, comodato) por medio de la concesión de una acción concreta a las partes, para defender su posición frente a la otra, cuando estas habían puesto de manifiesto su consentimiento mediante alguna de las formas con las cuales, según Gayo, se contraía una obligación (*re, verbis, litteris, consensu*). Así, la existencia de la *actio empti* a favor del comprador y de la *actio venditi* a favor del vendedor permitió la configuración de la compraventa o *emptio venditio* como una modalidad de contrato, consistente en un cambio de una cosa por un precio.

Puede afirmarse, pues, que existe una relación contractual o *contractus* cuando se manifiesta el consentimiento de las partes mediante alguna de las formas admitidas en derecho (*re, verbis litteris, consensu*), con las cuales se contrae una obligación.

En cambio, el mero acuerdo entre dos sujetos, que se denominaba *pactum*, no fue suficiente en el derecho clásico para el nacimiento de la *obligatio*: el simple pacto no engendra obligación (*nuda pactio obligationem non parit*, D. 2.14.7.4). Estos tenían relevancia jurídicamente porque el pretor prometía en su edicto protección para aquellos pactos convenidos (*pacta conventa*) que no estuviesen viciados de dolo ni fuesen contrarios a las normas jurídicas vigentes (D. 2.14.7.7). Pero esta protección pretoria significaba únicamente el otorgamiento de un medio de defensa procesal, una *exceptio pacti*, como instrumento para hacer valer el *pactum*.

Por tanto, el simple acuerdo o pacto entre dos sujetos no es suficiente para que surja una *obligatio*. Según P. Fuenteseca (DPR, p. 185), el *pactum* aparece vinculado normalmente a un *contractus* por haber sido convenido simultáneamente con él (*pactum in continenti*) o bien porque, aunque convenido con posterioridad, nace vinculado a aquel (*pactum ex intervallo*). El *contractus* y el *pactum* adquieren análogo sentido en el derecho justinianeo en cuanto ambos se identifican con el acuerdo de voluntades, pero no se confunden.

3.   Clasificación de los contratos

Según la forma mediante la cual se pone de manifiesto el consentimiento de las partes, se distinguen diferentes tipos de contratos.

En primer lugar, existen contratos reales, que nacen por medio de la entrega de una cosa, cuyos primeros casos históricamente fueron, según P. Fuenteseca (DPR, p. 186-187), la entrega de cosas fungibles (cosas que se cuentan, pesan o miden, *res quae pondere numero mensura consistunt*), principalmente de dinero contante (*numeratio pecuniae*). Ambos casos requerían el traspaso de propiedad de las monedas o de las cosas ciertas, que daba lugar al contrato de mutuo (*mutuum* o *mutui datio*), del cual nace la obligación de devolver otro tanto de la misma especie y calidad. Pero en otros casos, con la entrega de la cosa no se traspasaba su propiedad y ni tampoco la posesión, como en el contrato de depósito, o en el de comodato.

En segundo lugar, existen contratos verbales, que nacen por un intercambio verbal y solemne de pregunta y respuesta (*stipulatio*). La *obligatio* nacía en estos casos por la promesa oral, con pronunciación de las palabras solemnes (*obligatio verbis contracta*). La forma verbal era vinculante y así nacía la *obligatio*. Su forma primitiva fue la *sponsio*, que es la primitiva promesa religiosa o juramentada, que más tarde aparece bajo el nombre de *stipulatio* a partir de que se abrió la vía procesal de la *legis actio per iudicis arbitrive postulationem*. La *stipulatio*, como se verá mas adelante, constituyó una formalidad contractual, apta para cualquier contenido y, en este sentido, más que un contrato verbal constituyó la forma contractual por excelencia de los romanos. En torno a la *stipulatio* se configurarán los caracteres de la noción romana de *obligatio*.

También hay contratos literales, que nacen por un acto escrito o por medio de la escrituración con determinadas formalidades. Gayo habla de *obligatio litteris contracta* u obligación contraída por medio de la escritura. Sin embargo, no son las letras (*litterae*) o palabras escritas las que propiamente hacen surgir la *obligatio*, sino el hecho de hacer constar por escrito, estando de acuerdo las partes y con ciertas formalidades, la existencia del crédito, como también veremos.

Finalmente, los contratos consensuales nacen por el simple consentimiento o acuerdo de las partes, pero siempre referido a una concreta actividad comercial, que eran compraventa, arrendamiento, sociedad y mandato. Con el simple consentimiento en estos casos nacían las obligaciones propias de la figura contractual que se había acordado.

Según P. Fenteseca (DPR, p. 188), la doctrina romanística ha venido admitiendo que el cuadro de figuras contractuales de la época clásica del Derecho romano no comprendía más que los cuatro tipos de contratos: reales, verbales, literales y consensuales. Se ha venido admitiendo así (por influencia de las investigaciones apoyadas en la crítica de interpolaciones), que fue en época postclásica o justinianea cuando se generalizó una nueva categoría de contratos que se denominaron contratos innominados, que analizamos más adelante. Pero, como veremos, entre los juristas clásicos estaban admitidos estos últimos.

4. Los contratos según sus efectos entre las partes

Entre las diversas modalidades que acabamos de enumerar, hay contratos unilaterales, bilaterales imperfectos y bilaterales.

Según P. Fuenteseca (DPR, p. 189-190), se consideran unilaterales aquellos contratos que engendran obligación para una sola parte, mientras que solo la otra adquiere un derecho de crédito. Así, ocurre, por ejemplo, en el contrato real de préstamo, denominado *mutuum*, en el cual el mutuario es el único obligado o deudor (*debitor*), mientras el mutuante queda en situación de acreedor o titular del derecho de crédito (*creditor*). En el momento en que el mutuante entrega la cosa cierta (dinero u otra cosa fungible), nace la obligación en la otra parte de devolver la misma cantidad.

Contratos bilaterales imperfectos son aquellos que normalmente engendran obligaciones para una de las partes que aparece como obligada, pero en los que puede eventualmente verse obligada también la otra parte al resarcimiento de ciertos gastos que se hayan ocasionado. Así, por ejemplo, en el *depositum* la obligación fundamental es la devolución de la cosa por parte del depositario, pero si el mantenimiento de aquella le ha ocasionado algunos gastos, nace la obligación a cargo del depositante de pagarlos.

Contratos bilaterales, llamados también sinalagmáticos, son los que producen obligaciones para ambas partes, las cuales se obligan mutuamente entre sí de modo que son acreedores y deudores recíprocamente. Un ejemplo es la compraventa (*emptio venditio*) en la cual, una vez que existió *consensus* entre las partes, el vendedor queda obligado a entregar la cosa y el comprador al pago del precio. La reciprocidad del vínculo hace que ninguna de las partes pueda reclamar la prestación de la otra sin haber realizado u ofrecido la suya.

5. Los contratos reales: el mutuo, el comodato y el depósito

5.1. Mutuo (*mutuum*)

5.1.1. Características y elementos

El contrato real de mutuo (también denominado *mutui datio*) tenía lugar cuando una persona (*mutuo dans*, mutuante) transmitía la propiedad de una determinada cantidad de cosas fungibles (cosas que se transfieren por número, peso o medida) a otra persona (*mutuo accipiens* o mutuario), la cual se obligaba a devolver otra cantidad igual del mismo género y calidad[37].

El caso más antiguo de mutuo debió ser la *mutua pecunia*, siendo *pecus* cabeza de ganado, y de ahí se habría pasado al préstamo de dinero o de las cosas que se cuentan, pesan o miden, esto es, de las cosas fungibles. La obligación de restituir en el *mutuum* consiste en devolver otro tanto de las cosas recibidas y del mismo género (*idem genus*). En cambio, si se convenía la devolución de las mismas cosas entregadas, se trataba de otro contrato (comodato o depósito). Tampoco era admisible el acuerdo de restitución de una cosa distinta (*aliud genus*) porque entonces el negocio sería una permuta (*permutatio*).

Son elementos del contrato de mutuo, en primer lugar, el propósito o intención de las partes de realizar un acto crediticio, esto es, la entrega de dinero (*pecunia credita*) o de la cosa fungible (*res credita*) se realiza porque el mutuante espera recibir otro tanto de la misma especie y calidad (*tantundem eiusdem generis*) y la intención del mutuario es realizar la devolución de lo mismo. Y a partir de la entrega de la cosa cierta (*res certa credita*) tiene el mutuante un derecho de crédito, esto es, una *actio in personam* para exigir su devolución. Se trata de un *negotium* realizado *credendi causa* y, por tanto, no tiene lugar cuando la entrega se hace por otra causa, por ejemplo, con intención de realizar una donación, o de pagar una deuda, o de entregar una cantidad en dote (*donationis, solutionis, dotis causa*).

En segundo lugar, para que exista mutuo se requiere la *datio* o transmisión de la propiedad. De ahí que se trate del contrato real en el sentido más originario (*obligatio re contracta*). El mutuante ha de realizar un acto o disposición traslativa, esto es, el traspaso de propiedad. No es suficiente una promesa de dar en crédito, es necesaria la entrega o la puesta a disposición de las cosas fungibles. La transmisión de propiedad se opera en virtud de la entrega de las cosas fungibles por su dueño al mutuario (*traditio credendi causa*). Si falta algún requisito a la *datio* (por ejemplo, incapacidad del que transmite), no surge el *mutuum*, y cabría exigir la devolución de las cosas entregadas (mediante *condictio*) aunque el aceptante las hubiese consumido de buena fe.

---

37   Vid. definición de Gayo en D. 44.7.1.2: *Re contrahitur obligatio mutui datione. mutui autem datio consistit in his rebus, quae pondere numero mensurave constant, veluti vino oleo frumento pecunia numerata, quas res in hoc damus, ut fiant accipientis, postea alias recepturi eiusdem generis et qualitatis* y vid. también FUENTESECA, P., DPR, p. 245-249, la definición del mutuo, derechos y obligaciones de las partes, las usuras y el SC Macedoniano.

En algunos casos la *datio* (*numeratio* si se trataba de dinero) iba acompañada de una promesa formal de devolución (*stipulatio*) que reforzaba el negocio jurídico, dándole un carácter doble, a la vez de mutuo y de *stipulatio*. En el derecho clásico se consideró que esta figura era un solo contrato nacido *verbis* en razón de la *stipulatio* realizada, a la cual, con la entrega del dinero (*numeratio*), se le proporcionaba la causa (*causa credendi*). Pero posteriormente, en época postclásica o justinianea, se admitió la coexistencia de dos contratos (con una obligación dual *re et verbis contracta*), lo cual implicaba la existencia de dos acciones para exigir la devolución, la derivada de la *stipulatio* y la del mutuo. En realidad, la *stipulatio* servía para incluir los intereses en la cantidad a devolver por el deudor, puesto que esto, con el simple mutuo, no era posible (se exigía la devolución de otro tanto de la misma especie y calidad); y también servía para señalar un plazo o lugar de devolución.

Más adelante, por necesidad del tráfico crediticio, se admitió la existencia de un mutuo sin la entrega directa del dinero del mutuante al mutuario. Bastaba que el mutuario adquiriese la propiedad a título de mutuo por voluntad del mutuante, aunque este no entregue el dinero, porque el objeto del préstamo recae sobre una cantidad o valor determinado. P. ej, se consideraba realizado un préstamo cuando una persona entregaba a otra una cosa para que la vendiese, pero, con la intención de concederle un crédito, le permitía que se quedase con el precio obtenido con la venta a título de mutuo (D. 12.1.11pr). El mutuo solamente surgía a partir del momento en que el dinero convenido como precio fuese efectivo.

5.1.2. Derechos y obligaciones de las partes

El mutuante podía reclamar judicialmente la devolución del préstamo (otro tanto del mismo género, *tantundem eiusdem generis*) llegado el momento oportuno, mediante la *actio* o *condictio certae creditae pecuniae*, si se trataba del mutuo de una cantidad de dinero (*mutua pecunia*), o bien la *actio* o *condictio certae rei* (si se trataba de cosas fungibles).

Normalmente se iniciaba el proceso por medio de una *sponsio*, mediante la cual prometía cada parte el pago de la tercera parte de la deuda, si perdía el litigio (Gayo 4.171). Así se lograba un doble objetivo: que pocos se arriesgasen a exigir la devolución de un préstamo, si no podían probar su existencia ante un juez y, además, que el demandado confesara la deuda antes de entablar el litigio, si no podía probar que no debía esa cantidad.

El mutuario adquiere el derecho a disponer de lo recibido en mutuo como propietario, pero tiene la obligación de devolver otra cantidad igual del mismo género y calidad. En este sentido el mutuo no es negocio lucrativo porque el mutuario no se enriquece (puesto que debe devolver), ni el mutuante se empobrece, ya que adquiere la titularidad de un crédito (*nomen*) por la misma cantidad prestada. Por eso el mutuario nada tiene que dar a cambio de la propiedad o disponibilidad que se le ha otorgado sobre las cosas fungibles, y el mutuo en sí mismo es gratuito. El pago de intereses de un préstamo de dinero había de ser especialmente estipulado (*stipulatio usurarum*), puesto que el mutuario en razón del contrato no se obliga a devolver más de lo recibido (*re enim non potest obligatio contrahi, nisi quatenus datum sit*).

5.1.3. Los intereses (*usurae*)

Los intereses de una cantidad de dinero dada en préstamo, entendidos como productos o frutos del mismo en el pensamiento jurídico clásico, fueron considerados en sus orígenes como remuneración por el uso del capital (*usura*: utilización, disfrute). En época arcaica, cuando el negocio crediticio era el *nexum*, el pago de las deudas mediante los servicios prestados a favor del acreedor excluía la idea mercantil de los intereses. Sin embargo, el préstamo con interés parece ser antiguo (bajo la denominación de *fenus*) y se realizaba añadiendo al préstamo una *stipulatio* de los intereses. De ahí la utilización, antes mencionada, de la *stipulatio* que, en este caso, serviría para formalizar un negocio único que comprendería la devolución del capital dado en préstamo (*sors*), y además los intereses del mismo (*usurae*).

El denominado *fenus nauticum* es un tipo de mutuo, de origen griego, aplicado en el comercio marítimo, al cual era inherente un pacto de intereses sin limitación de la cuantía de los mismos. El mutuante, en esta figura especial de mutuo (también denominada *pecunia traiecticia*), prestaba el dinero destinado a la compra de mercancías, soportando el riesgo de perder el capital entregado o las cosas compradas con este, en los avatares de la travesía marítima. El mutuario solamente se obligaba a devolver la cantidad si las mercancías llegaban al destino previsto. Como compensación por el riesgo asumido por del mutuante, se admitía un pacto con intereses superiores a la tasa legal.

La legislación romana respecto a la tasa de intereses (*fenus, usurae*) surge en época antigua. Las XII Tablas (8.18) establecen que no podía pactarse un interés superior a la doceava parte del *as*, que era la cantidad de cobre que se pesaba en el *nexum*, antiguo negocio jurídico celebrado per *aes et libram* por medio del cual el que recibía la cantidad quedaba vinculado al que la entregaba en posición de semiesclavitud. Considerando el *as* como unidad y la onza (*uncia*) como doceava parte, se denominará dicha tasa *fenus unciarum*. Se sabe que un plebiscito del siglo IV a.C. redujo la cuantía de interés a la mitad (*fenus semiunciarum*); poco después un tribuno de la plebe propuso la supresión de los mismos. Las leyes reguladoras de los intereses fueron varias. A fines de la república se fijó la tasa en el 1% mensual, con denominación pecuniaria y decimal (*centesimae usurae*), con lo cual los intereses no sobrepasarían el 12% anual. Lo que se hizo fue cuantificar en dinero los intereses, que eran el 12% de la cantidad debida (que antes era el as), siendo entonces el 1% del dinero una *uncia* (1/12 = doceava parte del as). Justiniano en el año 533 redujo la tasa a un 6%.

5.1.4. La *querela non numeratae pecuniae*

El problema del préstamo de dinero era la prueba de su entrega, que, por ese motivo, se empezó muy pronto a documentar por escrito (*cautio*). Pero este documento era una mera prueba de lo acordado por las partes, y, en algunos casos, podía existir incluso sin que se hubiese entregado el dinero. En estos casos, el pretor concedía al demandado la *exceptio non numeratae pecuniae* (excepción de que no se había entregado el dinero contante) frente a la acción interpuesta por el demandante. Con esta *exceptio* se paralizaba al mismo tiempo la *actio* del acreedor y la eficacia probatoria de la *cautio* o documento. El acreedor tendría entonces que probar, de cualquier otra forma, que había realizado, efectivamente, la entrega del dinero en préstamo (mutuo). Además, en el caso de que el mutuo se hubiese hecho mediante *stipulatio*, se podía atacar la validez de esta mediante una denominada *querela non numeratae pecuniae*, con la que era el deudor el que exigía judicialmente al acreedor que aportase la prueba de que el dinero fue entregado por él.

Finalmente, Justiniano afirma que el documento escrito (*scriptura*) obliga transcurrido el término de dos años sin que se impugnase. Justiniano cede así a la influencia de la escritura en el mundo oriental, admitiendo que nace la *condictio* (acción para reclamar deuda de dinero o cualquier otra cosa cierta) del documento no impugnado dentro del plazo (I. 3.21; C. 4.30.14, *hodie dum quaeri non potest scriptura obligetur et ex ea nascitur condictio cessante scilicet verborum obligatione*).

5.1.5. *Senatusconsultum Macedonianum*

Con este senadoconsulto de época de Vespasiano se trató de impedir los préstamos de dinero a los hijos de familia, disponiendo que estos no podían ser obligados a restituir el dinero ni siquiera cuando, por muerte de su padre, se convirtiesen en *sui iuris*. El pretor, en aplicación de dicho senadoconsulto, actuó con dos medidas: *denegatio actionis* cuando el mutuante reclamaba o bien *exceptio* introducida en la fórmula para paralizar la demanda de este. La *exceptio* (concebida así: *si in ea re nihil contra SC. factum est*) forzaba al juez a investigar la posible infracción del senadoconsulto. No era, pues, exigible judicialmente la deuda contraída por el *filius familias*; pero en cambio, habiendo sido pagada dicha deuda por el *paterfamilias*, por el *filius* (emancipado o no), o por un tercero a nombre de este, no podía considerarse este pago como indebidamente hecho (no cabía en consecuencia ejercitar la *condictio indebiti*) porque se consideraba válidamente realizado como extinción de una *obligatio naturalis*.

5.2. Comodato (*commodatum*): características y elementos

Es un contrato real en virtud del cual una persona (comodante) entrega a la otra parte (comodatario) una cosa no consumible, con la finalidad de que este la use gratuitamente del modo convenido y la restituya al concedente (según P. Fuenteseca, DPR, p. 250-252).

Es imprescindible la entrega de la cosa, de la *res commodata*, pero no de la propiedad ni de la posesión de la misma, sino de la simple detentación. El comodatario no se hace propietario, sino que debe devolver la misma cosa que le fue entregada, porque el comodato es un préstamo de uso, mientras que el mutuo es un préstamo de consumo.

Debe existir acuerdo o pacto de uso de la cosa (*rem utendam dare*) con la finalidad de devolución de la misma (*reddere*). Por este motivo, un uso distinto del pactado implica *furtum* (Gayo 3.196: alguien recibió una vajilla de plata para utilizarla en una cena con amigos y se la lleva fuera de la ciudad; también D. 13.6.5.8)), si sabe el comodatario que lo hace contra la voluntad de su dueño y que este no lo hubiera permitido (Gayo 3.197). Además, el uso que le está permitido al comodatario no ha de afectar a la integridad de la cosa, porque una devolución de esta deteriorada no constituye un *reddere* liberatorio (*res deterior reddita, non videtur reddita*, D. 13.6.3.1). También podría pactarse el uso de la cosa para su exhibición, como préstamo *ad pompam vel ostentationem* (D. 13.6.3.6; D.12.1.18.1). Pero no podría pactarse remuneración alguna por el uso de la *res commodata* porque se transformaría el contrato en arrendamiento (*locatio*) u otra figura (D. 13.6.5.12). Y las accesiones y frutos de la cosa que no entren en el uso previsto deberán ser restituidas con la cosa.

El comodante dispone de la *actio commodati* para exigir la devolución de la cosa una vez concluido el uso pactado y si no existiese pacto, después de un tiempo prudencial, de modo que no se considere exigida con premura dolosa que justifique la utilización de una *exceptio doli* por parte del comodatario.

Por su parte, el comodatario corre el riesgo de la conservación de la cosa (*custodia*) porque debe devolverla íntegra. Por tanto, responde también por *furtum* de la *res commodata* independientemente de su mayor o menor diligencia en la conservación de la misma. Únicamente queda liberado de responsabilidad el comodatario en el caso de un evento de fuerza mayor (*vis maior*).

La explicación de que se imponga la responsabilidad por custodia la fundamentaron los juristas en el hecho de que el contrato está concebido para ventaja del comodatario, a diferencia del depositario, que recibe la cosa para favorecer al depositante y no obtiene ninguna ventaja (D. 13.6.5.2). La *utilitas* o interés que cada parte pueda tener en el comodato se alega como motivo de exoneración o agravación de la responsabilidad. Así, en aquellos supuestos en que el comodante tiene interés en el préstamo de la cosa al comodatario o el interés de ambos es común, la responsabilidad del comodatario se limita al *dolus* (D. 13.6.5.10). En el caso contrario, esto es, si el comodato se hacía en interés del comodatario, este respondía de todo el riesgo. Normalmente el comodato iba acompañado de una *rei aestimatio* o estimación de la cosa, de forma que si no la restituía, pagaba su valor.

El comodatario dispone de una *actio commodati contraria* frente al comodante para reclamar los gastos de conservación de la cosa que no se haya comprometido a soportar y los daños o perjuicios ocasionados por defectos de la cosa, que el comodante conocía (así p. ej. cuando este ha prestado conscientemente una vasija defectuosa –*vasa* o *tigna vitiosa*– y el vino se hubiese perdido, D. 13.6.18.3). Tiene también la acción contraria cuando el comodante no ha actuado con corrección y exige, por ejemplo, la restitución de la cosa con una inoportunidad claramente dolosa por su premura o porque causa un perjuicio al comodatario en aquel momento (*intempestive*).

5.3. Depósito (*depositum*): características y figuras especiales

El depósito es un contrato real mediante el cual una persona (depositante) confiaba a otra (depositario) la conservación de una cosa mueble de forma gratuita con obligación de restituirla a voluntad del depositante (según P. Fuenteseca, DPR, p. 255-256).

El depósito aparece ya en las XII Tablas (8.19), donde se castiga con una *actio in duplum* al depositario infiel, esto es, como hecho delictivo. A partir del procedimiento formulario, el pretor concede al depositante una *actio in factum* contra el depositario que dolosamente no ha restituido la cosa.

Pero también, hacia el siglo I a.C., se utilizaba la *actio depositi* (*in ius*) que significa el reconocimiento del depósito entre las figuras civiles de las que nace una obligación contractual. Esta *actio* pertenece al grupo de las *actiones bonae fidei*, porque se entiende que en el *depositum* se encomienda a la fidelidad del depositario todo lo referente a la custodia de la cosa (D. 16.3.1 pr).

Los elementos que caracterizan el contrato son, por un lado, la gratuidad, puesto que, en el caso de que intervenga cualquier tipo de emolumento, el contrato sería el de arrendamiento de servicios. Por otro lado, puesto que se trata de un contrato real, tiene necesariamente que tener lugar la entrega de la cosa al depositario, ya que el mero encargo a una persona para que custodie la cosa constituiría un mandato de custodia (*mandatum ad custodiendum*).

Son obligaciones del depositario la custodia de la cosa tomando para ello todas las precauciones que la naturaleza de la misma exija, y la restitución de la cosa al depositante cuando la reclame, aunque se hubiese establecido un plazo, puesto que este puede cambiar de opinión libremente (*mutare voluntatem*, D. 16.3.1.45). La restitución comprende la cosa con todo lo que esta haya producido en poder del depositario, y sus pertenencias.

Se le exige responsabilidad al depositario cuando ha actuado con dolo, lo cual implicaba que la actuación culposa o negligente de este la asumía el depositante, por no haber elegido a la persona adecuada. Aunque se podía, mediante pacto añadido al contrato, pactar una responsabilidad más amplia (D. 16.3.1.6). Se le exigía una responsabilidad agravada si se había ofrecido como depositario de modo espontáneo (D. 16.3.1.35). En derecho clásico, la medida de la responsabilidad se mantuvo en el *dolus* con gran rigor, de modo que no cabía pacto de exoneración del mismo. Y el depositario responde, asimismo, si utiliza la cosa depositada en su propio beneficio, de forma que el depositante podía exigirle con la *actio furti* el doble de la cantidad con la que se lucró (*furtum usus*, Gayo 3.196).

Por su parte, el depositario en el derecho clásico podía hacer valer un derecho de retención (*ius retentionis*) de la cosa depositada frente a la acción del depositante en el caso de haber hecho gastos con la cosa y dispone frente al depositante de una *actio depositi contraria* para exigirle el pago de esos gastos (D. 16.3.5).

Finalmente, hay tres figuras especiales de *depositum*

En primer lugar, el depósito necesario o miserable, cuya denominación –no romana– es debida a las especiales circunstancias en que se producía. Cuando una persona, forzada por la necesidad (*tumultus incendii ruinae naufragii causa*), hacía un depósito sin libertad para elegir al depositario, el pretor otorgaba una *actio in duplum*, igual que la condena *in duplum* de las XII Tablas contra el depositario infiel. En el derecho justinianeo no en todos los casos se admite el *duplum*, sino cuando el depositario niegue fraudulentamente haber recibido la cosa en depósito.

Otra figura especial fue el secuestro, consistente en un depósito hecho por dos o más personas en manos de un tercero, que se obligaba a restituir la cosa recibida cuando se produjese una circunstancia prevista. Se trata de un depósito hecho solidariamente (D. 16.3.6) y normalmente se utilizaba cuando existía un litigio respecto a la propiedad de una cosa, que se entregaba a un tercero para que la custodiase y entregase al vencedor en el litigio. El secuestro tenía caracteres propios que permiten suponer que tuvo un origen autónomo hasta su incorporación a la noción de depósito. Así, el secuestratario, tiene la *possessio ad interdicta* en época clásica y únicamente está obligado a devolver cuando se produzca la circunstancia prevista, esto es, el fin de la controversia sobre la cosa, y debe hacerlo a la persona que se halla en esa circunstancia convenida (el ganador del litigio). Otra singularidad originaria del secuestro es la existencia de una *sequestraria actio* o *sequestraria depositi actio* (D. 4.3.9.3; D. 16.3.12.2). La figura del secuestro obedece a necesidades judiciales en su origen –el custodiar una cosa mueble en litigio– y se fue asimilando a la figura tradicional del depósito.

Si el objeto depositado era una cantidad de dinero surgía lo que se ha denominado depósito irregular. Los juristas clásicos sostuvieron diferentes opiniones respecto a esta modalidad de contrato. Para algunos se trataba de un préstamo o mutuo y se debía pedir la devolución mediante la *actio certae creditae pecuniae*, pero para otros podría ser utilizada la *actio depositi*, considerando que el dinero se entregaba con la finalidad de que fuese custodiado y luego devuelto (D. 16.3.1.34). Se terminó por dar prioridad a la voluntad del que realizó la entrega del dinero. Si la intención primordial era colocarlo bajo la custodia del depositario, se podrá considerar que hizo un depósito; pero si entregó el dinero con la finalidad de hacer un préstamo, ese será el contrato realizado.

Contratos verbales y literales

1.   La *stipulatio*

1.1.   Concepto

La *stipulatio* es el contrato verbal, consistente en la promesa de una prestación, formalizada mediante el intercambio de una pregunta del acreedor (estipulante, *stipulator*) y una respuesta del deudor (promitente, *promissor*). Según P. Fuenteseca (DPR, p. 225), en la *stipulatio*, el que es el acreedor (*stipulator*) realiza a la otra parte una pregunta concreta: ¿prometes darme diez mil sestercios? (*sestertium X milia dari spondesne?*). La otra parte respondería simplemente: *spondeo* (prometo). El verbo *spondere* proviene de la arcaica promesa de carácter sagrado que obligaba en la esfera religiosa. La transformación de la *sponsio* en una promesa secularizada y obligatoria jurídicamente arranca, como hemos visto, de las XII Tablas, que establecieron como procedimiento para las deudas nacidas de la *sponsio-stipulatio,* la *legis actio per iudicis arbitrive postulationem.*

La *stipulatio* se convirtió en el prototipo de contrato formal en Roma, debido a que bastaba con el intercambio solemne de pregunta y respuesta para que la obligación quedase establecida. Era un contrato abstracto, que admitía cualquier tipo de contenido, pudiendo hacerse *donandi causa, dotis causa*, etc., y producía sus efectos con el cumplimiento de la forma oral, aunque no se pusiese de manifiesto la causa en el acto de celebración. Pero la causa por la que se hacía la *stipulatio* tenía que existir. Porque si realmente no existía una causa y se reclamaba judicialmente el cumplimiento de la *stipulatio*, el pretor admitió la oposición por el demandado de una *exceptio doli* para hacer valer la inexistencia de la causa (Gayo 4.116a). Por ejemplo, si mediante *stipulatio* se había prometido la entrega de determinados bienes en concepto de dote, y el matrimonio luego no se celebraba, la *exceptio doli* paralizaba la acción del *stipulator*.

Por otra parte, la interpretación de la *stipulatio* debía hacerse según el tenor literal de la misma. El *stipulator* es libre de establecer los términos de la *stipulatio*, pero lo que no se haga constar expresamente, no obliga (D. 45.1.99pr). En caso de litigio, la fórmula procesal debe reflejar estrictamente el contenido de la *stipulatio* (Gayo 4.53d), porque, en caso contrario, el demandante perdería por incurrir en *pluris petitio*. En las *stipulationes* se admitió la inclusión de la *clausula doli* en la que el promitente no solo negaba la existencia de dolo malo, sino que se obligaba a abstenerse de toda conducta dolosa (D. 45.1.83pr).

La *stipulatio* es un contrato unilateral del cual surge una *actio in personam* del *stipulator* contra el *obligatus*. Con esta acción, el *stipulator* exige al promitente el cumplimiento de un deber jurídico consistente en un dar o hacer. Para ello se empleaba una fórmula en la que se pedía que el demandado fuese condenado a todo lo que deba dar o hacer conforme a lo estipulado (*quidquid ex stipulatu dare facere oportet*). Y el juez debía estimar en cuanto había el demandado perjudicado al demandante, esto es, debía calcular en dinero la cuantía de dinero que debía pagar el demandado por su incumplimiento. Por este motivo, la fórmula iba precedida de una *demonstratio,* en que se describía el contenido de la *stipulatio*. Esta acción se denomina *actio ex stipulatu*.

1.2. Requisitos formales de la *stipulatio*

El requisito esencial de la *stipulatio* es la oralidad de la pregunta y la respuesta, porque la *obligatio* nace por el pronunciamiento de las palabras (*verbis*), esto es, expresándose oralmente ambas partes (*utroque loquente*: D. 45.1.1pr). Como afirma P. Fuenteseca (DPR, p. 227-230), no pueden obligarse mediante una *stipulatio* el mudo, el sordo o el *infans*. La fórmula empleada entre ciudadanos exigía el verbo *spondere* como hemos indicado ya; pero se admitieron, con motivo de las relaciones con peregrinos, otras expresiones vinculantes como *fide promittis? – fide promitto; promittis? – promitto; dabis? – dabo*, etc., y se llegó a admitir el uso del griego. Esto significa que, una vez superada la vieja fórmula sacramental que era la *sponsio*, se mantuvo el requisito de que el mismo verbo del *stipulator* fuese repetido por el *obligatus* y de que el intercambio verbal fuese inmediato (*unitas actus*) y, por tanto, estando presentes ambas partes. No cabía, pues, *stipulatio inter absentes*.

Además, debía existir congruencia entre la interrogación y la respuesta de las partes. No bastaba el intercambio oral y simultáneo de la interrogación de una parte y la promesa de la otra, si esta coordinación formal no llevaba consigo una congruencia lógica de pensamiento. Esto sucedería si el *stipulator* interroga respecto a 100 sestercios y el promitente promete 150; o bien si el primero piensa en un crédito sin condición alguna (*pure*) y el segundo en una deuda condicionada (*sub condicione*).

La *stipulatio* mantuvo durante toda la época clásica el rigor formal, y es una de las más originales creaciones del pensamiento jurídico romano. La oralidad y la presencia de las partes vinculándose en términos indubitables constituían una garantía de que el *consensus* entre aquellas se había logrado.

Y ya desde época republicana empezó a tener lugar la redacción de un documento (*cautio*) que facilitaba la prueba de que se había realizado la solemnidad oral. De su frecuencia da idea la alusión de Cicerón (*Top.* 26, 96) a las *stipulationes* entre los asuntos que se tratan por escrito (*res quae ex scripto aguntur*).

Durante la época clásica la *stipulatio* conservó sus características formales (*unitas actus* y congruencia entre *interrogatio* y *responsio*) y la documentación escrita tenía únicamente eficacia probatoria. Hasta época de Diocleciano se mantuvo la distinción entre la *stipulatio* como negocio formal y la *cautio* estipulatoria, que no podía sustituir a aquella. Y los emperadores continuaron exigiendo en sus rescriptos la solemnidad verbal (*verborum solemnitas*), pese a la gran difusión de los documentos escritos, sobre todo en las provincias orientales.

Pero se produjo una lenta degeneración del formalismo verbal de la *stipulatio*. Se admitió que, existiendo un documento escrito, se podía considerar realizada la habitual forma oral de *interrogatio-responsio* (PS 5.7.2). Y en un rescripto del emperador León del año 472 (C. 8. 37 (38). 10, *Leoniana constitutio*) se establece que toda *stipulatio* por escrito será válida, incluso aunque estuviese redactada en términos no solemnes y con cualquier tipo de palabras, con tal que contenga un acuerdo de los contratantes reconocido por la ley.

Desde este momento se considera que el elemento esencial de la *stipulatio* es el acuerdo de las partes, y que la *stipulatio* sería una convención verbal sin necesidad de la pronunciación de las palabras solemnes (*solemnia verba*). Justiniano (I. 3.15.1) reconoce que el rescripto del emperador León suprimió la solemnidad verbal (*solemnitas verborum*), siendo más relevante el acuerdo o coincidencia de opinión de las partes y establece que el documento que contiene una *stipulatio* permite suponer o hace surgir la presunción de que la formalidad verbal correspondiente había sido realizada (C. 8.37 (38).14, año 531).

2.   Contratos literales

2.1. Concepto

La evolución histórica que experimentó la *stipulatio* es una prueba de la influencia que el documento escrito fue alcanzando a lo largo de la época imperial, sobre todo por influjo de la práctica oriental, donde la utilización de la escritura era corriente en los negocios jurídicos. En Roma, en cambio, los negocios jurídicos continuaban siendo esencialmente orales, siendo la *stipulatio* la forma contractual más frecuente. Veamos, pues, lo que puede entenderse por contrato literal en el derecho clásico, al que Gayo se refiere con las expresiones *contrahere litteris* (3. 89) y *obligatio litteris* (3. 128).

La contabilidad de la casa en Roma se realizaba haciendo anotaciones de las entradas y salidas de dinero en un *codex* o libro donde se inscribían las cantidades recibidas en una columna (*acceptum*) y las entregadas en otra (*expensum*), o bien en tablillas distintas. De ahí que estos libros de contabilidad de operaciones crediticias domésticas se denominasen *codex accepti et expensi*. La *expensilatio* consiste en una inscripción de una cantidad pecuniaria en la columna de cantidades entregadas a una determinada persona (*pecunia expensi lata*).

Las anotaciones podían tener un simple valor de prueba de una obligación contraída, esto es, de que un dinero ya fue entregado, y en este caso se llamaban *nomina arcaria* (Gayo 3.131).

Pero, en otros muchos casos, estas anotaciones podían producir efectos jurídicos en cuanto de ellas nacía la *obligatio litteris*. Entonces se llamaban *nomina transcripticia*, porque la *transcriptio* o inscripción en el *codex* daba lugar al nacimiento de una obligación por el hecho mismo de la anotación, que podía producirse de dos modos.

Una *transcriptio a re in personam* tenía lugar cuando el acreedor anotaba en la columna de las entregas una cantidad como entregada a un deudor (*expensum*), pero esta cantidad ya la debía este en razón de un negocio preexistente (p. ej. debía el precio de una compraventa). Con la anotación se cambiaba la naturaleza del débito anterior, que así se convierte en una obligación que nace de la propia anotación (*obligatio litteris*). Pero al constituirse una relación obligatoria distinta habría que contar con el consentimiento del obligado, aunque Gayo 3.129 nada diga a este respecto.

La *transcriptio a persona in personam* tiene lugar cuando se produce un cambio en la persona del deudor de una obligación ya existente. Así una deuda de Ticio se inscribe como deuda de otro, Sempronio, que queda obligado por la inscripción realizada (Gayo 3. 130). Se trata, en definitiva, de una delegación de deuda (Ticio delega en Sempronio el pago de la deuda).

Con la *transcriptio nominis* surge una relación obligacional abstracta, porque al inscribir la deuda se da por entregado un dinero en préstamo (o mutuo) al deudor que se inscribe. Pero la *transcriptio*, por sí misma, no es origen de la obligación, si no va acompañada de dos presupuestos, que son la preexistencia de un débito y la autorización de deudor que se va a inscribir.

2.2. *Chirographum* y *syngrapha*

Las formas mediante las cuales se obligaban los *peregrini* por escrito eran el *chirographum* y la *syngrapha* (Gayo3.134: *quod genus obligationis proprium peregrinorum est*). El primero era un documento autógrafo en el que, de propia mano, el deudor se obligaba a realizar una prestación frente a otro. Cuando ese documento se utilizaba como medio de pago por quien lo había recibido del primer firmante (o por sus sucesivos portadores) se llamaba *syngrapha*, porque obligaba al suscribiente con independencia de la *causa debendi* frente a los sucesivos portadores del documento. Por tanto, era un reconocimiento de deuda, de carácter abstracto, en el que la causa por la que se debía no era necesario que constase, pero siempre debía existir (C.4.31.6).

Gayo 3.134 advierte que se trata de documentos en los que no se menciona una *stipulatio*, puesto que, si esta hubiese tenido lugar o si se diese por realizada, nos hallaríamos ante una *obligatio verbis contracta*, respecto a la cual el documento tendría, simplemente, un valor probatorio.

El uso de estos documentos fue frecuente. Los mandatarios romanos se sirvieron de la eficacia constitutiva del documento en sus préstamos a ciudades o reyes extranjeros. En el edicto provincial (según Cic. *ad Att* 6.1.15) habría una rúbrica *de syngraphis*, lo que prueba que los *peregrini* se obligaban frente a los romanos mediante estos documentos, que eran válidos ante la jurisdicción provincial.

Contratos consensuales I

1. Características generales

Los contratos consensuales constituyen una clase de contratos en la que el vínculo obligacional surge del mero acuerdo o *consensus* de las partes. Las cuatro figuras que integran el grupo son el contrato de compraventa, el arrendamiento, la sociedad y el mandato, y son actividades negociales con unos caracteres y unos fines reconocidos en el tráfico comercial.

En la compraventa (*emptio venditio*) se realiza por parte de una persona una entrega de una cosa en venta (*venum dare*) y por parte de otra se realiza una aprehensión (*emere*) y el pago del precio. El arrendamiento (*locatio conductio*) comprende también un intercambio de posiciones: una persona pone una cosa a disposición de otra (*locare*), que queda autorizada para beneficiarse de su uso o de su explotación económica (*conducere*) a cambio de una renta. La sociedad (*societas*) es un acto de asunción voluntaria de un vínculo común entre dos o más personas (*societatem coire*), en la que cada uno adquiere la misma condición de *socius*. Y el mandato supone que una persona, por mandato de otra, se hace cargo de una *gestio* o actividad negocial a favor esta.

Se trata de cuatro figuras contractuales respecto a las cuales Gayo afirma que se contrae la obligación mediante el consentimiento (*obligationes consensu contractae*). No es necesario el empleo de determinadas palabras, ni la escritura, ni la entrega de una cosa para que la *obligatio* surja. Basta el hecho de que las partes hayan consentido (*sufficit eos, qui negotium gerunt consensisse*, Gayo 3.135). Se entiende que se trata de un *consensus* referido a la finalidad económico-social de los aludidos negocios, según el sentido que universalmente tenían.

2. Compraventa (*emptio venditio*)

2.1. Concepto

Según definición de P. Fuenteseca (DPR, p. 258), es el contrato mediante el cual una persona (*venditor*) conviene con otra (*emptor*) la entrega de una cosa comerciable (*merx*) a cambio de una cantidad de dinero (*pretium*). El acuerdo incluso puede tener lugar *inter absentes* mediante carta (*epistula*) o mediante agente intermediario (*nuntius*).

La compraventa es un negocio jurídico del *ius gentium*, esto es, no se tenía en cuenta la ciudadanía romana del que tomaba parte en el negocio jurídico, ya que su fundamento era la realización de una actividad negocial en la que la actuación conforme a la buena fe debía ser protegida. Como hemos visto, la adquisición de la condición de *dominus* respecto a bienes más importantes, vinculados al grupo familiar (*res mancipi*), requería la *mancipatio,* como acto formal y solemne. Pero, desde la creación del pretor urbano, esto es, desde el año 367 a.C. en adelante, el pretor empezó también a reconocer el derecho del que adquiría una *res mancipi* sin la *mancipatio* como propiedad pretoria (defendiéndola con la acción Publiciana), con lo cual era indiferente que el adquirente fuese ciudadano romano o no. La instauración del procedimiento formulario sería el punto de arranque para el uso más generalizado de la compraventa (*emptio venditio*), porque sus efectos eran los mismos para ciudadanos romanos o peregrinos: ambos adquirían la propiedad pretoria.

Y la forma por medio de la cual ambos podían adquirir el *dominium*, esto es, el derecho de propiedad según el *ius civile*, era la *usucapio*. El adquirente se convertía por medio de la *traditio emptionis causa* en *posseessor ad usucapionem*, y, pasado el plazo establecido en la ley (y en las condiciones que ya hemos analizado) podía presentarse como *dominus* en otra transmisión que realizase. El problema se planteaba cuando el vendedor no era dueño de la cosa vendida. Pero entonces la seguridad del tráfico de bienes exigía imponerle la responsabilidad por evicción al vendedor, como veremos.

Por tanto, mediante la *emptio venditio* las partes se obligan recíprocamente, a un resultado, que es para el *emptor* hacerse *dominus* sin que nadie se lo impida, y para el vendedor la obtención de una cantidad de dinero (*pecunia*) que constituye el *pretium*.

2.2. Obligaciones y responsabilidad del vendedor

La *emptio venditio* implica para vendedor la asunción de una serie de obligaciones, que, en general, el comprador (*emptor*) podía exigirle mediante la *actio empti*, pero siempre conforme a la *bona fides*. Por tanto, no puede exigir la entrega de la cosa si no ofrece la consigna del precio (vid. P, Fuenteseca, DPR, p. 265).

2.2.1. Transmisión de la posesión pacífica de la cosa

El vendedor está obligado a transmitir al *emptor* la posesión pacífica de la cosa vendida, esto es, la posesión apta para la *usucapio*. Por tanto, el vendedor no se obliga a hacer propietario al *emptor* porque, como hemos indicado, la compraventa no era traslativa de propiedad, no era un *modus adquirendi* o forma de adquirir el *dominium*. Como afirma P. Fuenteseca (DPR, p. 260), el *venditor* se obliga a hacer posible que el comprador se convierta en *dominus*. De ahí que si se trataba de una venta de una *res mancipi* deberá hacer la *mancipatio* si el comprador se la exige, reclamando con la *actio empti*.

El vendedor debe, por tanto, realizar la *traditio possessionis*, en alguna de las múltiples variedades que ya hemos visto (*longa manu, brevi manu,* simbólica). Pero en relación con las cosas muebles, debía existir, además, entrega efectiva de la cosa al comprador, porque, en tanto esta no tenía lugar, el vendedor tenía el deber de custodiarla y respondía por hurto y en este sentido se puede hablar de una *custodia venditoris ante traditionem*. En el derecho justinianeo responde el vendedor de una custodia diligente de la cosa.

2.2.2. Responsabilidad por dolo

El vendedor responde en general de toda actitud dolosa que se oponga a la *bona fides* negocial. Responde especialmente en el caso de *dolus in contrahendo*, esto es, de toda actitud maliciosa o fraudulenta originada en el acto mismo de la contratación. Responde también por dolo si vende a sabiendas una cosa ajena, en cuyo caso tiene el comprador la acción útil de compra, para exigirle el perjuicio que se le causó porque no pudo hacer la cosa suya, con independencia de la responsabilidad por evicción (D. 19.1.30.1, *quanti mea intersit, meam esse factam*).

Responde también el vendedor del cumplimiento de los pactos añadidos al contrato (*pacta adiecta*) en el momento de su constitución (*in continenti*), o añadidos con posterioridad (*ex intervallo*); y de toda prestación accesoria o dependiente de la principal (entrega de frutos, etc.).

2.2.3. Responsabilidad por evicción

Se produce la evicción (*evictio*) cuando el comprador es vencido en juicio por el verdadero propietario de la cosa.

Como hemos visto, los antecedentes de la responsabilidad por evicción están en la *mancipatio*, en la que el *mancipio dans* quedaba investido como responsable por *auctoritas*, respondiendo por el doble del valor de la cosa, si resultaba que había vendido una cosa ajena. Desde época muy antigua, esta responsabilidad por *auctoritas* se podía reforzar por medio de una *stipulatio*, realizada por fiadores, con el nombre de *satisdatio secundum mancipium*.

En las compraventas que se realizaban sin la *mancipatio* se lograba exactamente la misma finalidad con la *stipulatio duplae* (*pecuniae*). Según P. Fuenteseca (DPR, p. 262), consistía en la promesa realizada por el vendedor de que pagaría el doble precio de la venta en el caso en que el comprador fuese vencido en juicio por un tercero que hubiese reivindicado la cosa a título de propietario. Esta *stipulatio* era la más corriente, pero podía hacerse también para la devolución simple del precio. La *stipulatio duplae* solía ir acompañada de otra que garantizaba la inexistencia de vicios ocultos de la cosa.

La jurisprudencia clásica acabó por admitir que la responsabilidad por evicción era un elemento natural de la compraventa, de forma que el vendedor que no deseaba asumir esta responsabilidad debía expresarlo en un pacto expreso (*de non praestanda evictione*). Así, de forma general, era posible la utilización de la *actio empti* para exigir la responsabilidad por evicción, sin necesidad de que esta hubiese sido estipulada.

Se consideraba contrario a la *bona fides* que el vendedor no declarase los gravámenes que recaen sobre la cosa vendida, como por ejemplo, la existencia de una servidumbre. En el caso de la *mancipatio,* al mancipante se le exigía una declaración sobre la existencia de gravámenes en el acto de la venta, debiendo este declarar si estaba o no el fundo exento de cargas (según la fórmula *uti optimus maximus*, en plenitud de condiciones, D. 50.16.169). En este sentido, si después de la venta se demostraba en juicio que una servidumbre del fundo vendido pertenecía a otro, que lograba su reconocimiento en juicio, este sería un caso de evicción, por el que respondía el vendedor (D. 21.2.48).

Además de la *stipulatio duplae* se admitió otra fórmula de garantía denominada *stipulatio habere licere* que debió aplicarse principalmente en la venta de *res nec mancipi*, con la que el vendedor garantizaba al comprador la lícita tenencia de la cosa. El verdadero propietario siempre recuperaba la cosa mueble con la acción reivindicatoria, puesto que, si lograba probar su derecho de propietario, se trataba de una *res furtiva,* que no se podía usucapir.

2.2.4. Responsabilidad por vicios ocultos

Además de la evicción, el vendedor queda obligado a responder por vicios ocultos de la cosa vendida. Son vicios o defectos ocultos de la cosa vendida los vicios materiales que esta presenta, frente a la evicción, que sería vicio jurídico.

Para reforzar la seguridad del tráfico de bienes se creó una magistratura especial, con vigilancia jurisdiccional en los mercados, los ediles curules, y cuyas intervenciones daban lugar a una enorme casuística, que se reunió en un solo edicto, el edicto de los ediles curules. Este edicto se refiere tanto a las ventas de bienes inmuebles, como de bienes muebles o semovientes (D. 21.1.1).

Al vendedor se le imponía la obligación de declarar abiertamente al comprador (*palam recte pronuntiare*) el defecto que tuviese la cosa objeto de venta, que podía de ser *morbus* (enfermedad crónica) o bien *vitia* (defectos físicos no visibles o hábitos viciosos del *servus* como el ser vagabundo, fugitivo, mentiroso o delincuente). No se tendrían en cuenta los defectos menores como el hecho de tener una cicatriz (*vulnusculum*) o el padecer fiebre pasajera (*febricula*), si no disminuían el valor del esclavo o de los animales. Requisito esencial es que el vicio fuese realmente oculto en el sentido de que no fuese visible a todos ni tuviese signos externos que lo delatasen fácilmente. Pero si el comprador conocía los defectos, aunque objetivamente fuesen ocultos, no podrá reclamar, probada la no ignorancia de los mismos. Y en todo caso los defectos habrán de ser anteriores al momento de la venta (vid. P. Fuenteseca, DPR, p. 264 y 265).

Las acciones edilicias creadas a favor del comprador fueron la *actio redhibitoria* (ejercitable en un plazo de seis meses) y la *actio quanti minoris* (utilizable dentro del año, D. 21.1.19.6). Con la primera, se perseguía la devolución de la cosa al vendedor (D. 21.1.21.1), con restitución del precio al comprador. Según el edicto de los ediles curules, con esta acción se ordenaba a las partes la restitución con todas sus accesiones y accesorios, de forma que, una vez disuelta la compra, no tenga ni uno ni otro más que lo que tendría, si no se hubiese hecho la venta (D. 21.1.23.1).

Con la segunda acción (*quanti minoris*) se persigue por el comprador la devolución de la diferencia entre lo que pagó y lo que hubiera pagado si hubiera conocido el vicio. El caso más antiguo de este tipo de acción es la denominada *actio de modo agri*, aplicable al caso en que el vendedor hubiese atribuido una mayor extensión al fundo en el momento de la *mancipatio*. El vendedor quedaba obligado mediante esta *actio* al resarcimiento del doble del valor de la extensión que faltase (PS 1.19.1). Pero si se trataba de una servidumbre, a favor del propio vendedor, cuya existencia el comprador ignoraba, la acción frente al vendedor sería esta, la *quanti minoris* (D. 21.1.61).

En el edicto se admitía la realización de una *stipulatio* o caución estipulatoria por parte del vendedor, en el mismo acto de la venta, garantizando la ausencia de vicios. Pero si el vendedor no la prestaba, podía el comprador actuar contra él con las mismas acciones, pero con un plazo más reducido, la *actio redhibitoria* en el plazo de dos meses, y la *quanti minoris* dentro de los seis meses (D. 19.1.28).

Para el ejercicio de ambas acciones, en época clásica debían concurrir los siguientes requisitos: o que el vendedor no hubiese advertido al comprador de aquellos defectos de obligatoria mención según el edicto edilicio; o que el vendedor expresamente hubiese declarado (*dictum*) o prometido en estipulación (*promissum*) que el esclavo o animal carecían de ciertos defectos o tenían determinadas cualidades especiales.

2.3. Obligaciones y responsabilidad del comprador

El comprador asumía las siguientes obligaciones, que el vendedor (*venditor*) le podía exigir mediante la *actio venditi*:

2.3.1. Responsabilidad por dolo

El comprador responde si ha tenido cualquier actitud dolosa durante la celebración del contrato y su realización, p. ej., si se ha negado a recibir la cosa que el vendedor le entrega en tiempo y forma convenidos. Ha de actuar en todo momento con arreglo a la *bona fides* negocial (vid. P. Fuenteseca, DPR, p. 265).

2.3.2. Asunción del riesgo por perecimiento de la cosa

Después del perfeccionamiento de la venta, todo menoscabo, pero también todo beneficio, recae sobre el comprador (C. 4.18.1). Pero cuando se trata de una mercancía o cosa fungible que perece antes de su entrega y antes de su medición, se considera que la venta está imperfecta y el comprador, si no fue moroso en hacer la medición, no tiene que soportar el riesgo (C. 4.18.2: vino, aceite, trigo, etc.). En cambio, esto no sucedería, por ejemplo, si se vende todo el vino que había en una bodega y se entregaron las llaves al comprador, en cuyo caso todo el daño de la mercancía la tiene que soportar este.

De forma general, así como recibe todo el beneficio, también el riesgo de la pérdida de la cosa vendida recaía sobre el comprador, imperando en Roma lo que se ha llamado el principio *periculum est emptoris*. Está formulado en la C. 4.18.4 de forma general: cuando no se hizo el contrato por escrito, habiendo acuerdo entre comprador y vendedor respecto del precio, y no habiendo mora respecto de la entrega por parte del vendedor, no hay duda de que el riego de la cosa vendida recae sobre el comprador.

2.3.3. Pago del precio

La obligación primordial del comprador es el pago del precio convenido con transferencia al vendedor la propiedad de las monedas (*emptor, nisi nummos accipientis fecerit, tenetur ex vendito*; D. 19.4.1.pr.). Si paga después de la entrega, debe pagar asimismo los intereses del precio desde el día en que le fue entregada la cosa como compensación del disfrute de la misma. Solamente podría negarse al pago, en el derecho clásico, en el supuesto de que un tercero hubiese intentado la *actio reivindicatoria* de la cosa vendida (*Frag. Vat. 12*). Pero en general estaba obligado a pagar el precio, si el vendedor le ofrecía garantes también para el caso de la evicción.

Gayo 3.141 nos explica que existió una controversia en torno a la posibilidad de que el precio no consistiese en una cantidad de dinero. Afirma que los juristas de su escuela consideraban que la permuta, esto es, el cambio de cosa por cosa, sería una compraventa, de donde habría nacido la idea, defendida mayoritariamente, de que esta sería la forma más antigua de compraventa. Los autores de la escuela contraria afirmaban, en cambio, que es distinta la permuta de la compraventa, porque es necesario distinguir entre qué cosa es la que se vende y qué cosa es la que se entrega como precio. Gayo se adhiere a la postura intermedia, según la cual el jurista Celio Sabino habría opinado que podría tratarse de compraventa si, por ejemplo, un fundo se vende a cambio de un esclavo, si este se entrega a título de precio.

Otro requisito del *pretium* es que ha de ser cierto, en el sentido de precio determinado (Gayo 3.140) o determinable en razón de una referencia convenida entre las partes en el momento del contrato. Así era posible señalar como precio el dinero contenido en un arca (*quanti pretii in arca habeo*) o bien la cantidad dada por el vendedor al comprar la cosa (*quanti emisti*, D. 18.1.7.1). Podía asimismo remitirse la determinación del precio al criterio de un tercero (*arbitrium boni viri*).

2.4. La cosa objeto de compraventa

La cosa u objeto vendido había de ser comerciable (hallarse *in commercio*), si bien se discute en derecho clásico, como dice P. Fuenteseca (DPR, p. 266) si podría ser vendida una *res extra commercium*, con la esperanza de que se hiciese comerciable después de realizado el contrato.

Pueden ser objeto de venta no solamente las cosas presentes sino también las futuras en cuanto son cosas esperadas (*emptio rei speratae*) como los frutos en germen o el parto de una esclava (*partus ancillae*). La compraventa la realizaba el que era titular dominical de la cosa madre y se consideraba celebrada bajo condición (*sub conditione*).

Por otra parte, se llegó a admitir la compra de una cosa incierta, por ejemplo, los peces que se obtuvieran en un lanzamiento de red (*iactus retis*), y entonces el comprador adquiría las cosas objeto de venta si las hubiese, pero pagaría el precio en todo caso, aunque el azar le fuese adverso (pesca frustrada) o poco propicio (rendimiento mínimo de la pesca). Más bien se entendía que el comprador compraba la esperanza (*spes*) corriendo un riesgo o azar (*alea*). De ahí que se denominase a esta figura *emptio spei* (compra de esperanza).

También podían venderse cosas complejas en cuanto se consideraban como un todo patrimonial (ejemplo: la herencia, o los bienes que formaban un entero patrimonio: *venditio bonorum*). Se trataba de conjuntos de cosas materiales y derechos (*res incorporales*) que aparecían formando una unidad desde el punto de vista jurídico. Asimismo podían venderse las facultades comprendidas en una *servitus* o en el *usufructus* entendiéndose comprado el mero ejercicio de estos derechos (*iura in re aliena*).

Por último podía venderse un crédito (*nomen*), en cuyo caso el vendedor respondía de la existencia del mismo, en el sentido de que efectivamente existía frente a un deudor (*debitorem esse*), pero no respondía de la insolvencia de este.

Las partes han de hallarse de acuerdo en la identidad de la cosa objeto de compraventa. Si hay disenso o discordia en la identidad (*error in corpore*) el contrato es nulo (*quia in corpore dissensimus, emptio nulla est*, D. 18.1.9pr.). Asimismo el error de las partes acerca de una cualidad esencial de la cosa vicia el consentimiento y hace inválido el contrato (*error in substantia*).

2.5. Pactos añadidos a la compraventa

Era posible añadir a la compraventa ciertos pactos:

El pacto comisorio (o venta en garantía): se realizaba aquí más bien una operación crediticia porque el vendedor recibía por una *merx* (unos esclavos) un dinero del comprador, que, en realidad, este le entregaba en concepto de préstamo. Si el vendedor (deudor) no pagaba esa cantidad dentro de un plazo pactado, el comprador (acreedor) podía exigirle con la *actio empti* la entrega de los esclavos, cuyo precio ya había pagado. Si, en cambio, el deudor pagaba, se consideraba la venta como no hecha (vid. D. 18.3.2; D. 4.4.38; *Tabula Pompeiana*, FIRA[3], p. 292). Constantino en el año 320 prohibió la inclusión de este pacto en la *conventio pignoris*, (C. 8.35.3), porque se trata de que los acreedores recuperen el dinero que prestaron, y con este pacto lo que recibirían sería la cosa misma, como si la hubiesen comprado.

El *pactum de retroemendo*: se pacta la restitución por el comprador de la cosa objeto de la venta, si el vendedor le ofrece el mismo precio dentro de un plazo. Tendría este la *actio venditi* si el comprador obtuvo, por ejemplo, los frutos del fundo una vez que le fue ofrecida la cantidad pactada (C. 4.54.2). Pero para exigir el cumplimiento del *pactum*, según un caso descrito por Próculo (D. 19.5.12: el marido que vendió a la mujer unos fundos con la condición de que los restituyese por el mismo precio si dejaba de estar casada con él) tendría el vendedor (el marido) una *actio in factum* contra el comprador (la esposa divorciada) si no cumple el pacto.

El *pactum displicentiae* es el pacto por medio del cual la venta queda sometida a la aprobación de la cosa por el comprador. Si a este no le agradaba, podía restituirla al vendedor, reclamándole la devolución del precio (vid. P. Fuenteseca, DPR, p. 269). Podía establecerse este pacto como condición suspensiva (si el esclavo Stico te gusta dentro de un cierto plazo, *si servus Stichus intra certum diem tibi placuerit*) o bien con un sentido de pacto de devolución sujeto a término (si dentro de un término cierto no te gusta, sea devuelto, *si intra certum tempus displicuisset redderetur*). El *pactum displicentiae* faculta para aprobar o desaprobar libremente la cosa y es distinto del *pactum degustationis*, usual en la compraventa de vinos, y consistente en admitir una prueba de ciertas características (por ejemplo, acidez) del vino comprado, la cual ha de hacerse según el criterio de un hombre prudente (*boni viri arbitratu*) y no a libre arbitrio del comprador.

In diem addictio es un pacto o cláusula mediante el cual el vendedor se reserva la facultad de rescindir el contrato si dentro de un determinado plazo recibe una oferta más ventajosa de algún elemento (precio u otra condición) del contrato. Entre los juristas clásicos este pacto provocó una discrepancia doctrinal, y se inclinaron por interpretarlo según la intención de las partes. Si pretendían resolver la venta cuando se ofrezca mejor condición, entonces se entiende que la venta nació pura, y que se resuelve al cumplirse la condición. Pero si lo que acuerdan las partes es que la venta se perfeccione si no se ofrece mejor condición, entonces se trata de una compra sujeta a condición suspensiva.

La diferencia radica en que, si se considera que la venta nace pura, entonces, afirma Juliano, el vendedor podía usucapir y lucrarse con sus frutos y accesiones, porque a él también le correspondía el riesgo de la cosa, si esta perecía (D. 18.2.2.1).

Contratos consensuales II

1. Contrato de arrendamiento (*locatio conductio*)

1.1. Concepto y clases

La *locatio conductio* es un contrato consensual consistente en que una persona se obliga a procurar a otra el disfrute o utilización de una cosa, o de unos servicios, mediante una contraprestación, normalmente una cantidad de dinero (vid. P. Fuenteseca, DPR, p. 271-276). Dentro de este esquema general del contrato de arrendamiento o *locatio conductio* se pueden distinguir en el derecho romano clásico tres tipos (*species locationis*).

La *locatio conductio rei* o arrendamiento de cosa es la figura en la cual el arrendador (*locator*) ponía a disposición del arrendatario (*conductor*) una cosa mueble o inmueble para que este la utilizase a cambio del pago de una cantidad (*merces*). El arrendatario recibía el nombre de *colonus* si se trataba de fundos rústicos, y el de *inquilinus* en el caso de inmuebles habitables.

La *locatio operarum* o arrendamiento de servicios consistía en que una parte, el *locator,* que era en algunos casos el *dominus* del esclavo, pero también el *mercennarius* y más tarde el *operarius*, se obligaba a poner a disposición del *conductor* la prestación de unos determinados servicios (*operae*), quedando el *conductor* obligado a pagarle en contraprestación una cantidad (*merces*).

La *locatio operis* o arrendamiento de obra es una tercera figura en la cual una persona (*locator*) ponía a disposición de otra una cosa, normalmente materiales de construcción o un terreno, y el *conductor* se obligaba a realizar una obra o resultado (*opus*) mediante su propio trabajo o el de otros.

En su origen la *locatio conductio* parece muy próxima a la *emptio venditio*, con la cual presenta ciertas analogías (que pone de manifiesto Gayo 3. 142-144). Así, la merced debía ser *certa*, como el precio en la compraventa. Y tenía que ser en dinero, porque no se consideraba arrendamiento si se acordaba que se pagaría con otra cosa o con la utilización de los servicios de otra persona, ya que, de esta forma, no podían distinguirse las figuras del *locator* y del *conductor*.

El problema de la delimitación entre compraventa y arrendamiento se planteó respecto a los arrendamientos de fundos de los municipios a perpetuidad mediante el pago de un canon (*vectigal*). Algunos juristas, dando primacía a la perpetuidad, pensaban en la compraventa, mientras que otros, considerando que era determinante el pago del canon, se inclinaban por calificarlo como arrendamiento.

1.2. *Locatio conductio rei*

Locatio conductio rei nace con la figura más antigua del arrendamiento de fundos, y consiste en la autorización dada por parte del dueño del fundo (*dominus fundi*) al colono (*conductor*) para *conducere*, esto es, a recolectar y llevarse los frutos del fundo a cambio de un dinero o renta.

La *merces* o contraprestación consistía normalmente, como hemos señalado, en una cantidad de dinero. Podría convenirse una contraprestación de otra naturaleza, con tal que pudiera distinguirse claramente las figuras del *locator* y del *conductor*, como, por ejemplo, la entrega de los frutos de la propia cosa arrendada. En este caso, había dos posibilidades. La *merces* podía consistir en una cuota determinada de los frutos (*pars quota*) y se trataría entonces de *coloni partiarii*, que formaban una sociedad con el dueño, porque compartían con él pérdidas y ganancias. O bien la *merces* podía consistir en una cantidad preestablecida e invariable de productos que se deberá en todo caso (*pars quanta*), sea cual sea la cantidad de la cosecha.

Las condiciones del contrato se establecían por las partes y constituían la *lex conductionis*, que, por tanto, debía ser cumplida. También la duración del contrato podía ser determinada por la voluntad de las partes y, en su defecto, por los usos o costumbres locales. Si no había pacto en contrario, los arrendamientos rústicos duraban cinco años (*lustrum*), plazo que está relacionado con el periodo en que se tenía que renovar el censo, en el que debían constar los fundos de los que los ciudadanos romanos era propietarios, con sus colonos. El número de colonos indicaba la cantidad de rentas que obtenía el dueño del fundo y, en consecuencia, determinaba (entre otros factores, como el cultivo a que se dedicaba) la cuantía del impuesto que este debía pagar. No podía el colono abandonar el fundo arrendado antes de transcurrido el plazo, salvo que el contrato fuese rescindido unilateralmente por incumplimiento del mismo.

Pero, en general, si transcurría el plazo convenido y el arrendatario continuaba en el uso de la cosa, el contrato se consideraba prorrogado tácitamente, esto es, sin necesidad de nuevo acuerdo, por el mismo plazo (*relocatio tacita*, D. 19.2.13.11 y 14).

1.3. *Locatio conductio operarum*

La *locatio operarum* tenía como objeto los servicios o el trabajo humano, siendo el caso más antiguo y frecuente el arrendamiento de los servicios de los esclavos consistentes en tareas manuales, inicialmente ligadas a los trabajos en la casa (*domus*) y a la explotación agrícola de los fundos, y posteriormente extendidas a todo tipo de trabajos relacionados con la explotación mercantil de cualquier industria o comercio. El trabajo intelectual, más propio de las personas libres (*operae liberales*), no entraba bajo el concepto de *locatio operarum*.

El *locator* aquí sería el dueño, o el titular de la *possessio ad usucapionem* o del *uti frui* (usufructuario) del esclavo, que cede los servicios de este a otra persona, el *conductor*, que debe pagarle una cantidad o *merces* a cambio de beneficiarse de los servicios. Durante ese tiempo de la prestación de los servicios se halla sujeto el esclavo a las directrices del *conductor*.

Los servicios se debían prestar personalmente, pero si, p. ej., se arrendaron los servicios de un esclavo para la conducción de unas mulas, sin designación de cual sería, entonces responde el dueño del esclavo, si por negligencia de este pereció la caballería, por haber elegido al que causó el daño, lo que se ha llamado *culpa in eligendo* (D. 19.2.60.7). Si el trabajo se hizo imposible por causas ajenas al *locator*, el *conductor* debe pagarle igualmente la merced acordada, a menos que exista un pacto especial en contrario. Lo mismo sucede cuando, más adelante, liberalizadas las relaciones sociales, el objeto del arrendamiento no es el trabajo de los esclavos, sino que el que arrienda sus propios servicios (*locator*) es el *mercennarius* y también el *operarius*. Aparecen también casos de arrendamientos de servicios de los tintoreros y de los sastres (Gayo 3.205).

El *locator* es el que da en arrendamiento los servicios, que debe recibir el salario por todo el tiempo (D. 19.2.38pr: *qui operas suas locavit, totius temporis mercedem accipere debet…*), o, en otras palabras, es el que recibe el dinero a cambio de poner a disposición de otro sus servicios (D. 48.19.11.1). El que contrata al *mercennarius* es el *conductor* (D. 47.2.89), que es el que paga por obtener los beneficios del trabajo de otro.

La *locatio operarum* cesaba por muerte del que prestaba los servicios porque se entendía que este se hallaba vinculado personalmente a su realización. En cambio, muerto el *conductor,* la relación contractual se considera traspasada a los herederos que continúan con las obligaciones y derechos propios del contrato.

1.4. *Locatio operis*

Es aquella figura de arrendamiento en que una persona pone a disposición de otra alguna cosa (p. ej, el suelo, o determinados materiales) para que esta realice una obra o resultado, mediante su trabajo o el de otras personas (p. ej., construcción de un edificio o elaboración de una joya).

Aquí el *conductor* se obliga a realizar una obra (*opus*) que constituye un resultado, y de ahí que este contrato se denomine *locatio operis* o contrato de obra (*locare opus faciendum*, hacer una obra, D. 19.2.51.1; *aedem faciendam*, hacer un edificio, D. 19.2.30.3; *domum faciendam*, hacer una casa, D. 19.2.59).

La obra (*opus*) no es necesario que sea llevada a cabo personalmente por el *conductor*, que puede encomendar a otro la obtención del resultado, como el transporte de una carga por el río (D. 19.2.13.1), o el transporte de una columna (D. 19.2.25.7), en cuyo caso responde el *conductor* si por su culpa, o por la de aquellos cuyo trabajo utilizase, se causó un daño.

La obra debe ser realizada en las condiciones establecidas en el contrato (*lex locationis*), tanto respecto al tiempo, como a las demás circunstancias convenidas y a las que fuesen propias de la obra contratada. A este respecto, para la aceptación o admisión de la obra realizada (*adprobatio operis*) no servía el libre arbitrio del dueño de la obra, sino que el criterio a seguir era el de un hombre de bien (*boni viri arbitratu*, D. 19.2.24pr).

Dice Paulo que siempre que se da a hacer alguna cosa, hay locación (D. 19.2.22.1). Y así, cuando p. ej., se encarga la construcción de una casa en un sitio, que se pone a disposición del constructor, hay locación, según Paulo (D. 19.2.22.2), porque el artífice da en arriendo su obra, o la necesidad de que él lo haga.

Los juristas romanos dudaron en torno a la calificación jurídica de este contrato. Consideraban que existía *locatio operis* cuando se entrega una pieza de oro a un orfebre para que lo transformase mediante su trabajo. Pero, en cambio, si el orfebre pone el material, y además recibe remuneración por su trabajo, la mayoría de los juristas afirmaban que se trataba de una compraventa (Gayo 3.147, D. 19.2.2.1).

1.5. Obligaciones de las partes

Conforme a la *lex conductionis* el arrendatario (*conductor*) tiene derecho a la utilización y disfrute de la cosa arrendada, que le debe ser proporcionado por el arrendador (*locator*), a cambio del pago de una pensión.

En las fuentes aparecen múltiples casos de *actio ex conducto* ejercitada por el *conductor* contra el *locator*, que son, entre otros: si no se le entrega la posesión de todo el fundo o de una parte, o si no se repara la casa, o el establo, o cualquier otra cosa prevista en la *lex conductionis* (D. 19.2.15.1); si el inquilino añadió una puerta, tiene la acción para llevársela, pero dando una caución por si se causase daño al edificio (D. 19.2.19.4); si se arrendó una habitación y se dio pensión por un año, tiene la acción si el edificio después de seis meses se arruinó o se consumió en un incendio (D. 19.2.19.6); y, en general, tiene la acción para exigir la restitución de la renta pagada por el tiempo que no se disfrutó (D. 19.2.33); y si arrendó el fundo por muchos años, y el arrendador había ordenado al heredero que diese por pagado el arriendo, tiene la acción contra el heredero si este le impide el ejercicio de su derecho (D. 19.2.24.5); y habiéndose vendido el fundo o la casa objeto de arrendamiento, el *locator* debe responder de que el comprador permita disfrutar al colono o al inquilino (D. 19.2.25.1).

Por su parte, el *conductor* se obliga frente al *locator* a ejercitar su derecho conforme a lo pactado en la *lex locationis*. En caso contrario responde frente al *locator* con la *actio ex locato*. Son también muchos casos que aparecen en Digesto, en los que el *locator* puede ejercitar dicha acción contra el *conductor*. Así, si prendió fuego al fundo (D. 19.2.9.3), y con mayor razón si se le advirtió que no hiciese fuego allí (D. 19.2.11.1); si se llevó al esclavo, cuyos servicios se arrendaron como aprendiz, de viaje, lo cual no se había pactado, y este perece (19.2.13.3); si se le dio una piedra preciosa para esculpirla y se rompió por impericia del artífice (D. 19.2.13.5); si el tintorero, cuyos servicios se arrendaron deja que las túnicas sean roídas por los ratones (D. 19.2.13.6); o si este perdió las túnicas (D. 19.2.60.2); si se arrendaron mulas de carga, y perecieron por llevar una carga mayor (D. 19.2.30.2); si corta los árboles de un fundo arrendado, aunque también responde el *conductor* por la ley Aquilia (D. 19.2.25.5); y si se pactó que el *conductor* no tale los bosques, ni los descortece, ni los queme, ni deje que lo otro lo haga, responde este frente al *locator* por medio de la *actio ex locato* (D. 19.2.29).

2.   Contrato de sociedad (*societas*)

2.1. Concepto y clases

El contrato consensual de sociedad (*societas*) se constituye cuando dos o más personas se obligan recíprocamente a poner en común bienes o actividades para alcanzar una finalidad lícita y útil para todos los asociados (vid. P. Fuenteseca, DPR, p. 277).

Es un contrato de buena fe. Como afirma Paulo (D. 17.2.3.3), la sociedad constituida con dolo malo o para defraudar es nula de pleno derecho.

En la *societas* todos los miembros (dos o más, de ahí que se pueda calificar como contrato plurilateral) tienen obligación de aportar algo al acervo común, aunque estas aportaciones sean variables en cantidad o calidad. Del mismo modo, tienen también el derecho a repartir las ganancias o pérdidas a partes iguales o según la proporción convenida. El carácter de cooperación asociativa propio de este contrato ha sido puesto de relieve a propósito del caso del *colonus partiarius*, que constituye con el dueño del fundo una *societas* y debe compartir con este los lucros y los perjuicios.

El contrato consensual de sociedad pertenece al *ius gentium*, esto es, existe entre los hombres por razón natural (Gayo 3.154). Los antecedentes del *ius civile* del contrato de sociedad se hallan en la arcaica forma de sociedad que existió entre hermanos, que recibe el nombre de *consortium ercto non cito* (Gayo 3.154a). Se trataba de la situación de dominio indiviso en que quedaban los hijos a la muerte del *paterfamilias* constituyendo una sociedad entre hermanos (*societas fratrum*). La condición de *socius* venía determinada por el *status* familiar de *filius* y *heres suus* del *paterfamilias*, esto es, solamente podían estar en esta situación los ciudadanos romanos.

De esta arcaica figura de *consortium* entre hermanos surgió la *societas omnium bonorum* o sociedad universal de todos los bienes presentes y futuros de los socios, que es una primera manifestación del contrato consensual de sociedad. Del antiguo *consortium* conserva varios caracteres: la idea de vínculo de fraternidad (*ius fraternitatis*) que debe imperar entre los *socii* como muestra de fidelidad, y también el carácter infamante que tenía la condena que se imponía cuando se había interpuesto la acción derivada del contrato de sociedad (*actio pro socio*) frente a uno de sus miembros; y asimismo el dejar al socio, al que se le impuso una *condemnatio pecuniaria*, un mínimo de bienes o dinero para su subsistencia (*beneficium competentiae*). Además, los bienes adquiridos por cada uno de los socios se integraban automáticamente en la *societas omnium bonorum* haciéndose comunes, según afirma P. Fuenteseca (DPR, p. 279 y 280).

Paulo afirma que en la *societas omnium bonorum* todos los bienes de los que se juntan (*coeuntium*) se hacen comunes inmediatamente (*continuo communicantur*, D. 17.2.1.1). Porque, como dice Gayo, en este caso no hace falta *traditio*, sino que se considera que hubo *traditio tacita* (D. 17.2.2). En los demás tipos de sociedades, las cosas se hacían comunes, según el acuerdo de los socios y la finalidad perseguida por la sociedad.

Todos estos rasgos revelan que la *societas omnium bonorum* constituye el eslabón intermedio entre la antigua sociedad familiar entre coherederos y el contrato de sociedad de época clásica. Una vez desligada de su raíz familiar, se admitió que se podía formar una *societas* mediante el acuerdo entre varias personas, que ponían en común bienes o trabajo, para la consecución de una finalidad económica. En contraposición a esta *societas omnium bonorum* existió, pues, la *societas unius negotii* (Gayo 3.148).

La *societas unius negotii* persigue una concreta finalidad económico-comercial que se proponen lograr los socios con la puesta en común de beneficios y pérdidas provenientes de una actividad económica (p. ej. la compraventa de esclavos). Ya hemos hecho alusión a una modalidad más primitiva de *societas* apareció en el ámbito de los arrendamientos rústicos, y que fue el caso de la *colonia partiaria*.

2.2. Requisitos de la *societas*

En el contrato de *societas* clásico deben estar presentes los siguientes elementos.

En primer lugar, el *consensus* de los *socii*, que ha de tener carácter permanente. Además del consentimiento inicial para constituirla, la *societas* exige la persistencia del acuerdo de forma continuada para que el vínculo obligatorio subsista (Gayo 3.151). Este es un residuo del carácter familiar originario de la *societas*: el *animus* o la *affectio contrahendae societatis*, que indica la voluntad de permanencia en el vínculo asociativo.

En segundo lugar, tienen que existir las aportaciones de todos los socios en forma de bienes (corporales o incorporales) o de actividades (servicios o trabajo manual o intelectual). Las aportaciones no tienen que ser necesariamente iguales ni en cantidad ni en calidad, pero sí es necesario que cada *socius* aporte algo a la sociedad.

No es admisible que un *socius* participe en los beneficios sin haber realizado ninguna aportación. Se considera nula la *societas leonina* en que uno de los socios participa en los beneficios exclusivamente, y no en las pérdidas.

En principio, salvo acuerdo expreso de los socios, cada uno de ellos participa por igual en los beneficios y pérdidas de la sociedad. También se puede convenir una participación desigual incluso siendo iguales sus aportaciones. Se discutió, desde fines de la república, si cabía admitir para un socio la desigualdad de participación en los beneficios o en las pérdidas. Según Gayo 3.149, tal convenio se consideró nulo por el jurista Quinto Mucio Scaevola, pero prevaleció el criterio de la validez del mismo, conforme a la opinión de Servio Sulpicio Rufo, para quien era posible que un socio no sufriese ninguna pérdida pero sí obtuviese ganancias, cuando el trabajo que aportaba se considerase tan valioso que resultaba equitativo admitirle en la sociedad con ese acuerdo. Incluso, según este jurista, también era posible una sociedad en la que un socio aporte dinero, y otro su trabajo, y que sean comunes las ganancias.

Por otra parte, cada socio individualmente responde si ha aportado cosas obtenidas mediante un acto ilícito o son cosas ajenas (*res furtivae*). Y si la cosa aportada fuese objeto de evicción, el socio titular responderá también frente a los demás.

Finalmente, en tercer lugar, la sociedad debe tener un fin común lícito. La *societas* necesariamente se constituye con la finalidad de obtener alguna utilidad o ventaja para todos los socios, pero, además, este fin ha de ser lícito. Las sociedades constituidas para conseguir una finalidad ilícita son nulas.

2.3. Obligaciones y responsabilidad de los socios

Obligación de cada socio es la realización de la aportación convenida en la forma jurídica apropiada. Según P. Fuenteseca (DPR, p. 281 y 282), si se trata de actividades o trabajo debe realizarlas del modo convenido o más adecuado a los fines sociales. Constituía asimismo obligación del socio el hacer revertir a la sociedad las adquisiciones de esta. Como contrapartida, cada socio tiene derecho a su cuota de beneficios y al reembolso correspondiente por daños y perjuicios sufridos (*communicatio lucri et damni*).

La *actio* que surge del contrato es única para todos los socios (*actio pro socio*), lo cual prueba la idéntica posición de todos y la reciprocidad de las obligaciones. Los socios se deben entre sí lo que recíprocamente exige la buena fe: lo que uno al otro deba dar, hacer o prestar, según la buena fe (*quod alterum alteri dare facere praestare oportet ex fide bona*). Y la condena pecuniaria deberá permitir al socio el mantenimiento de un mínimo de recursos económicos (*beneficium competentiae*). El socio condenado sufre la declaración de *infame*.

Uno de los efectos que podía producir la *actio pro socio* era la liquidación de la sociedad. En todo caso, eran excepcionales las posibles aplicaciones de la *actio pro socio*, subsistiendo la sociedad (D. 17.2.65.15). Con esta acción se lograba el reparto entre los socios de las ganancias obtenidas, y el pago de indemnizaciones por deberes sociales incumplidos o por los perjuicios causados o soportados por el socio en la realización de los fines sociales.

La medida de la responsabilidad de cada socio tiene su origen en la *societas omnium bonorum*, en la que, debido a su origen familiar, los socios se debían una *fides mutua*. De ahí que los socios respondan unos frente a otros por dolo y por culpa, en caso de haber causado un perjuicio a la sociedad. Incluso en el caso de que a un socio le haya sido entregada una cosa (previa estimación de su valor) para su reparación. Se aplicaba como medida de la responsabilidad la misma diligencia que cada uno emplea en sus propias actividades (*qualem suis rebus adhibere solet*), porque, como dice Gayo, el que se procura un socio poco diligente, debe quejarse de si mismo (D. 17.2.72).

Por otra parte, si uno solo hubiese hecho gastos en la cosa común, o uno solo hubiese recibido los frutos o rentas, o hubiese deteriorado la cosa, se utilizaba la *actio communi dividundo* (D. 17.2.34) con la que además, de dividir la cosa común, se liquidaba la sociedad. Y si una vez disuelta la sociedad se hicieron gastos en la cosa común, se podían todavía reclamar estos mediante la *actio communi dividundo* (D. 17.2.65.13).

2.4. Relaciones jurídicas con personas ajenas y disolución

La *societas* no funcionaba como un sujeto de derecho en sus relaciones con personas ajenas a la misma, es decir, no se consideraba sujeto de derechos y obligaciones. No constituía una persona jurídica en sentido actual del término. Así pues, cada uno de los socios podía establecer relaciones crediticias con otras personas, pero no se obligaba la sociedad como tal. El socio contratante con personas ajenas a la sociedad, si actuaba en interés de esta, se consideraba gestor de negocios sin mandato respecto a los demás miembros de la sociedad y respondía mediante la *actio negotiorum gestorum;* o bien por medio de la *actio mandati*, si había hecho la gestión en virtud de un encargo.

Son causas específicas de disolución de la sociedad: la voluntad concorde de los socios de disolver o la renuncia de uno de ellos, si bien este responderá si dicha renuncia fue intempestiva o dolosa; la muerte o *capitis deminutio* de uno de los socios, pero si los demás socios perseveran en la continuidad, se considera constituida una nueva sociedad; y la venta del patrimonio (pública o privada) de uno de los socios a causa de deudas (*bonorum venditio*, Gayo 3.151-153).

3. Contrato de mandato (*mandatum*)

3.1. Concepto

Por medio del contrato de mandato una parte (mandatario) se obligaba a realizar gratuitamente el encargo que la otra parte (mandante) le ha encomendado, según lo define P. Fuenteseca (DPR, p. 283).

La realización de una actividad gratuitamente a favor de otro surge en la esfera de las costumbres sociales de la antigua Roma, que imponían el deber de ayuda (*officium*) a favor de personas próximas. La etimología de la palabra *mandatum* (de *manum dare*) parece aludir a la protección desinteresada. Surge, por tanto, el mandato del deber de ayuda frente a los demás, y de la amistad (*ex officio atque amicitia*, D. 17.1.1.4).

A fines de la república aparece ya reconocido el *mandatum* como contrato de buena fe (en el elenco de los *iudicia bonae fidei* de Quinto Mucio). Para los juristas clásicos el *mandatum* forma parte de los cuatro contratos consensuales. Y es difícil precisar su relación en esta época con el *procurator omnium bonorum,* figura de gestor que actuaba a nombre del *dominus* y que realizaba como este (*quasi dominus*) la gestión normal de sus negocios. Es probable que el *mandatum* haya surgido de la necesidad de utilizar en las actividades comerciales a *peregrini,* los cuales no podían actuar como *procuratores* en el sentido tradicional. De ahí que el *mandatum* aparezca como contrato *iuris gentium* autónomo.

Desde el derecho clásico, configurado el *mandatum* como contrato nacido del acuerdo (*consensus*), se distinguió este de la gestión de negocios realizada sin encargo (*negotiorum gestio*), sino por iniciativa del que la realiza, figura que analizamos más adelante.

3.2. Requisitos del *mandatum*

Para la existencia del *mandatum* se requieren cuatro elementos.

En primer lugar, el acuerdo o *consensus* entre el mandante (*mandans, mandator* o *dominus negotii*) y el que aceptó el mandato (*is qui mandatum suscepit, procurator*). Se admite acuerdo *inter absentes* por mediación de un tercero (*nuntius*) e incluso cabe admitir el acuerdo tácito. Y cuando se trata de un delito, se equiparó al mandato la ratificación o aprobación posterior de actos realizados sin mandato inicial (*in maleficio ratihabitio mandato comparatur,* D. 50.17.152.2).

En segundo lugar, el mandato no ha de tener por objeto una actividad ilícita o inmoral (*contra bono mores*, Gayo 3.157), ni es válido el mandato para que se haga algo después de la muerte o *post mortem* (porque se niega, generalmente, que una obligación pueda comenzar en la persona del heredero, Gayo 3.158). Por lo demás, puede tener muy diverso contenido, desde la realización de actos jurídicos (realizar una venta o un mutuo a nombre del mandante), hasta meras actividades o servicios como actos de administración de bienes o simplemente cuidados materiales en estos. Cuando el *mandatum* tiene por objeto la realización de negocios jurídicos, el mandatario adquiere para sí los derechos y obligaciones contraídos con los terceros y por este motivo, el mandante no puede actuar frente a los terceros ni estos frente a él. Para estos casos se utilizó la *actio institoria* como acción útil (*quasi institoria* o bien *institoria utilis*) contra el mandante por las obligaciones nacidas del negocio realizado por el mandatario con el tercero y, viceversa, del mandante contra este.

En tercer lugar, el mandato ha de ser gratuito, precisamente porque su origen se halla en el *officium* y la *amicitia*, como hemos dicho. Por tanto, un mandato no gratuito sería nulo como tal (D. 17.1.1.4) y se convertiría en arrendamiento de servicios (*locatio conductio*). Se excluía del *mandatum* toda idea de lucro pero podría convenirse una remuneración o compensación por la actividad realizada, aunque solo como signo de gratitud (*honorarium*). En este caso, puesto que se trata de una gratificación, se admitía la existencia de un mandato y era posible interponer la *actio mandati* (D. 17.1.6pr).

Finalmente, el mandato ha de perseguir un interés para el mandante (*mandatum mea gratia*) o para un tercero (*aliena gratia*), o bien en parte para el mandante y en parte para el mandatario (*mea et tua gratia*). Pero no se admite un mandato realizado en interés exclusivo del mandatario (si *tua gratia tibi mandem, supervacuum est mandatum*, Gayo 3.156) ya que constituiría un simple consejo.

3.3. Responsabilidades de las partes

El *mandatum* implica para el mandatario la obligación de realizar la actividad que el mandante le haya encargado, debiendo llevarla a cabo con la mayor fidelidad a las instrucciones recibidas, sin desviación o modificación respecto a estas. Si el mandatario se excedía en su gestión más allá de los límites del mandato, respondía en la medida en que el mandante tuviese interés en que el mandato se cumpliese según sus deseos. Esta era la finalidad primordial de la *actio mandati directa*.

Con esta *actio mandati* obtendría el mandante la restitución de lo adquirido por el mandatario en ejecución del mandato (por ejemplo: transmisión de los frutos de la cosa; restituir las sumas cobradas con los intereses; cederle las acciones, etc.). Además, con esta misma *actio* se podía exigir la restitución de lo que el mandatario había recibido para la gestión encomendada y que no hubiese empleado en la misma. La responsabilidad del mandatario se limitaba al dolo en el derecho clásico y posteriormente se extendió hasta la *culpa levis*. La condena llevaba aparejada la *infamia* del condenado.

Por su parte, el mandante está obligado a resarcir al mandatario de los gastos que de buena fe hubiese realizado en la gestión del mandato, y por los daños o perjuicios que la misma le hubiese ocasionado. La acción del mandatario contra el mandante se denomina *actio mandati contraria*.

Si el mandatario se excedió al cumplir el mandato, no tiene, en cambio, acción contra el mandante. Así, el mandatario que había recibido el encargo de comprar un *fundus* por un precio concreto, si lo compra por más, no tiene acción contra el mandante, incluso aunque quiera darle el fundo al mandante por el precio convenido, según Sabino y Casio. Pero si lo compró por un precio más bajo, sí tiene acción contra el mandante porque implícitamente se supone incluido en el contrato el realizarlo en las condiciones más ventajosas (Gayo 3. 161). Y se llegó a admitir que el mandatario podía elegir la forma de cumplimiento más ventajosa, salvo que se le hubiese impuesto un modo concreto de actuación. También podía llevar a cabo el encargo o gestión encomendada sirviéndose de otra persona que le sustituyese, salvo que esta sustitución resultase prohibida según el contenido del mandato.

Un tipo especial de mandato fue el denominado *mandatum pecuniae credendae* consistente en que el mandante encarga al mandatario que entregue una cantidad en mutuo a una tercera persona. El mandatario, realizada la entrega de dinero, podrá, en caso de que el tercero mutuario no le pagase la cantidad prestada, dirigirse contra el mandante que le había hecho el encargo de realizar el préstamo. Disponía, por tanto, de dos acciones: la *actio mandati contraria* contra el mandante, y la *actio certae creditae pecuniae* propia del mutuo contra el deudor. Con este tipo de mandato se fomentaba la concesión de créditos en Roma, porque el mandante venía a ser un garante de que el crédito se pagaría.

3.4. Extinción del *mandatum*

El *mandatum* se extinguía por las siguientes causas subjetivas: por muerte o *capitis deminutio* de una de las partes, pero el mandatario que realiza la gestión desconociendo la muerte del mandante no debe resultar perjudicado por su justificable ignorancia (*iusta et probabilis ignorantia*, Gayo 3.160); por revocación del mandante (Gayo 3.159) el cual, sin embargo, debe reconocer lo ya realizado por el mandatario, si este había comenzado la ejecución del mandato; por renuncia del mandatario, si bien este debería responder de las consecuencias de su renuncia, si resultaba intempestiva.

También existían motivos de extinción objetiva del *mandatum*, como el cumplimiento del encargo o de la finalidad del mismo, o bien la imposibilidad material o jurídica de realizarlo y, asimismo, el cumplimiento del plazo o término fijado para la gestión (vid. requisitos y responsabilidad del mandato en P. Fuenteseca, DPR, p. 283-287).

LECCIÓN 22

La *actio praescriptis verbis.* Obligaciones derivadas del delito

1.   La *actio praescriptis verbis*

Las figuras de contratos contenidas en la cuatripartición gayana (reales, verbales, literales, consensuales) constituían un conjunto delimitado de actuaciones negociales. De ahí que se plantease el problema de la admisión, dentro del repertorio de figuras contractuales del *ius civile,* de nuevos tipos de negocios. Como hemos visito, los juristas se preocupaban por delimitar, con la mayor precisión posible, las figuras de los contratos típicos, distinguiéndolas unas de otras, p. ej, la permuta de la compraventa, y esta última del contrato de arrendamiento.

Cuando no estaba claro si un determinado acuerdo encajaba dentro de una de las modalidades de los contratos típicos, se le reconocía, a la parte que había cumplido, una acción para exigirle a la otra el cumplimiento de lo prometido. Esta acción se llamó *actio praescriptis verbis.* Según Celso, cuando faltan los nombres corrientes y usuales de las acciones, se interpondrá la *actio praescriptis verbis* (D. 19.5.2) a la que, según Juliano, se recurrirá cuando haya contratos cuyos nombres no se hayan puesto de manifiesto en derecho civil (D. 19.5.3).

Por otra parte, Ulpiano afirma que está en la naturaleza de las cosas que haya más (tipos de) negocios que palabras para designarlos (D. 19.5.4). Por eso lo que hicieron los juristas fue englobar los posible tipos de contratos en cuatro modalidades de intercambio de prestaciones: *do ut des* y *do ut facias,* cambio de cosa por otra cosa o por una actividad, y también *facio ut facias* y *facio ut des,* intercambio de una actividad por otra actividad o bien por la entrega de una cosa. Esta agrupación cuatripartita de posibles modalidades contractuales se formó a partir de un pasaje de Paulo (D. 19.5.5).

Para que, en virtud de alguna de estas cuatro modalidades, nazca la obligación tiene que existir cumplimiento de lo convenido por una de las partes, esto es, realización de la prestación de *dare* o *facere* convenida. Este es el hecho que permite hacer uso de la *actio praescriptis verbis* para exigirle a la otra parte el cumplimiento de la actividad convenida. Veamos algunos ejemplos.

1.1. *Aestimatum*

El contrato de corretaje o estimatorio consiste en la entrega de una cosa una vez estimado su valor (*res aestimata*), y previo convenio según el cual el aceptante venderá dicha cosa dentro de un plazo y pagará el valor de la misma, o bien (si la venta resultase imposible) restituirá la cosa al que se la ha entregado.

La calificación de este contrato oscilaba entre considerarlo una compraventa, lo cual no era del todo posible, debido a que el aceptante no se obligaba solo a entregar como precio el valor en que la cosa había sido estimada, sino que podía igualmente devolverla en caso de que no lograse venderla; o considerarlo *locatio conductio operarum*, esto es, arrendamiento de servicios, o bien calificarlo como mandato de venta.

Ulpiano (D. 19.3.1) afirma que la acción que corresponde a este contrato es la *actio aestimatoria praescriptis verbis*, porque se celebró un negocio civil (*negotium civile gestum*) y además de buena fe. Se da esta acción, según Ulpiano, siempre que se dude sobre el nombre de un contrato y se convenga que debe darse una acción. Conforme a esta acción, según Ulpiano (D. 19.3.1.1), el que aceptó la cosa deberá devolverla sin menoscabo, o bien devolver la estimación que las partes convinieron.

La *actio praescriptis verbis* contenida en el edicto del pretor fue un modelo de fórmula aplicable posteriormente a otros casos (D. 19.5.2). Se denominó así porque, en la fórmula dirigida al juez, la descripción del acuerdo debía estar contenida en la *demonstratio*. En el pensamiento postclásico o justinianeo el conjunto de supuestos a los que se aplicaba esa acción recibirá el nombre de *nova negotia*.

1.2. *Permutatio*

La permuta es la figura contractual consistente en la entrega de una cosa con el acuerdo de que la otra parte entregará otra cosa a cambio. No se trata de una mera promesa de cambio ni del convenio de llevarlo a cabo, sino de la realización misma del intercambio efectivo en base al acuerdo de permuta. Es un ejemplo de convención del tipo *do ut des*. Las analogías con la *emptio venditio* hicieron que se aplicase a la permuta la responsabilidad por evicción y por vicios ocultos (D. 19.4.2). Realizada, por tanto, el intercambio de las cosas convenidas, cada sujeto responde frente al otro por evicción de la cosa entregada y por los vicios ocultos de la misma, si bien esta última obligación surgió más bien en el derecho justinianeo.

Las cosas habían de ser propiedad de las partes y el contrato solamente tenía fuerza obligatoria cuando, además del acuerdo o convención, había sido realizada la entrega o *datio* por parte de uno de los sujetos o de ambos mutuamente. La finalidad del negocio era la transmisión de la propiedad de una cosa a cambio de la transmisión de la propiedad de otra en contraprestación, de tal modo que la entrega por una de las partes era causa respecto a la otra entrega. En derecho clásico nace una obligación civil y con la correspondiente acción se pedirá, no que se devuelva la cosa, sino cuanto interese recibir a la parte que reclama según convinieron las partes (D. 19.5.5.1 e Inst. 4.6.28). Esta acción sería la *actio praescriptis verbis* (D. 19.5.2).

1.3. *Dationes ad experiendum vel inspiciendum*

Consisten en la entrega de una cosa para ser probada (*experire*) o examinada (*inspicere*), y eventualmente adquirirla. En derecho clásico se procuró asimilar estas figuras negociales a los contratos típicos. Ulpiano relata una cuestión que se había planteado el jurista Labeón (D. 19.5.20 pr.): se entregaron unos caballos que estaban en venta para ser probados, con la obligación de devolverlos a los tres días, si no eran del agrado del que los recibió, y este corrió con ellos una carrera, en la que venció, pero luego no quiere comprarlos. Se pregunta Labeón si procedería la acción derivada de la venta (*ex vendito*). Ulpiano considera que no, que la acción aplicable era la *actio praescriptis verbis*, porque se acordó que se aceptaban los caballos para probarlos gratuitamente (*ut experimentum gratuitum acciperes*), y no para tomar parte en el certamen.

2. Obligaciones derivadas del delito

Como hemos visto, según la clasificación de Gayo 3.88, las obligaciones nacen o bien del contrato o del delito. De forma general, el que ha causado un daño en el patrimonio de otro está obligado a repararlo, esto es, la causación de un daño hacer nacer la obligación a cargo del causante de repararlo.

Es en las XII Tablas donde se sitúa la aparición de los delitos privados, porque se fijan por primera vez penas pecuniarias que se impondrán como sanción al que causó un daño a otro.

En el caso del *furtum,* la *poena damni* era un múltiplo del valor de la cosa sustraída, establecida en la ley de las XII Tablas (doble, triple…). También se estableció en las XII Tablas la *poena damni* para la *iniuria*, pero en este caso era una cantidad fija, según el tipo de lesión u ofensa injuriosa, y, en cambio, en el caso del *damnum iniuria datum*, la *poena damni* se fijó más tarde, por medio de la *lex Aquilia de damno*. El *furtum*, la *iniuria* y el *damnum iuniuria datum*, formaron, junto a la *rapina*, las cuatro figuras de los delitos privados existentes en Roma, como vamos a ver.

2.1. El *furtum*

En los casos de *furtum,* la *poena furti* consistía en un múltiplo (doble, triple o cuádruple) del valor de lo robado. Las diferentes modalidades de *furtum* aparecen en las XII Tablas, donde se establece la sanción que se imponía al *furtum manifestum* y al *furtum nec manifestum.*

El *furtum manifestum* tenía lugar cuando era sorprendido el ladrón en el momento de la comisión del *furtum.* Entonces el robado podía matar al ladrón si este se defendía con un arma (*si telo se defendit*) o si lo hizo de noche (*si nox faxit*). Más adelante, si el ladrón era un hombre libre, la pena que se le imponía era la de azotes y su entrega (*addictio*) al robado, aunque (según Gayo 3.189) se discutía si de esta forma se convertía en esclavo o no. Y si el ladrón era esclavo, se le castigaba asimismo con azotes. Pero, reprobada la crueldad del castigo, afirma Gayo, que en el edicto del pretor se cambió esa sanción por el cuádruplo del valor de lo robado (tanto si el ladrón era un hombre libre como si era esclavo).

La misma sanción se imponía si el robado realizaba personalmente un registro en la casa del ladrón, indagación que se llamó *quaestio lance et licio*[38]. La ocultación del objeto robado, con oposición al registro del lugar donde supuestamente se encontraba aquel, se sancionaba por el pretor con la pena al cuádruplo (Gayo 3.188 y 3.192), igual que el *furtum manifestum,* pero sin serlo propiamente (como dice Gayo 3.194).

Y, una vez decaída la práctica de la *quaestio lance et licio*, Gayo nos describe un procedimiento que existía en su tiempo. Se podía realizar en la casa del presunto ladrón un registro, en presencia de testigos, de forma que, si se encontraba

---

38 Gayo 3.193 afirma que en la *quaestio lance* et licio el robado debía ir desnudo y tapado solamente con una especie de mandil, el *licium*, aunque manifiesta sus dudas acerca del significado de la palabra *licium*. Y califica este procedimiento totalmente ridículo (3.193a), con cierta burla, porque ya en su época debía ser antiguo y estaba en desuso. Realmente Gayo se está refiriendo a un muy antiguo procedimiento, por el cual el robado recuperaba en casa del ladrón los bienes sustraídos, acudiendo con una balanza romana –*lanx* sería el platillo de la balanza–, para llevarse un múltiplo de lo robado, según su peso, número o medida. *Licium* sería la cuerda o soga con la que se ataba el animal o la cosa de más volumen para poder ser pesada en la balanza. El procedimiento llamado *cum lance et licio* sería una sinécdoque, porque se designaba así por la balanza que llevaba el robado y que servía para determinar el peso de lo robado y del múltiplo que se podía llevar.

allí la cosa, la pena era del triple del valor (*furtum conceptum*, Gayo 3.186) y la sanción se imponía siempre, ya fuese aquél el ladrón o no. Pero, en el caso de que no lo fuese, podía el sancionado exigirle el triple al que, a su vez, le entregó la cosa robada (*furtum oblatum*, Gayo 3.187).

El *furtum nec manifestum* en las XII Tablas tenía lugar cuando una persona se veía privada de los bienes que tenían valor económico, como eran inicialmente los bienes que pertenecían a una explotación agrícola como los animales, las crías de un rebaño, o los frutos de los fundos, naturales o elaborados, como aceite, trigo, harina, etc.

Durante la época clásica subsistió la figura del *furtum* (*nec manifestum*), en el que la sanción (*poena*), establecida en las XII Tablas, era el doble del valor de lo robado (Gayo 3.189 y 190), pero con una ampliación de su significado. La sanción por el doble se imponía también cuando se producía un aprovechamiento ilícito de una cosa ajena, y, por tanto, en general, era *furtum* cualquier utilización de la cosa mueble en contra de la voluntad de su dueño (Gayo 3.195).

En consecuencia, también cometía *furtum* el que entrega una cosa mueble ajena (por eso, como ya hemos expuesto, la cosa mueble ajena es una *res furtiva*, que no se puede usucapir). Y comete *furtum usus* el que usa en contra de lo pactado una cosa que le fue dada en comodato (préstamo de uso), o en depósito, contrato este que tiene por finalidad la custodia de la cosa depositada; o también el acreedor pignoraticio que usa (explota económicamente) una cosa que le fue dada en prenda.

Existió también el *furtum possessionis*, único caso en que el *furtum* se relaciona con un inmueble (que aparece en Aulo Gelio N.A. 11.18.12-13), concretamente con la sustracción de los frutos de este frente a quien tiene derecho a aquellos (el *possessor*). Esta modalidad de *furtum* tiene lugar cuando un colono le priva al nuevo dueño (comprador del fundo) de las rentas o frutos del fundo[39].

Se podía, pues, ejercitar en todos estos casos la *actio furti*, con la que se sancionaba por el doble al que se aprovechó económicamente de la cosa de otro. Pero si el dueño quería, además, recuperar la cosa, tenía que interponer la *condictio furtiva*, que era una acción reipersecutoria, con la que perseguía la restitución de la misma cosa que fue sustraída.

---

39   Vid. FUENTESECA, M., *Furtum de inmuebles, VARIA STUDIA. Libro-homenaje al Profesor Dr. Luis Rodríguez Ennes con ocasión de su septuagésimo aniversario,* Editor: Patronato del Instituto de Estudios Ibéricos, 2015, p. 519-528.

En paralelo a la expansión de la noción de *furtum*, surgió, como figura delictiva especial, la *rapina* o sustracción de una cosa mueble con violencia o intimidación. El que arrebata violentamente una cosa ajena comete también *furtum* (Gayo 3.209), pero como aquí se violenta más aun la voluntad del dueño, se creó para este caso la llamada *actio vi bonorum raptorum*, con sanción al cuádruplo, si se ejercitaba dentro de un año, pero pasado el año, la pena sería a cuanto fuese el valor de la cosa. Esta acción también se podía utilizar incluso si se arrebataba alguna cosa de poco valor.

2.2. La iniuria

En otros casos la *poena damni* se determinaba por medio de una cuantía pecuniaria fija, predeterminada por ley. Esto sucedía en los casos de *iniuria*.

La *iniuria* eran los daños causados contra la integridad física (lesiones) y diversos actos ofensivos o vejatorios contra las personas. Aquí la *poena damni* estaba establecida en la ley de las XII Tablas, y consistía en una cantidad pecuniaria fija, para cada uno de los supuestos previstos. La fractura de un hueso de una persona (*os fractum*) se sancionaba con una pena de 300 ases, si el lesionado era un hombre libre, y de 150 ases si era esclavo. Los restantes casos de *iniuria* (ultrajes o violencias menores, p. ej., un bofetón) llevaban aparejada una sanción de 25 ases (Gayo 3.223).

La cuantía de las penas establecida en la ley de las XII Tablas de forma fija fue quedando obsoleta y devaluada. Aulo Gelio (N.A. 20.1.13) relata un caso de un abuso llevado a cabo por L. *Veratius*, quien, repartiendo bofetadas a su antojo, entregaba por medio de su esclavo de inmediato la cantidad de dinero establecida en la ley en concepto de reparación, evitando así la iniciación de un procedimiento contra él.

Por este motivo, la ley Cornelia (que trata de varios delitos: *de sicariis*, *de falsis*), introdujo, en relación con la *iniuria*, la *actio iniurarum* (I. 4.4.8), que permitía al propio ofendido hacer una valoración del perjuicio causado, que era la cantidad máxima que el pretor establecía y que el juez no podía sobrepasar al imponer la condena. Pero en el caso de la injuria más grave (*iniuria atrox*), el pretor fija una fianza como garantía para la comparecencia del demandado (*vadimonium*), y esta sería la cantidad máxima de la condena, que normalmente el juez no disminuía por respeto a la autoridad del pretor (Gayo 3.224).

Para que una injuria se considerase grave, había que tener en cuenta las circunstancias del hecho, esto es, si había sido uno herido, pegado o apaleado, o el lugar donde tuvo lugar, en el teatro o en el foro, o la condición de la persona ofendida, p. ej. cuando una persona de origen humilde cometía injuria contra un magistrado o senador (Gayo 3.225).

La noción de *iniuria* se fue ampliando. Por un lado, en edictos especiales se establecieron por el pretor sanciones para casos de ofensa moral contra la fama o dignidad de la persona, p.ej., el vocerío injurioso (edicto *de convicio*), la ofensa al pudor de una *materfamilias* (*de adtemptata pudicitia*) o los actos realizados con ánimo de infamar a una persona en cuestión (*ne quid infamandi causa fiat*). Además, la misma *lex Cornelia de iniuriis* amplió la noción de *iniuria* a los casos de golpes o violaciones (P.S. 5.4.4, *pulsatio pudoris*), de *verberatio* (azotes con látigo, D. 48.19.7) y de entrada violenta en una casa ajena (D. 47.10.5pr).

2.3. *Damnum iniuria datum*

Otro caso de *poena damni* predeterminada por ley era el de los daños causados en las cosas. La cuantía de la *poena damni* se estableció en la *lex Aquilia de damno* del año 286 a.C. En el primer capítulo se sancionaba la muerte injustificada de un esclavo o esclava ajenos, de un cuadrúpedo o de una res, fijándose como *poena damni* el mayor valor que hubiese alcanzado el esclavo o animal en el año último (D. 9.2.2pr). Y en el capítulo tercero disponía la ley Aquilia, que quien causase un daño a otro, quemando, rompiendo o quebrantando una cosa contra derecho (en general, todo daño injustamente causado: *damnum iniuria datum*), será condenado a pagar el valor que alcance la cosa dentro de los siguientes 30 días (D. 9.2.27.5).

La ley Aquilia tuvo una enorme importancia y aplicación práctica, porque a partir de ella todo daño causado injustamente en el patrimonio de otro debía ser reparado. Y estuvo vigente hasta la época justinianea.

Para sancionar la muerte de un esclavo o animal esta debía haber sido injustamente causada y por este motivo se desarrolló una enorme casuística en torno a la noción de daño causado culposamente.

Así, no debía responder en virtud de la ley Aquilia el que mata casualmente o sin culpa alguna. Además, quedaba exento de culpa el que, ejercitándose en disparar flechas, hubiese matado a un esclavo que pasaba por allí, si era militar y lo hizo en el campo de entrenamiento, pero no estaba exenta de culpa cualquier otra persona. En cambio, responde por culpa el que, podando un árbol, matase con una rama desprendida al esclavo ajeno, si lo hizo en vía o camino público y no advirtió a voces del peligro. Pero queda exento de culpa si avisó a voces, y también si podó en un sitio apartado del camino o en medio de un fundo, aunque no lo advirtiese a gritos (I. 4.3.2-5).

También responde por culpa el médico que operó al esclavo, que muere porque aquel abandonó la curación. Y responde también el médico por impericia, equivalente a la culpa, si el esclavo murió porque lo operó mal, o por haberle dado un medicamento no conveniente (I. 4.3.6-7). También responde por culpa el que conduce mulas o monta a caballo, si no puede retenerlos por impericia, o porque no tiene fuerza suficiente para sujetarlas, y mata a un esclavo ajeno (I. 4.3.8).

Pero en la etapa postclásica el dueño del esclavo tenía la opción de reclamar por medio de la acción privada de la ley Aquilia, o perseguir criminalmente al que lo mató, como reo de delito sancionado con la pena capital (I. 4.3.11).

El tercer capítulo de la ley Aquilia también fue objeto de interpretación jurisprudencial. Se incluyó la reparación del daño a cargo del que hiere un esclavo o animal cuadrúpedo, aunque no sea ganado, como un perro u otro animal silvestre, y también todo daño causado a cosas inanimadas. Y, aunque la ley Aquilia literalmente se refería a los daños causados por medio de la quema, la rotura o la fractura (si *quid enim aut ustum, aut ruptum aut fractum fuerit...*) afirma Justiniano que la palabra *ruptum* en la ley Aquilia comprende todo deterioro de la cosa (incluso el que deteriora la calidad del vino o del aceite, I. 4.3.13).

La acción derivada de la ley Aquilia se puede ejercitar de forma directa, esto es, frente al que causó el daño con su propio cuerpo, o de forma útil, frente al que provocó la causación del daño, p. ej., el que encierra ganado ajeno para que perezca de hambre. Se entendía que causó un daño de forma directa, con su propio cuerpo, también el que arroja al esclavo por un puente, aunque la muerte se produjese por ahogamiento. También se concedía la acción de la ley Aquilia de forma útil, p.ej., cuando era el usufructuario (y no el dueño) el que reclamaba por un daño causado en la cosa usufructuada (D. 9.2.11.10). Y en los casos en que no se podía conceder ni una acción directa ni una acción útil derivada de la ley, se concedía una acción *in factum*, porque, de hecho, se causó un daño (I. 4.3.16).

La acción derivada de la ley Aquilia es penal, y, por tanto, no se da contra el heredero del que causó el daño.

LECCIÓN 23
Los cuasicontratos y los cuasidelitos

1.   Los cuasicontratos

1.1.   Concepto

La denominación *obligationes quasi ex contractu* es de época justinianea, como hemos visto al tratar las fuentes de las obligaciones. Se trató de abarcar con esta expresión todas aquellas figuras que no constituían verdaderos contratos porque no se daba en ellas una auténtica *voluntas* o intención contractual; pero como tampoco tenían naturaleza de *delictum*, se entendía que de ellas nacía una obligación como de un contrato o como si hubiese habido un contrato (*quasi ex contractu*, I. 3.27pr).

Las figuras comprendidas en esta categoría, según las Instituciones de Justiniano (I. 3.27), son las siguientes: *negotium gestum*, *tutela*, *communio*, *legatum*, *indebitum solutum*.

1.2.   La *negotiorum gestio*

La gestión de negocios ajenos realizada sin haber mediado mandato ni hallarse el gestor obligado a la misma *ex officio* (como es el caso del tutor), llegó a constituir un vínculo creador de obligaciones como afirma P. Fuenteseca. El que por propia iniciativa, esto es, sin encargo o mandato alguno, gestiona negocios de otro en interés de este, realiza la función de un gestor de negocios (*negotiorum gestor*). La persona a cuyo favor se hacen las gestiones (una o varias) se denomina en las fuentes *dominus negotii*. El gestor responde de la gestión que hizo por el hecho de haberla emprendido, puesto que no es un mandatario, ni tenía el deber de iniciarla.

En el edicto pretorio, bajo la rúbrica *de negotiis gestis* aparecen dos tipos de acciones. Por una parte, *actiones in factum* para el caso de la gestión voluntaria de los negocios de un ausente o de una persona fallecida en tanto no aparecen los herederos, y de otro lado, una acción por infracción de la buena fe. La primera se interpone por el mismo hecho de que una persona gestionó los negocios de otra, y la segunda, porque se considera que, gestionando el negocio de otro, el demandado responde si infringió la buena fe. Ambas son fórmulas válidas para la *actio negotiorum gestorum*.

Puede ser utilizada la *actio negotiorum gestorum* por el *dominus negotii* como acción directa, para exigir la restitución de lo que el gestor haya logrado con la gestión y el resarcimiento, si fuese el caso, del perjuicio causado, en caso de conducta dolosa del gestor (*dolus*), e incluso por *culpa levis*. El gestor, por su parte, puede demandar con la acción contraria (la *actio negotiorum gestorum contraria*) por gastos o perjuicios soportados por causa de la gestión, siempre que la haya asumido útilmente en interés del representado, aunque el resultado no hubiera sido favorable.

Los requisitos que caracterizan a la *negotiorum gestio* como actividad unilateral y fuente de obligaciones, y la distinguen frente al *mandatum* y la *procuratio,* son los siguientes:

La gestión ha de recaer sobre negocios que afecten a la esfera patrimonial de otra persona, o bien que el gestor, en todo caso, los realice con este propósito o intención. No entra en esta categoría la gestión de negocios propios, creyéndolos ajenos. Igual que en el mandato, el contenido de la gestión puede ser muy variado: desde la realización de actos meramente materiales de cuidado o reparación de cosas, hasta la realización de negocios jurídicos.

La gestión ha de ser iniciada con el propósito de beneficiar al representado y creyendo que sería útil para este. La *gestio negotiorum* tiene que haber comenzado en interés del representado (*negotium utiliter coemptum*) aunque, al final, no haya resultado así. No hace falta, por tanto, que el gestor haya alcanzado el resultado objetivo de que la gestión beneficiase a otro. Se requiere que se haya propuesto este fin, incluso aunque desconozca al *dominus negotii* o padezca error acerca de la persona de este.

Y la gestión ha de realizarse con el *animus* o intención de gestionar negocios ajenos (*animus negotia aliena gerendi*). No se pueden considerar como *gestio negotiorum* aquellas actividades que indirecta o parcialmente redundan en interés de un tercero, pero que el gestor realiza asimismo en interés propio (*sui lucri causa*). Esto sucede en el caso del socio o de uno de los coherederos que, gestionando en beneficio propio, lo hacían al mismo tiempo en interés de los demás.

El gestor tiene que rendir cuentas de su gestión, y está obligado hasta la más exacta diligencia (*exactissima diligentia*, I. 3.27.1), es decir, no basta la diligencia que normalmente emplea en sus cosas propias, si resulta que de otra forma más diligente se hubiera podido administrar el negocio.

La *negotiorum gestio* constituye una figura jurídica de gestión análoga al *mandatum*, pero falta el acuerdo previo de las partes que caracteriza a dicho contrato consensual. La falta de *conventio* o *consensus* previo entre las partes hace que de la *negotiorum gestio* nazca una *obligatio* como si hubiera habido un contrato (*quasi ex contractu*). La figura constituye, pues, un cuasi contrato.

Un caso análogo a la *negotiorum gestio* es la gestión de los actos fúnebres y el sepelio de una persona fallecida sin mediar encargo ni obligación alguna. En el edicto del pretor se otorga al gestor la denominada *actio funeraria* para que pueda obtener de los herederos del fallecido el reembolso de los gastos realizados. Para entablar esta *actio* el gestor tenía que haber obrado con el propósito de gestionar un asunto ajeno y no exclusivamente movido por la *pietas* o sentimiento de compasión religiosa hacia los muertos (vid. P. Fuenteseca, DPR, p. 297-300).

1.3. La *solutio indebiti*

El pago de lo indebido tiene lugar cuando una persona pagó por error algo que no debía. El pago así realizado no constituye la liberación de una deuda, porque no se debe prestación alguna, y es, por tanto, un pago indebido (*solutio indebiti*). El que paga lo hace con la intención de liberarse de una supuesta obligación (*animus solvendi*). Y el que acepta el pago (indebido) queda obligado, por la entrega del dinero, a restituirlo, porque se puede interponer contra él la *condictio* como si hubiese recibido el dinero en préstamo (Gayo 3.91).

Los clásicos otorgan al que pagó indebidamente, por tanto, una *actio* que no necesitaba basarse en un acuerdo (o *conventio*) y que se denominaba *condictio indebiti*. El hecho de haber existido una entrega (*datio*) sin causa justificante y que, por tanto, provocaba un enriquecimiento injusto en el aceptante, era motivo suficiente para reclamar lo pagado mediante *condictio indebiti*.

Justiniano considera que el que aceptó lo pagado por error se hallaba obligado casi como por contrato (I. 3.27.6: *Item is, cui quis per errorem non debitum solvit, quasi ex contractu debere videtur*).

En el pago indebido una parte paga de buena fe creyéndose obligada y la otra se obliga por la aceptación; pero no hay *negotium contractum* y el que entrega ha perdido la propiedad de lo entregado al tratarse de una cosa fungible. No puede reivindicar y por ello ha de actuar con una *actio in personam* especial, que es la *condictio indebiti*, frente al que se ha obligado por la aceptación (*re obligatus*).

Para que se admitiese la interposición de esta acción, el pago de lo indebido tenía que tener unos ciertos requisitos.

En primer lugar, la entrega tenía que haber sido realizada *solutionis causa*; esto es, con el *animus solvendi* o intención de liberarse de una deuda.

El segundo requisito es que no exista el *debitum* que se pretende pagar. O bien porque no existe ya, o no ha existido nunca el vínculo obligatorio concreto entre los dos sujetos; o bien porque el vínculo que existe se refiere a otra prestación de carácter distinto, esto es, a otra *obligatio*; o, finalmente, porque el vínculo u *obligatio* existente *iure civile* se ha convertido en ineficaz en virtud de *exceptio* concedida por el pretor.

El tercer requisito es el *error solventis* o error en el que hace el pago (Gayo 3. 91). Más que un requisito, el error del que paga es el presupuesto mismo de la *solutio indebiti*; puesto que si se entrega el dinero conscientemente, a sabiendas de que no existe *debitum*, no hay propiamente *solutio* sino un acto de liberalidad. Y el que paga una deuda de *obligatio naturalis* (no exigible por medio de una acción civil) incurre en error, porque paga un débito inexistente para el derecho civil, pero en este caso, el que lo recibió tiene derecho a retener lo pagado (*soluti retentio*), como hemos visto.

Por último, se requiere que exista buena fe en el que recibe el pago indebido, porque el que cobra sabiendo que nada se le debe incurre en el delito de *furtum* y puede ser demandado con la *condictio ex causa furtiva*. Algún autor habla también aquí de *error accipientis*, pero no se exige que haya error por parte del aceptante, puesto que es el error en el que paga el que hace nacer la obligación de restituir lo pagado.

El pago indebido constituyó el caso paradigmático de aplicación de la *condictio* (bajo la denominación de *condictio indebiti*) para reclamar por el enriquecimiento injustificado de una persona. Mediante la *condictio indebiti* se recuperaba la cantidad entregada por error, pero se podía recuperar también la cantidad o cosa entregada por alguna otra causa, si esta luego no tuvo lugar. P. ej., existió la *condictio causa data causa non secuta* que puede utilizar el que ha realizado una entrega de dinero u otra cosa para que tenga lugar un acontecimiento, por ejemplo, para que se manumita a un esclavo o se emancipe un hijo. Si el evento no tiene lugar, el que ha hecho la entrega puede recuperar lo entregado.

Existió también la *condictio ob turpem causam*, cuando se entregó dinero para la realización de un hecho inmoral, o contrario a las buenas costumbres, p.ej., eximirse del servicio miliar, sin perjuicio de que el hecho luego se persiga por delito de concusión (C. 4.7.3). De ahí que se admita la repetición de lo dado mediante *condictio*.

En general, la *condictio* actúa como acción de repetición o recuperación de lo entregado (*datio*) cuando ha habido un pago indebido, o no había causa para la entrega, o esta se hizo por alguna causa torpe, y, en consecuencia, no hay razón alguna para que el aceptante retenga el dinero o cosa recibida. Se evita así el consiguiente enriquecimiento sin causa o enriquecimiento injusto de las personas (vid. P. Fuenteseca, DPR, p. 302-305).

1.4. Otros cuasicontratos

Justiniano incluyó entre los casos en que nacía una obligación como de un contrato, o en virtud de un cuasicontrato, también la tutela, los legados y la comunidad incidental.

Asimiló la tutela a la noción de cuasicontrato, porque las acciones de la misma no surgían de un contrato (imposible entre tutor y pupilo) ni tampoco de un delito. El tutor quedaba obligado por la *actio tutelae*, y a su vez, tenía este la acción contraria de tutela contra el pupilo, por los gastos que le causó la gestión o por haberse obligado en nombre del pupilo. Justiniano (I. 3.27.2) afirma que «los tutores, que se obligan por la acción de tutela, tampoco se entienden obligados propiamente por un contrato (pues ningún contrato se celebra entre tutor y pupilo), pero como verdaderamente no se obligan por un delito, se entiende que quedan obligados como por un contrato».

Como en el caso de la tutela, la visión justinianea más patrimonial de las obligaciones condujo a la admisión entre los cuasicontratos de los legados, de los cuales surgía un vínculo obligatorio, pero no contractual (I. 3.27.5). El deber de cumplir los legados, establecidos a cargo del heredero, tiene su fuerza obligatoria originaria en el testamento, que es una institución de derecho de sucesiones, ajena al ámbito de las obligaciones contractuales. La caracterización de este caso como cuasicontrato la admite Justiniano aquí solamente por exclusión, ya que la acción del legatario no tiene origen en una convención o acuerdo, y, por tanto, no encaja en la noción de contrato, pero sí de cuasicontrato.

Otro caso que Justiniano considera análogo a los cuasicontratos es el de la comunidad incidental (I. 3.27.3), que existía cuando sobre una misma cosa recaía la propiedad de varias personas, sin el previo acuerdo de estas. Justiniano pone como ejemplo el caso en que se ha legado o donado una cosa a varias personas y una de ellas ha percibido los frutos, o ha realizado gastos en ella. En el caso de que se suscitase litigio para el reparto de los frutos o los gastos, por medio de la división de la cosa común (*iudicium communi dividundo*), según Justiniano, no se puede considerar que el condómino se hallase obligado (frente a todos los demás o frente al otro, si son dos) ni por contrato ni por delito, sino por un cuasicontrato (vid. P. Fuenteseca, DPR, p. 300-301).

2. Los cuasidelitos

En paralelo a las figuras de los cuasicontratos surgen las obligaciones nacidas como de un delito (*quasi ex delicto*), que también están integradas en la cuatripartición de fuentes descrita por Gayo (D. 44.7.5.4-6) y Justiniano (Inst.

4.5). Se aceptó la existencia de una categoría de las obligaciones que nacen *quasi ex delicto*, difícilmente explicable en la actualidad, que son las siguientes:

2.1. El juez que toma partido en el litigio

Literalmente se sanciona al juez que hace suyo el litigio (al *iudex qui litem suem fecit*), esto es, al juez que actúa con parcialidad. Desde época republicana, si se probaba, en un litigio iniciado contra el juez –que era un particular–, que este había condenado indebidamente a una cantidad mayor (actuando en beneficio del demandante), o a una cantidad menor (actuando en beneficio del demandado), respondía el juez por el doble de la cuantía en que condenó de más o de menos, en concepto de reparación por el daño causado. La sanción se imponía por medio de una *actio in factum*.

En cambio, desde finales de época clásica, el juez está integrado en la administración de justicia, es un juez nombrado (*iudex datus*) por el titular de la *iurisdictio*, y esto implica que debe responder por cualquier infracción de su deber, incluso la realizada por imprudencia o por ignorancia. Se entiende que comete un cuasidelito cuando causa a las partes en el litigio un daño en ejercicio de su función, y nace a su cargo la obligación de repararlo, cuya cuantía se determina conforme al criterio de la equidad (esto es, teniendo en cuenta las circunstancias del caso concreto). La obligación no nace propiamente de un delito (el juez está en ejercicio de su función), ni de un contrato, sino de un cuasidelito, según Justiniano (I. 4.5.pr). Cosa distinta es el juez venal, que es el que se dejaba corromper por dinero y que aparece sancionado ya desde época antigua (XII Tablas 9.3) con grave castigo (pena capital, según Gelio, 20.1.7).

2.2. Daños causados por cosas vertidas y arrojadas de los edificios

Hay otros casos de daños, no causados por un delito, pero que deben ser reparados, con independencia de a culpabilidad del causante de los mismos.

En el supuesto de daños causados por cosas sólidas o líquidas arrojadas desde un edificio habitado podía interponerse una *actio de effusis et deiectis* contra el habitante de la casa desde la cual se produjo el lanzamiento (ya fuese dueño, inquilino o morador gratuito). La sanción sería por el doble del daño causado. Pero se establece una sanción fija –cincuenta áureos– si se hubiese causado la muerte de un hombre libre. Y en el caso de cualquier otro daño físico causado a un hombre libre, la condena se determinará por el juez conforme a la equidad.

En I. 4.5.1 se indican unos criterios muy avanzados para la valoración de los daños físicos causado, como los gastos médicos desembolsados y demás gastos de curación, el importe de los trabajos que no se pudieron desempeñar, o que no se podrán realizar en el futuro, por inutilidad del perjudicado. Se considera este un caso de responsabilidad objetiva, porque no se tiene en cuenta si el demandado realizó una actividad culposa o negligente (imputable subjetivamente), basta con que sea el habitante de la casa, al que incluso se hacía responder cuando el causante del daño era un esclavo o un hijo, salvo que el hijo de familia viviese separado del padre.

Justiniano consideró equiparable a este cuasidelito el tener colocadas o suspendidas en un edificio cosas que al caer sobre la vía pública pudiesen causar daños (D. 44.7.5.5). En este caso la sanción es de diez aúreos, y se impone por la mera causación del riesgo (I. 4.5.1), y por eso responde la persona que habita la casa (*habitator*), aunque ella no haya colocado los objetos causantes del daño.

2.3. Responsabilidad de los navieros, hosteleros y dueños de establos

Responden también los navieros, hosteleros y dueños de establos por los hechos dolosos o los hurtos cometido en la nave, hostería o el establo, si el delito lo hubiese cometido alguno de sus empleados. La obligación en este caso nace de un cuasidelito, porque son responsables por culpa, por utilizar los servicios de personas inadecuadas (hombres malos, dice Justiniano en I. 4.6.3). La acción que se concede contra ellos es *in factum*, esto es, porque acaeció el hecho, y la puede ejercitar también el heredero del perjudicado.

PARTE V

DERECHO DE FAMILIA Y DE SUCESIONES

LECCIÓN 24

Matrimonio, tutela y curatela

1. La noción de familia romana

El *civis*, como hombre armado integrado en la comunidad ciudadana, tiene además una vinculación con el grupo familiar en el que ha nacido (*agnatio*). El que ha nacido en el seno de una familia junto a un *paterfamilias* es un *agnatus* respecto del *pater*. Todos ellos están vinculados al culto de los antepasados, los *dii parentes* (dioses paternos), cuyo centro es la *domus* y cuyo sacerdote es el *paterfamilias*.

Antes de la organización cívica hubo una organización gentilicia, cuyo núcleo era la *gens* (o estirpe), que, según Fuenteseca[39], es el grupo de personas descendientes de un tronco común, con los mismos antepasados, que tienen su sede fija porque provienen de una *domus* originaria, que sería, a la vez, casa y templo de la estirpe. La jefatura en la estirpe se transmite por línea de varón y en esta idea se encuentra todo el antiguo sentido de la palabra *pater*, que alude a la fuerza engendradora de raíz divina.

La etimología del término familia es discutida, pero podría referirse a *famuli*, como servidores de la *domus* entendida como casa y hogar sagrado de la estirpe, donde el *paterfamilias* dirige el culto familiar (*sacra familiaria*) y es pleno titular de los derechos ciudadanos, siendo el más importante el *dominium ex iure Quiritium*.

Los hijos nacidos de la esposa incorporada al grupo familiar como *uxor in manu* se consideran *filiifamilias* y se integran entre los *agnati*. El vínculo parental de la *agnatio* proviene de haber nacido en el grupo encabezado por un *paterfamilias* y de una mujer incorporada como *uxor in manu* bajo la potestad de este (también por ser esposa de un *filiusfamilias*).

La organización de la familia en torno a los parientes agnados fue el criterio que adoptó el *ius civile* porque este nació originariamente como sistema de derecho aplicable solo a los ciudadanos romanos. Y por este motivo tenía que

---

39   FUENTESECA, P., DPR, cit. p. 4.

estar claramente determinado quien era ciudadano romano y quien no. Si se toma como punto de partida la unión de un hombre y una mujer, ambos originariamente ciudadanos romanos (*matrimonium iustum*), los hijos serían ciudadanos romanos. Y si solo la madre es romana, ella transmite la ciudadanía a los hijos, porque la filiación se determinaba por el parto. En cambio, si solo el padre es romano, los hijos lo son conforme al *ius civile* en cuanto están integrados en la familia agnaticia. En esta siempre hay un varón, ciudadano romano que se toma como referencia y que se considera el originario portador y transmisor de la ciudadanía romana en una determinada familia.

De esta forma se expandió la ciudadanía romana a un grupo social cada vez más amplio, lo cual trajo consigo importantes transformaciones en las instituciones del *ius civile*. Este se fue transformando en un derecho de aplicación territorial, esto es, aplicable a todos los habitantes de un determinado territorio, el del imperio romano.

Las instituciones del *ius civile* que se referían exclusivamente a la familia agnaticia habían ya decaído en el s. I d.C. y en el *ius civile* fue lentamente penetrando el criterio de la consanguinidad (*cognatio*) para ordenar las relaciones jurídico-familiares.

Además, se fue consolidando la economía pecuniaria en el imperio romano, y fueron perdiendo importancia, entre otras, las nociones de *mancipium* como patrimonio familiar, respecto del cual solo el *paterfamilias* podía hacer un acto de disposición mediante la *mancipatio*, y también la de *res mancipi*. La herencia como sucesión en el nombre familiar y en los *sacra familiaria* interesa más bien como riqueza pecuniaria. En época de Cicerón la herencia es ya sinónimo de *pecunia* (Cic. Top. 6.29). El título de *heres* deja de ser símbolo de la continuidad en el culto y en el nombre de la estirpe familiar para convertirse en el sucesor que se hace cargo del patrimonio del fallecido.

2.   Formas de *conventio in manu*

El matrimonio, como institución de derecho civil, era esencial para la organización de la familia romana en cuanto suponía la integración de la mujer en una familia, organizada en torno a un *paterfamilias*, con su patrimonio y sus propios *sacra familiaria*. Lo que importaba para el *ius civile* era la entrada de la mujer bajo la *manus* de un *pater*, y por eso, son muy relevantes para Gayo las formas de *conventio in manu*. Afirma este jurista que las más antiguas formas de entrar la mujer bajo la *manus* del marido fueron el *usus*, la *confarreatio* y la *coemptio*.

Por el *usus* entraba la mujer bajo la *manus* del marido cuando permanecía conviviendo con el hombre durante un año completo. Se consideraba que adquiría de forma originaria su posición en la familia, bajo la *manus* del varón y en el lugar de la hija. Si la mujer no quería entrar bajo el poder marital, se consideraba que debía interrumpir el *usus* (con la *usurpatio trinoctii*, XII Tablas 6.5), ausentándose durante tres noches de la casa conyugal, lo cual acabó por caer en desuso (Gayo 1.108-111).

Otra forma de *conventio in manu* fue la *confarreatio* (*nuptiae confarreatae*), ceremonia religiosa en la que se hacía una especie de sacrificio ante Júpiter Fárreo, con ofrecimiento de un pan de trigo (*panis farreus*), que los contrayentes compartían en señal de comunidad de vida, entre otros ritos sagrados y solemnes, realizados ante diez testigos. En época clásica se celebraba todavía en ciertos casos este rito, porque solo podían ser nombrados sacerdotes supremos los que habían nacido de un matrimonio celebrado con esta ceremonia (Gayo 1.112).

La *confarreatio* suponía la incorporación de la mujer a los *sacra familiaria* y a su nueva familia agnaticia bajo la *manus mariti*. Entre los *agnati* del marido se colocaba la esposa (*uxor in manu*) en la posición de hija, esto es, ocupaba para la sucesión hereditaria el lugar de la hija (*loco filiae*), a la vez que adquiría la condición honorífica de *materfamilias*.

La *coemptio* es, en cambio, una ceremonia del *ius civile*, y también significaba la entrada de la mujer bajo la *manus* del marido pero mediante la simulación de una compra, lo cual se hacía con una *mancipatio*, en la que el futuro marido y el padre (o pariente agnado) quedaban ambos obligados, como si fuesen compradores (*coemptionatores*) a pagar un precio. El padre se obligaba a entregar dinero u otra cantidad de bienes, con los que dotaba a su hija, y el marido se obligaba a devolver esos mismo bienes, para el caso de que se disolviera el matrimonio (por repudio o divorcio). Al igual que los otros negocios jurídicos librales, se celebraba ante cinco testigos ciudadanos romanos púberes y en presencia del *libripens* (Gayo 1.113). La forma de salir de esa potestad marital sería la *remancipatio* realizada por el marido, de forma que la mujer volvería a la familia paterna. Si después se hacía, además, una *manumissio*, se convertía ella en *sui iuris*, como titular de su propio patrimonio. Estas ceremonias formales tenían un significado patrimonial, ya que se entendía que la mujer quedaba excluida de su familia de origen por haberse ya llevado el patrimonio que le correspondía en esta, y conservaba su derecho sobre ese patrimonio mientras estaba integrada en la familia del marido, y también si salía luego de ella.

Cuando la ceremonia se hacía conjuntamente por la mujer, su padre (o pariente agnado) y el marido, se llamaba *coemptio matrimonii causa*. Pero la mujer podía celebrar la *coemptio* también con otra finalidad, como cambiar la tutela de los agnados, bajo la cual caía antiguamente a la muerte de su padre o del esposo, o para adquirir capacidad para testar, como hemos visto.

La *coemptio* no aparece en la compilación de Justiniano porque había caído en total desuso en la etapa final del derecho romano, aunque se debió utilizar como ritual o ceremonia matrimonial durante muchos siglos.

3. La noción romana de matrimonio

La *conventio in manu* dejó de ser relevante a medida que fue decayendo la noción de familia agnaticia, y, en consecuencia, la importancia de la entrada de la mujer bajo la *manus* del marido. Adquirió, en cambio, relevancia, el *matrimonium* como vínculo establecido libremente entre dos personas, que constituía un *status* socialmente vinculante para los esposos, y dotado de efectos jurídicos, sin ser un vínculo contractual establecido entre ellos.

Era, pues, relevante el comienzo del vínculo matrimonial, que venía determinado por la celebración de ciertos rituales tradicionales, como el ingreso solemne de la mujer en la casa del marido (*deductio in domum mariti*). Pero igual de relevante era la continuidad de la convivencia conyugal, con la dignidad matrimonial correspondiente (*honor matrimonii*). Así se demostraba lo que se llamaba la *affectio maritalis*, que era la voluntad de convivir como marido y esposa. Para los juristas clásicos era suficiente este elemento para que existiese matrimonio (D. 24.1.66pr; D. 39.5.31pr), incluso aunque no hubiese habido *deductio in domum mariti* ni se hubiese prometido dote (que en época clásica se hacía por escrito, las *tabulae*). Y asimismo Justiniano posteriormente recuerda que el matrimonio no se contraía con los documentos dotales, sino con la *affectio maritalis* (*non dotibus, sed adfectu matrimonia contrahuntur*[40]).

El matrimonio en época clásica era, pues, un vínculo cuya subsistencia dependía exclusivamente de la voluntad de los cónyuges de mantenerse unidos como marido y mujer. Por este motivo define Modestino las nupcias como la unión del varón y la mujer, el consorcio de toda la vida, en comunicación del derecho humano y el divino (D. 23.2.1: *nuptiae sunt coniunctio maris et feminae et consortium omnis vitae, divini et humani iuris communicatio*).

Consecuencia lógica de esta concepción del matrimonio es la admisión del divorcio (*divortium*), en cuanto significa divergencia o distanciamiento por cesación del acuerdo en que se basa la convivencia matrimonial. Si se había celebrado

---

40   Nov. 22, c3; Nov. 74 c.4; Nov. 117, c.4; C. 5.426.1, año 530.

mediante alguna de las formas de la *conventio in manu* se tendría que realizar el acto contrario, que sería la *diffareatio* o la *remancipatio* de la esposa, que servían también para el repudio (*repudium*), que era una declaración de voluntad dirigida por un cónyuge a otro con la finalidad de disolver el matrimonio. Pero basándose el matrimonio en el mero afecto conyugal, no existió desde la república un requisito formal especial para la validez del divorcio, presente en Roma a partir del s. III a.C, y que alcanzó mayor frecuencia a comienzos del principado. La legislación de Augusto trató de imponer una cierta moderación frente al divorcio (Suet., Aug. 34).

4.   Los esponsales y la dote

Los esponsales (*sponsalia*) eran una promesa con ocasión de un matrimonio futuro que se realizaba entre el padre, que entregaba la hija, y el futuro marido (o, si este no era *sui iuris*, el que le tuviese bajo su *potestas*), en el que se prometían recíprocamente la entrega de una cantidad de dinero (*pecunia aut filia nuptiarum causa*), si el que actuaba como *mancipio dans* de la hija no la entregaba en matrimonio, o el que la aceptaba como *mancipio accipiens* no la acogía como esposa (*uxorem ducere*). En ese mismo acto se constituía la dote (*dictio dotis,* que era una *lex in mancipio dicta*), que sería el conjunto de bienes que el padre se comprometía a entregar por causa del matrimonio, y que el marido devolvería, si este se disolvía.

A medida que la *conventio in manu* va decayendo, los esponsales perdieron su formalidad solemne y se desvincularon de la dote, que se podía constituir por medio de una promesa (*promissio dotis*), esto es, mediante un acuerdo verbal. También la entrega o *traditio* de los bienes dotales (*datio dotis*) servía como forma de constitución de la dote. De ahí proviene la afirmación de que la dote o se da, o se promete solemnemente o verbalmente (*dos aut datur aut dicitur aut promittitur*, Tit. Ulp. 6.11 y 11.20). Finalmente, en el año 428, Teodosio II reconoció como válida la constitución de la dote sin formalidades, bastando cualquier forma de expresión (CTh. 3.13.4), y en derecho justinianeo era suficiente para constituirla la declaración escrita en un documento (*instrumentum dotale*).

Se distinguían varias modalidades de dote. La *dos profecticia* era la constituida por el padre de la esposa (*pater mulieris*) y la *dos adventicia* era la dada por cualquier otro (Tit. Ulp. 6.3). La distinción tenia importancia para determinar como se producía la administración de la dote, si la esposa muere con hijos estando casada. Si la dote es *profecticia*, revierte al padre, pero dejando una quinta parte de forma indefinida a cada uno de los hijos, que quedaban en poder de su padre. Pero si ya no vive el padre que concedió la dote, la totalidad de la *dos profecticia* quedaba en poder del marido (como administrador). Y si la dote es *adventicia*, esta siempre se queda en poder del marido, también cuando muere la esposa, salvo que se hubiese constituido con la estipulación de que fuese restituida, en cuyo caso la dote se llama *dos recepticia* (Tit. Ulp. 6.4-5).

Los bienes dotales constituyen un patrimonio que tiene por finalidad dotar a la hija con ocasión del matrimonio, y que queda a disposición del marido (o del *paterfamilias* de este), pero sin que este adquiera la plena propiedad del mismo.La dote, desde el punto de vista económico, es cosa propia de la mujer (*res uxoria*). Es un patrimonio de naturaleza singular, reservado a la mujer, y de cuya administración responde el marido, porque su finalidad es contribuir a soportar las cargas del matrimonio. Por eso la *lex Iulia de adulteriis* prohibió al marido la mancipación de los fundos dotales itálicos sin el consentimiento de la mujer.

En época republicana apareció ya una acción especial para la restitución de la dote, la *actio rei uxoriae*, que estaba basada en la equidad, lo cual permitía al juez valorar la conveniencia y, en general, las circunstancias de la restitución. En caso de divorcio o repudio, la *actio rei uxoriae* correspondía a la mujer si es *sui iuris*, y si no lo era, al padre, con consentimiento expreso de esta (*adiuncta filia persona,* Tit. Ulp. 6.6). Era una acción singular porque no se transmitía a los herederos de la mujer, y, se podía, sin embargo, interponer contra los herederos del marido. Y la mujer que, previendo el divorcio, se apropiaba de las cosas dotales anticipadamente, por la vía de hecho, antes de pedir en juicio su restitución, no podía ser acusada de *furtum*, pero sí cabía interponer contra ella una acción especial (la *actio rerum amotarum*), en cuanto se enriqueció por anticiparse a cogerlos.

5.   La tutela

Otra de las instituciones que se pueden encuadrar dentro del derecho romano de familia es la tutela, de la que existieron varias modalidades.

La tutela dativa es la que el *paterfamilias* establece en su testamento para los hijos impúberes, si son varones, y también para las hijas, ya sean púberes o impúberes, incluso para las casadas. Por tanto, si el hijo llega a la pubertad, deja de tener tutor, pero, en cambio, la hija, llegada la pubertad, continúa bajo tutela. Aunque podían liberarse las mujeres de la tutela en virtud de una *lex Iulia et Papia Poppea*, que les concedía el *ius liberorum* o privilegio de la prole cuando habían tenido tres hijos las nacidas libres (*ingenuas*), y cuatro hijos las libertas (Gayo 1.144-145). Por otra parte, por medio de testamento solo era válida la tutela establecida para los nietos o nietas cuando estos no caían, tras la muerte del testador, bajo la potestad paterna (si el padre ya había muerto, o había sufrido la *capitis deminutio*).

Asimismo se podía constituir tutela para el hijo póstumo, y Justiniano estableció que si se dio tutor a los hijos o hijas, se debían entender incluidos a los póstumos (I. 1.14.5). También se puede constituir tutor dativo, igual que a la hija, a la esposa (*uxor in manu*), y también a la nuera que está bajo la *manus* del hijo (Gayo 1.146-148).

Otra modalidad era la tutela legítima, que era la establecida en las XII Tablas cuando no se había nombrado un tutor dativo o testamentario. Son tutores legítimos los agnados por línea de pariente varón, por ejemplo, el hermano que ha nacido del mismo padre, y su hijo o su nieto; y también el tío paterno, y su hijo o nieto. En cambio, los parientes por línea femenina no son agnados, sino cognados por derecho natural. Si hay varios agnados en el mismo grado, se constituía la cotutela.

Antiguamente la mujer estaba sujeta a la tutela de los agnados, pero no en época clásica, porque, habiendo sido esta establecida en las XII Tablas, se suprimió luego por una ley Claudia (Gayo 1.155-157 y 1.164).

Esta es la tutela legítima, porque se establecía por ley, y se llamaba también tutela *ab intestato*, porque se imponía a falta de disposición testamentaria del *paterfamilias*. Pero también existió otra modalidad de tutela legítima, la de los ascendientes. En este caso, el que emancipaba a un hijo o hija (o a un nieto o nieta, habidos de un hijo, o a otros descendientes), será su legítimo tutor, mientras sean impúberes (I. 1.18). Y cuando fallece el que los emancipó, si dejó hijos varones de la edad perfecta (esto es, mayores de veinticinco años, I. 1.25.13), serán estos tutores fiduciarios de sus hermanas o hermanos o demás descendientes impúberes.

Y otra modalidad era la tutela fiduciaria. Se constituía sobre una persona libre, cuyo padre (o *coemptionator*, si era una mujer) la quería confiar a otra persona, haciendo una *mancipatio* a favor de un tercero. Cuando este realizaba una *manumissio* de dicha persona, se convertía en su tutor fiduciario, esto es, en la persona a la que se encomendaba en confianza la tutela de una persona (Gayo 1.166).

Finalmente, si algún impúber se encontraba absolutamente sin tutor en la ciudad de Roma, era el pretor urbano el que le daba un tutor, o bien los tribunos de la plebe, por decisión mayoritaria, y este se llamaba el tutor Atiliano. En las provincias, eran los presidentes de las mismas los que los daban, según la ley Julia y Ticia (I. 1.20pr). En Roma, el emperador Claudio facultó también a los cónsules para el nombramiento de tutores, y Marco Aurelio creó un pretor con esa competencia, el *pretor tutelaris*.

Llegados los pupilos y pupilas a la pubertad, los tutores tenían que rendir cuentas de los negocios que administraron, en un juicio sobre la tutela. Respecto a la mujer sujeta a tutela, Gayo afirma que no hay ninguna razón convincente para que las que llegaron a la edad perfecta (veinticinco años), estén sometidas a un tutor, ya que pueden realizar los negocios por sí mismas, y la *auctoritas* del tutor se interpone solo por puro formalismo, e incluso contra la voluntad de este, por imposición del pretor. Por eso no se daba a esas mujeres mayores de veinticinco la acción para un juicio de tutela, a diferencia de lo que sucede con los pupilos y pupilas, cuando llegan a la pubertad (Gayo 1.190-191).

6. La curatela

Existió en Roma la figura del *curator minoris*. A los varones púberes que no habían llegado a los veinticinco años se les nombraba un curador por los mismos magistrados que nombraban a los tutores. No se podía dar curador por testamento, pero si lo había dispuesto el *paterfamilias*, tenía el nombramiento que ser confirmado por aquellos. Normalmente se nombraban a los adolescentes curadores para tomar parte en un litigio, porque el curador podía ser nombrado para un negocio determinado.

También existieron el *curator furiosi* y el *curator prodigi*, que eran curadores de los locos y pródigos, aunque estos fuesen mayores de veinticinco años. Según la ley de las XII Tablas, estaban bajo la curatela de los agnados, pero en Roma y en las provincias los curadores también eran nombrados por los magistrados competentes, previa averiguación de las circunstancias.

Además, los *curatores debilium personarum* eran nombrados para asistir a los que tenían diferente capacidad mental (*mente capti*), a los sordos, a los mudos y a los que padecían una enfermedad incurable, porque no se bastaban para administrar sus asuntos. También existían curadores adjuntos (*adiuncti*), como apoyo, cuando, por ejemplo, no era idóneo el tutor nombrado. Y en ciertos casos se nombraba un *curator ventris*, encargado de conservar los bienes en nombre del concebido y no nacido.

Los tutores o curadores debían dar una garantía (*satisdatio rem suam salvam fore*) a instancias del pretor, para el caso de que arruinasen los negocios de los pupilos o de los que estaban bajo curatela (Gayo 1.199).

LECCIÓN 25

La sucesión testamentaria

1. La sucesión *mortis causa*

Existían desde la antigüedad, y así nos lo confirman las XII Tablas, dos formas de ordenar la sucesión de los ciudadanos romanos cuando fallecían (sucesión *mortis causa*). O bien el *paterfamilias* hacía una manifestación solemne y testificada del contenido de su última voluntad, o bien, a falta de esta, era la ley la que establecía cómo se repartiría el patrimonio del fallecido.

Si no había hecho testamento el *paterfamilias* (o este era inválido o ineficaz), se abría la sucesión intestada o *abintestato*, en la que, conforme a la ley de las XII Tablas (6.1-3), los que sucedían al padre eran los *heredes sui* y a falta de estos, el agnado próximo, y a falta de este, los gentiles. Estos eran los herederos *ab intestato*, llamados también herederos legítimos o *ex lege*, porque venían determinados en la ley.

En cambio, si hacía testamento el *paterfamilias*, era este el que establecía la *lex successionis* que debía cumplirse después de su muerte. Las XII Tablas establecieron una amplísima facultad (*latissima potestas*) del *paterfamilias* para instituir heredero, establecer legados y liberalidades, y constituir tutelas. El contenido de su última voluntad sería cumplido como si de una norma jurídica se tratase, lo cual se puso de manifiesto por medio del principio *uti legassit suae rei, ita ius esto* (Pomponio, D. 50. 16. 120): la ley que el ciudadano romano estableció sobre sus cosas, será derecho (o cumplida en derecho).

2. La *mancipatio familiae*

La forma más antigua de nombrar un sucesor de la familia fue la *mancipatio familiae*. Según la describe Gayo 2.103, se realizaba de un negocio jurídico solemne, por medio del bronce y de la balanza (*per aes et libram*), en el que *familiae emptor*, esto es, el que aceptaba in *mancipio* la *familia*, obtenía el lugar del heredero (*heredis locum obtinebat*), y en ese momento era cuando manifestaba públicamente el *paterfamilias* qué cosa quería dar a cada uno después de su muerte. Era un acto solemne, en el que se simulaba formalmente una venta de la *familia* realizada por el *paterfamilias* (Gayo 2.104, se celebraba *dicis gratia*).

Por medio de esta venta simulada se escenificaba la separación de la *familia*, en su sentido sagrado o religioso y a la vez socio-económico, de la persona del *paterfamilias*, que era el titular de todos los derechos. En ese momento, este podía manifestar públicamente quien sería su sucesor en la familia y cómo se repartirían sus bienes después de su muerte.

La formalidad solemne de celebración, que tenía lugar ante cinco ciudadanos romanos, que actuaban como testigos, hacía posible que las palabras pronunciadas por el *paterfamilias* (*nuncupatio*[41]) se cumpliesen, tras su muerte, como si de una ley se tratase, ya que este lo que hacía era *legare suae rei*[42], esto es, establecer una *lex successionis* sobre sus bienes. En el caso de que se suscitase litigio en torno al reparto de la *familia*, los testigos darían testimonio en juicio de lo manifestado por el *paterfamilias* en el acto de la *mancipatio familiae*.

Estando la familia aglutinada como unidad religiosa y patrimonial en torno al *paterfamilias*, este podía establecer el reparto de toda la herencia en legados entre los que estaban sometidos a su *potestas*, que ya en vida eran considerados (co)titulares del patrimonio familiar (D. 28. 2. 11 y I. 2.19.2), esto es, los *heredes sui*. En este caso no era necesario que estos fuesen nombrados herederos, sino que bastaba con que se les adjudicaran bienes concretos del patrimonio familiar, porque ya eran herederos por derecho propio, por formar parte de la unidad familiar, cuyo patrimonio se había formado con la contribución de todos ellos. Si no estaban de acuerdo en el reparto de legados, podían interponer uno o unos frente a otros la acción de división de la familia (*actio familiae erciscundae*).

Pero podría ser voluntad del *paterfamilias* que una o varias personas determinadas le sucediesen en todos sus derechos y obligaciones, colocándose en su lugar tras la muerte. Entonces tenía que ponerlo de manifiesto expresamente, pudiendo recaer el nombramiento sobre uno o varios de los *heredes sui* o bien sobre un *extraneus*, que era todo aquel que no estaba sometido a la potestad del *paterfamilias*.

Para que la persona designada adquiriese la condición de heredero tras la muerte del *paterfamilias* debía actuar como *familiae emptor* en una segunda *mancipatio*, que se hacía también por precio simbólico (por una moneda, *nummo I*). En esta segunda *mancipatio* se hacían unas estipulaciones entre las partes celebrantes, que servían para el traspaso de las acciones hereditarias al *familiae emptor*, adquiriendo así este la titularidad de los derechos y obligaciones de la herencia, esto es, la condición de *heres*.

---

41   Gayo 2.116 y *Tit. Ulp.* 20. 9; *Tit.Ulp.* 28. 6.

42   Según Pomponio, las palabras de las XII Tablas eran: *uti legassit suae rei, ita ius esto*, D. 50.16.120, expresión que se repite literalmente en Gayo 2.224, en Tit. Ulp. 11, 14, en I. 2.22.pr y en la Novela 22.2pr.

Una vez que el heredero designado por el *paterfamilias* había aceptado la *familia*, actuando como *familiae emptor*, las acciones hereditarias solo se podían ejercitar por él y contra él. Pero, como hemos visto, los *heredes sui* eran los genuinos titulares de la acciones hereditarias, y, por este motivo, si el *paterfamilias* quería establecer una *lex successionis* distinta a la establecida en la ley, tenía que instituir heredero y, a la vez, desheredar expresamente a los *heredes sui*, para privarles de la herencia, y, en definitiva, del ejercicio de las acciones hereditarias.

Se trataba de cumplir la voluntad de un *paterfamilias* después de su muerte y esto se lograba, como hemos visto, con dos negocios jurídicos solemnes celebrados *dicis causa*, esto es, utilizando una determinada forma negocial solemne –la *mancipatio*– para producir un efecto jurídico en el patrimonio del *paterfamilias*. La primera *mancipatio* se celebraba *testamenti ordinandi gratia*, manifestando el *paterfamilias* oralmente el contenido de su última voluntad mediante la *nuncupatio*, y la segunda tenía por objeto la transmisión de las acciones hereditarias al segundo *familiae emptor*, el aceptante de la herencia.

Esta sería la primitiva forma de instituir heredero en Derecho romano. La persona designada formal y solemnemente por el *paterfamilias* tenía que cumplir el encargo de actuar como *familiae emptor* en la segunda *mancipatio familiae*, y esto significaba, en definitiva, aceptar la herencia. La manifestación de voluntad del *paterfamilias*, encaminada a ordenar su sucesión tras su muerte, contenía, por tanto, una encomienda de fidelidad a la persona que él designaba como su heredero. Y ese encargo de fidelidad –fideicomiso– consistía en aceptar la herencia a título de *familiae emptor*. La originaria institución del *heres* fue, pues, propiamente, un fideicomiso, que luego se convirtió en una institución autónoma de derecho de sucesiones romano, que analizamos más adelante.

3.   El *testamentum per aes et libram*

La *mancipatio familiae* fue, por tanto, una forma muy solemne de instituir heredero, esto es, de establecer una *lex successionis* distinta a la dispuesta en la ley de las XII Tablas, que se aplicaba cuando no había hecho el *paterfamilias* testamento, o cuando este era inválido o ineficaz. La aceptación solemne por parte del heredero instituido de la *hereditas* (tal y como la definen Gayo y Juliano[43]),

---

43   La *hereditas* no es otra cosa que la sucesión en el derecho universal del difunto, según D. 50. 16. 24, *Gai. 6 ad ed. provinc.*, *Nihil est aliud hereditas quam successio in universum ius quod defunctus habuit* y D. 50. 17. 62, *Iul. 6 dig.*, *Hereditas nihil aliud est, quam successio in universum ius quod defunctus habuerit*.

tenía como efecto la colocación de aquel en lugar del difunto, al que sucedía en la universalidad de los derechos que tenía.

Pero terminó por decaer el excesivo formalismo de la *mancipatio familiae,* que se transformó lentamente en el *testamentum per aes et libram,* en el que se conservaron los dos requisitos esenciales de aquella. Para que existiese un *testamentum* válido era imprescindible la manifestación solemne y testificada de la voluntad del *paterfamilias,* nombrando un heredero[44], y, además, para que el *testamentum* fuese eficaz, era también necesaria la aceptación de la herencia por parte de la persona designada por el testador.

En el *testamentum per aes et libram,* a semejanza de la *mancipatio familiae,* el testador, ante los testigos, manifestaba el contenido de su última voluntad (*nuncupatio*), pero se fue admitiendo que presentase en ese acto las tablas del testamento ya escritas. Tras el fallecimiento del testador, se le ofrecía la herencia al heredero instituido en el testamento, que tenía que realizar una aceptación solemne.

Además de este *testamentum,* que era conforme al *ius civile,* existían en Roma desde antiguo otras formalidades solemnes de declaración de última voluntad del *paterfamilias.* Uno era el *testamentum calatis comitiis,* que se realizaba en tiempos de paz, ante la asamblea del pueblo convocado, que se reunía dos veces al año con este motivo, ante el pontífice máximo, y que tenía carácter religioso o de consagración del *heres* que debía continuar con el culto familiar (*sacra familiaria*). Si este procedía de fuera de la familia, debía ser incorporado previamente a ella con la *adoptio* (o la *adrogatio* si ya era *sui iuris*). También existía el *testamentum in procinctu*[45], que tenía lugar cuando se tomaban las armas por causa de guerra, en la preparación de la batalla, ya que *procinctus* es el ejército preparado para guerra, para la acción militar.

Estas eran las más antiguas formas de testar, que se caracterizaban por su solemne formalismo. El problema se planteaba si el testador quería cambiar el contenido de última voluntad. Regía en Roma el principio, según el cual la voluntad del testador es variable hasta el último momento de su vida (*ambulatoria enim est voluntas defuncti, usque ad vitae supremum exitum,* D. 34.4.4 y D. 24.1.32.3). Pero estas formas de testar tan solemnes eran solamente revocables

---

44   Esta es la definición que aparece en Tit. Ulp. 20.1: *testamentum est mentis nostrae iusta contestatio, in id sollemniter factum, ut post mortem nostram valeat.* Vid. también D. 28.1.1.; I. 2.10pr.

45   Gayo 2.101, 2.102, I.2.10.1, *Tit. Ulp.* 20.2. Festo, libro 9: *in procinctu factum testamentum dicitur quod miles pugnaturus nuncupat praesentibus commilitonibus.*

por medio de otro negocio jurídico posterior, realizado con los mismos requisitos formales.

Así se entiende que el jurista Gayo 2.151 diga que la validez por derecho civil del testamento no se destruía ni aunque el testador después corte el hilo que cierra el testamento, o aunque borre o queme las tablas del testamento, porque era muy difícil de probar el cambio de la voluntad del testador. Pero para estos casos se dispuso por el emperador Antonino que, si exigía judicialmente la herencia un heredero *ab intestato*, como este era el heredero legítimo, según el *ius civile*, vencería frente al heredero testamentario (*heres ex testamento*).

Cuestión distinta era el testamento admitido luego en el derecho pretorio, y otras clases de testamento, que fueron apareciendo en Roma, y que analizamos a continuación. En estos casos el testamento se revocaba por otro válido posterior (I. 2.17.7).

4.   Clases de testamento

A la decadencia del excesivo formalismo del *ius civile* contribuyó el derecho pretorio. Se fue admitiendo por el pretor la existencia de un testamento válido cuando se presentaban, por el que las conservaba, las tablas del testamento selladas y firmadas por siete testigos. El pretor reconocía como heredero, concediéndole la *bonorum possessio sedundum tabulas*, esto es, entregándole la posesión de los bienes hereditarios conforme al testamento, al que había sido nombrado en un testamento escrito, sin la formalidad de la *mancipatio familiae*, siempre que tuviese la firma de siete testigos (*Tit. Ulp.* 28.6)[46]. Cinco de ellos serían el residuo de la antigua *mancipatio familiae*, y los otros dos serían los necesarios para dar fe de que el *paterfamilias* hacía testamento en ese acto.

En época postclásica, decaídas ya las formalidades del *testamentum per aes et libram*, se reconoció por Teodosio II (C. 6.23.21, año 439) la validez del testamento tanto escrito como oral, celebrado siempre en presencia de siete testigos. El testamento escrito podía ser redactado con anterioridad y presentado a los testigos incluso cerrado, si el testador afirmaba que se trataba de su testamento y lo firmaba (independientemente de que lo hubiese escrito él u

---

46   Este fue el testamento pretorio que acabó por consolidarse cuando el emperador Antonino Pío (Gayo 2.120 y 147-149) otorgó la *exceptio doli* a favor del que poseía los bienes de la herencia conforme a ese testamento (*secundum tabulas*). Este entonces vencía en el litigio cuando se producía la reivindicación de la herencia por parte de los que eran *heredes sui* (o herederos legítimos *ab intestato*).

otra persona)[47]. Seguidamente se firmará y sellará por los testigos, aunque no conozcan el contenido del testamento. Si el testador no pudiese o no supiese firmar, bastaría que firmase por él un octavo testigo (*octavus subscriptor*). El testamento oral consistía en la manifestación verbal de la voluntad del testador ante siete testigos (*testamentum per nuncupationem*).

Otra modalidad de testamento fue introducida por Teodosio II (Nov. Teodosiana 21.2), el denominado testamento ológrafo, consistente en un documento escrito de propia mano por el testador (*holographa manu*) y firmado por él, que sería válido sin la presencia de testigos.

En época postclásica aparecen además otras forma públicas de testamento. Una sería el *testamentum apud acta conditum*, consistente, según Fuenteseca[48], en la exposición oral por el testador de su voluntad ante una autoridad judicial o municipal que lo harían constar documentalmente. Y otra fue el *testamentum principi oblatum*, consistente en la presentación al emperador, sentado en el *auditorium*, de la declaración de voluntad testamentaria redactada por escrito, que se entregaba al *magister libellorum* para que lo conservase en su archivo.

Por otra parte, se fueron admitiendo también las siguientes formas extraordinarias de testamento, cuando en la persona del testador concurrían circunstancias especiales.

El testamento militar (*testamentum militis*) constituyó una verdadera excepción respecto a las normas tradicionales del testamento romano, ya que los militares fueron excusados de todo requisito formal en la confección del testamento; podían disponer solo de parte de sus bienes, mientras que los bienes restantes se repartirían según las normas de la sucesión intestada; podían testar a favor de los *latini* o *peregrini*, y disponer legados, sin que sufran la disminución de la ley Falcidia (que estudiamos más adelante), entre otras especialidades. Se trata de un privilegio que los emperadores concedían a sus tropas, cuando estas ya no constituían un ejército de ciudadanos, como sucedía en la época republicana. Pero, en todo caso, el testamento hecho con estas especialidades permanecía válido solamente un año después de ser licenciado de las armas el testador.

En el testamento confeccionado en tiempos de epidemia, estando, como dice Diocleciano (C. 6.23.8, año 290), aterrorizados los testigos por el temor al

---

47   Vid. FUENTESECA, P., *Derecho Privado Romano*, op. cit, p. 466- 470.

48   Vid. FUENTESECA, P., *ibid*.

contagio, se evitaba la presencia simultánea de todos los testigos, pero sin disminuir el número de estos.

El testamento de los hombres rústicos –labradores del campo– y no expertos en letras (*homines rustici et quibus non est litterarum peritia*) podía hacerse incluso sin escritura en presencia de solo cinco testigos, cuando no fuese posible hallar en total siete. Y los testigos que sepan escribir, deben firmar también por los que no sepan, pero todos deben estar presentes y a todos se debe dar a conocer el contenido del testamento. Tras el fallecimiento del testador, los testigos tendrían que confirmar mediante juramento lo que habían oído (C. 6.23.31, año 534 y Nov. de Justiniano 73. cap. 9).

Testamento especial era también el del ciego, que podía hacer *testamentum per aes et libram*, que era oral, siempre ante testigos, que levantaban testimonio (PS 4a, 4). En época postclásica el ciego lo debía hacer de forma oral ante siete testigos y el notario (*tabularius*), que lo redactará en presencia de los siete testigos en el mismo lugar y tiempo, debiendo firmar los testigos, y sellarlo estos y el notario (C. 6.22.8pr). También puede el ciego encomendar a otro que escriba el contenido de la última voluntad, convocándose luego al notario y a los testigos para proceder a su lectura, y reconociendo el testador que esa es su última voluntad, que firmarán y sellarán todos ellos (C. 6.22.8.1, de Justiniano, año 521).

El contenido del testamento

1. Institución de heredero

El testamento podía contener diferentes disposiciones, como los legados, el nombramiento de tutores, manumisiones o fideicomisos, siendo la principal la institución de heredero. Constituía el inicio (cabeza) y el fundamento de todo el testamento (Gayo 2.229: *caput et fundamentum totius testamentum*). Se formulaba solemnemente al inicio lo que era un mandato o la encomienda realizada al heredero: que sea Ticio el heredero (*Titius heres esto*, o bien *Titium heredem esse iubeo*).

La institución de heredero significa el nombramiento de un *heres* o sucesor en el lugar y en los derechos del difunto. Es el sucesor universal en cuanto se convierte en titular de las acciones hereditarias: es quien puede interponer la acciones y contra él se inician las acciones por causa de la herencia. Podían ser instituidos uno o varios herederos, en cuyo caso podía designar el testador las partes que le correspondían a cada uno (*cum partibus*), o no designarlas, entendiéndose entonces que habían sido instituidos en partes iguales.

La sucesión testamentaria se abría solo cuando se había realizado la institución de heredero en el testamento. Pero si se instituye un solo heredero, y se le atribuye por el testador solo la mitad de la herencia, se entiende que sucede en toda la herencia, porque imperaba el principio en Derecho romano conforme al cual la misma persona no puede morir en parte con testamento y en parte sin él, salvo el caso del militar (I. 2.14.5: *neque enim idem ex parte testatus et ex parte intestatus decedere potest, nisi sit miles…*).

Y en relación con el nombramiento del heredero en el testamento, hay que tener en cuenta que existían diferentes clases de herederos, según Gayo 2.152: los *heredes sui et necessarii*, los herederos necesarios (*heredes necessarii*), y los extraños (*extranei*).

Son *heredes sui et necessarii* los que, por estar bajo la *potestas* del *paterfamilias* eran ya, en cierto modo, cotitulares del patrimonio familiar, y, por tanto, a ellos les atribuye la ley la condición de herederos del *paterfamilias*, porque ellos han contribuido a la formación del patrimonio familiar que se va a repartir a la muerte de este. Por este motivo, si el testador no los nombraba herederos en el testamento, tenía que desheredarlos expresamente.

Son herederos necesarios los esclavos, cuando son instituidos herederos, a la vez que son liberados en el testamento. Se llaman necesarios porque se les nombraba herederos cuando la herencia tenía más deudas que patrimonio activo, y tenía que procederse a su venta para lograr, en la mayor medida posible, el pago a los acreedores de la herencia. La venta se haría a nombre del esclavo heredero, y de esa forma el causante de la herencia se liberaba de la acusación de ignominia, que recaía sobre el que tenía que vender su patrimonio para pagar las deudas. En época clásica, algunos juristas ya consideraron que el esclavo estaba también excluido de la ignominia, con el argumento de que la venta del patrimonio hereditario en este caso se hacía por imposición de la ley (Gayo 2.153 y 154).

Y el heredero extraño es el que el testador libremente instituye, en pleno de uso de su libertad de testar. Se definen por Gayo 2.61 como aquellos herederos que no están sometidos a la potestad del testador, con lo cual también se incluyen los hijos o descendientes que salieron de su patria potestad. Y también son extraños los hijos que la madre instituye herederos, porque las mujeres no tenían la patria potestad sobre los hijos.

2. Delación y aceptación de la herencia

Como hemos dicho, la institución de heredero era propiamente un mandato o encargo de fidelidad que se daba al heredero, para que se hiciera cargo de la familia (en sentido amplio) del testador. Por eso, el testamento, además de cumplir los requisitos formales, para ser eficaz, tenía que ser aceptado por el heredero.

Un estadio previo a la aceptación de la herencia existe cuando, fallecido el causante, hay alguna persona que está en condiciones de aceptar la herencia (*delata hereditas intelligitur quam quis possit adeundo consequi*, D. 50.16.151). Estando en esa situación, el heredero que moría antes de haber aceptado la herencia no transmitía a sus herederos la facultad de adquirirla. El heredero instituido tiene la facultad para aceptar la herencia, pero no transmite a su heredero esa facultad, igual que no se transmite la *potestas* del *paterfamilias*.

Sin embargo, se fueron admitiendo en época imperial casos excepcionales en que sí se podía transmitir la condición de heredero antes de haber aceptado la herencia. Por ejemplo, cuando se estaba a la espera de que se realizase una investigación, exigida por el senadoconsulto Silaniano (de alrededor del 10 d.C), consistente en determinar, bajo sanción de muerte, entre los esclavos presentes en la casa, las circunstancias de la muerte de su dueño que ha sido asesinado. Si el heredero testamentario fallece antes de concluirse la investigación, se admitió la transferencia a sus herederos de las acciones que él tendría, si hubiese podido aceptar la herencia (transmitía las acciones hereditarias como acciones útiles a su heredero: *ad heredem suum transmittat utiles actiones*, D. 29.5.3.30). También se admitía la transmisión del derecho cuando el heredero muere sin saber que hay una herencia a la que ha sido llamado, cuando estaba ausente por una misión oficial o pública (D. 29.2.86 y D. 29.2.30pr).

Por otra parte, para la aceptación de la herencia, si el instituido era un extraño, se le daba una *cretio*, esto es, un plazo para deliberar, pasado el cual quedaba excluido de la herencia (Gayo 2.164, *cretio* viene de *cernere*, decidir o discernir). Según Gayo 2.165, a la institución de heredero «Ticio, sé mi heredero» (*Titius heres esto*) se debía añadir «y acepta solemnemente antes de cien días a partir de aquel en que te enteres del testamento y puedas hacerlo. Si no lo hicieras así, quedas desheredado». Por tanto, el heredero instituido debe decidirse en el plazo de cien días y aceptar, también con palabras solemnes (Gayo 2.166: «puesto que Publio Mevio me instituyó heredero en su testamento, yo acepto esta herencia»).

La *cretio* se llama vulgar cuando se realizaba en la forma descrita en el párrafo anterior, esto es, cuando el plazo se contaba a partir de que el heredero se enteraba del nombramiento y podía aceptar la herencia. En cambio, cuando se contaban cien días desde el fallecimiento sin interrupción, aunque el heredero no supiese que había sido instituido, la *cretio* era de plazo fijo y por eso se llama también continua. La primera era, según Gayo, la más ventajosa (Gayo 2.171-173).

Pero si se hizo institución de heredero sin establecer un plazo (*cretio*), o se trata de los herederos legítimos o *ab intestato*, la aceptación se puede hacer también gestionando la herencia como heredero (*pro herede gerendo*), o incluso por la simple voluntad de tomar la herencia, aceptándola en cualquier momento. Además, el pretor podía fijar un plazo para que el heredero aceptase la herencia, a instancia de los acreedores hereditarios, para que estos puedan cobrar las deudas con la venta de los bienes hereditarios.

Por otra parte, tratándose de una institución de heredero sin plazo o de los herederos *ab intestato* o legítimos, como se hacen herederos por su simple voluntad, quedaban excluidos tan pronto como manifiesten su voluntad de no aceptarla (Gayo 2. 167-169). Esto era importante, porque había casos en que la herencia resultaba gravosa, cuando el importe de las deudas superaba al del haber hereditario. Entonces heredero legítimo utilizaba el *beneficium abstinendi*, que consistía en mantenerse al margen de toda gestión relativa a la herencia. En este caso, el patrimonio hereditario se vendía a nombre del padre (Gayo 2.158).

Más tarde, en el año 531, Justiniano habla del *beneficium inventarii*, que permitía a todo heredero realizar un inventario de los bienes del difunto con intervención de un notario (*tabularius*) y de los acreedores y legatarios o, en ausencia de estos, de tres testigos. De esta forma lograba el heredero que se pagasen las deudas de la herencia solamente con los bienes de esta.

3. Las sustituciones

Se podían nombrar sustitutos a los herederos instituidos en el testamento. La fórmula sería: «Lucio Ticio, sé mi heredero y acepta solemnemente antes de cien días, a partir del día en que te enteres del testamento y puedas hacerlo. Si no lo hicieras así, quedas desheredado. Entonces, Mevio, sé mi heredero y acepta solemnemente antes de cien días...» y así hasta el número de sustitutos que se quiera. Se podía sustituir uno o varios herederos en el lugar de uno, y viceversa. Entonces, cuando el heredero instituido en primer lugar acepta solemnemente la herencia, se hace heredero y el sustituto queda excluido; si no lo hace, queda excluido el primero, aunque haga gestiones como heredero, y el sustituto le sucede en su lugar, y así sucesivamente si hay sustitutos de más grados (Gayo 2.174-176).

Esta sería la sustitución vulgar, que, normalmente se establecía para asegurarse el testador la aceptación de un heredero.

En el caso de un descendiente que está bajo la potestad del testador, se le puede nombrar sustituto en la forma mencionada anteriormente, pero también para el caso de que muera antes de llegar a la pubertad lo que se llamó sustitución pupilar. Entonces si llega a ser heredero el hijo y muere antes de llegar a la pubertad, el sustituto se hace heredero del hijo. Según Gayo 2.180, sería un testamento para dos herencias. En realidad, se trata de establecer la sucesión del hijo, para el caso de que muera antes de llegar a la pubertad, esto es, antes tener sus propios hijos o herederos, o, lo que es equivalente, antes de adquirir la capacidad para hacer testamento.

Para evitar atentados contra la vida del hijo antes de llegar a la pubertad —se entiende, por parte del que fue nombrado heredero sustituto—, la sustitución se debe escribir en las últimas tablas del testamento, cerrándolas y sellándolas separadamente con su hilo y cera aparte, advirtiendo en las primeras tablas que no se abran las últimas en vida del hijo, antes de llegar este a la pubertad (Gayo 2.181). Y la sustitución pupilar se puede establecer también no solo para los descendiente instituidos herederos, sino también para los descendientes impúberes desheredados, de forma que, lo que estos habían adquirido por herencia, legado o donación de sus otros parientes, pertenecerá al sustituto.

A finales de la etapa republicana se debatió ante el tribunal de los *centumviri* un famoso litigio (la causa Curiana, año 93 a.C, *Cic. de Orat.* 2.24), en el que un testador había instituido heredero a un hijo suyo, que creía que había sido concebido, nombrándole un sustituto para el caso de que falleciese antes de llegar a la pubertad. Tras la muerte del testador no tiene ningún hijo la viuda, y el heredero legítimo (o *ab intestato*) reclama la herencia, argumentando que, no habiendo heredero testamentario, tampoco había sustitución pupilar. Se decidió el litigio a favor del sustituto nombrado por el testador, ya que ante el tribunal triunfó la tesis de que en la sustitución pupilar se consideraba implícita la vulgar, puesto que el *paterfamilias* quiso que, en el caso de que el hijo no llegase a ser heredero, lo fuese el sustituto. En definitiva, triunfó la interpretación favorable a la voluntad del testador (*voluntas testatoris*), frente al sentido literal de las palabras escritas en el testamento (*verba*), y esa solución se acogió en un rescripto de Marco Aurelio y Lucio Vero (D. 28.6.4).

En época justinianea se admitió la existencia de la llamada sustitución *ad exemplum pupillaris*, esto es, siguiendo el ejemplo de la pupilar, en el caso de que el testador tenga un hijo o todos los hijos con capacidad mental diferente (*mente capti*). Se podía nombrar un sustituto, que decaía si el *mente captus* recobraba la plena capacidad. Si este tenía descendientes, estos debían ser nombrados sustitutos (uno, alguno o todos). En cambio, si el testador tuviese otros descendientes capaces, pero no existiesen descendientes del *mente captus*, entonces se debía establecer la sustitución a favor de uno, de alguno o de todos los hermanos de este (C. 6.26.9; I. 2.16.1).

4.   La parte legítima del heredero

El problema en la sucesión testamentaria podía aparecer cuando el heredero instituido no aceptaba la herencia, porque entonces el testamento era ineficaz, esto es, quedaba sin efecto, y se abría la sucesión intestada. Para remediar este problema, se promulgó la ley Falcidia (año 40 a.C.), en la que se dispuso que obligatoriamente al heredero le correspondía una cuarta parte de la herencia (Gayo 2.227 y también Justiniano en I. 2.22). Esta cuarta parte de la herencia correspondía al heredero o herederos instituidos, ya fuesen hijos del testador o extraños, durante toda la época clásica (C. 3.28.6, año 212). De esta forma, se aseguraba que el heredero aceptase la herencia[49]. En consecuencia, las restantes tres cuartas partes de la herencia se podían repartir libremente en legados (Paulo, D. 35.2.1).

---

49   Vid. VÁZQUEZ LEMOS, A., *Fundamentos históricos y jurídicos de la libertad de testar*, ed. J.M. Bosch, 2018.

Conforme a la ley Falcidia, la cuarta parte le tiene que quedar íntegra al heredero (*Tit. Ulp.* 24.32). Por tanto, no se podía reducir por deudas de la herencia, sino que se debían reducir, si fuese necesario, para conservarla íntegra, las otras disposiciones testamentarias como los legados, los fideicomisos y las donaciones *mortis causa*.

Si el testador instituía herederos a dos o más personas, estos tendrían derecho a una porción dentro de esa cuarta parte. Pero si el testador instituyó colectivamente, esto es, como una clase o categoría de herederos a sus hijos o a sus nietos, o a sus hermanos, o a sus ascendientes, la cuarta parte se dividía entre tantos como hijos, nietos, hermanos o ascendientes tuviese. Estos tendrían, entonces, derecho a una porción de la herencia que se llamó *portio debita iure naturae*, esto es, una porción que se les debe conforme a la naturaleza (Just. Nov.1, Const 1, praef 2).

Justiniano quiso remediar el problema que se planteaba cuando eran muchos los hijos del testador: se tendrían que dividir esa cuarta parte entre todos ellos. Por eso aumentó la porción que les correspondía a los hijos, cuando habían sido instituidos colectivamente, esto es, como una clase de herederos (en la Novela 18, Const. 18, praef): si el testador tenía cuatro hijos o menos, la porción que les correspondía era un tercio de la herencia, pero si eran más de cuatro, su porción sería la mitad de la herencia.

Si los herederos nombrados en el testamento (ya fuesen *heredes sui* o un extraño) no recibían la cuarta parte de la herencia que les correspondía, tenían una acción para pedir que les fuese entregada la porción a la que tenían derecho, que era la *petitio heredatis*.

5. Impugnación del testamento

Como hemos visto, en la etapa más antigua, los hijos formaban parte de la unidad familiar organizada en torno a los agnados, y eran ya, en vida del padre, prácticamente (co)titulares del patrimonio familiar y, por tanto, tendrían derecho a recibir una parte de ese patrimonio familiar, que ellos mismos habían contribuido a formar, cuando el *paterfamilias* fallecía. Por este motivo, el *paterfamilias*, cuando hacía testamento, a la vez que instituía heredero a quien quería, tenía que desheredar nominalmente a los *heredes sui* si es que quería excluirlos de la herencia. Aunque en el caso de la hija, nietos o demás descendientes no era necesaria la desheredación nominal, sino que bastaba la fórmula *inter ceteros*[50]

---

50   Gayo 3.66; 2.132; 134-135; Tit. Ulp. 20-23.

(instituyo herederos a mis hijos Ticio y Cayo, y sean desheredados todos los demás, Gayo 2.128).

El problema entonces se planteaba cuando un *heres suus* no era instituido heredero, ni era desheredado. Lo único que podía hacer era impugnar el testamento, pero solo cuando el testador omitía su nombre, esto es, si no le mencionaba en el testamento ni para instituirlo heredero, ni para desheredarlo, lo que se llamó preterición. En este caso, las consecuencias eran graves, de forma que si se preteria a un hijo, el testamento era nulo (Gayo 2.123 e I.2.13.pr). Pero si preteria a una hija, a un nieto o demás descendientes el testamento no se anulaba, y podrían adquirir estos una porción de la herencia, junto con los herederos que el testador instituyó.

En estos casos, y también cuando los *heredes sui* se consideraban injustamente desheredados, el instrumento que se utilizó para impugnar el testamento fue la *querela inofficiosi testamenti*, que se llamaba así porque se entendía que el testador hizo un testamento legal o correcto, pero que, olvidando u omitiendo a uno o alguno de los *heredes sui* no cumplió su deber de piedad o compasión (*officium pietatis*). El procedimiento de impugnación tenía lugar en sesión solemne ante el tribunal de los *centumviri*[51] y debía probarse que, sin merecerlo, había sido el *heres suus* preterido o injustamente desheredado, de forma que (como dice Marcelo, D. 5.2.5), parezca que el testador no estuvo en su sano juicio al disponer injustamente en su testamento. Se iniciaba el litigio por la sospecha de falta de salud mental del testador (*agere color insaniae*, I. 2.18pr).

La acusación de que el testador había actuado con falta de piedad era grave, y, en consecuencia, los *heredes sui*, si no lograban probarla en juicio, quedaban excluidos y eran considerados indignos para la sucesión, y tampoco, probablemente, podrían, a su vez, nombrar herederos. Para evitar esta impugnación del testamento, cuando el testador quería hacer uso de su libertad de testar, instituyendo heredero a uno solo de sus hijos, o a varios de ellos, excluyendo a los otros, lo que hacía era nombrar colectivamente a todos sus hijos, pero dejando una cantidad mínima o simbólica a aquel que se quería dejar fuera de la herencia. P. ej., el padre, que tenía tres hijos, los instituía a todos herederos, pero indicando que a uno de ellos le dejaba una porción mínima de tierra. Así no desheredaba expresamente a ninguno y cumplía pública y oficialmente con el *officium pietatis*. Aunque a aquel al que le dejaba una porción mínima siempre le quedaba una acción para exigir la porción que por ley correspondía, igual que

---

51   Vid. procedimiento ante los *centumviri*, LECCIÓN 8, punto 1.

a cualquier otro heredero (en este ejemplo, podría exigir un tercio –eran tres hermanos– dentro de la cuarta parte que les atribuía la ley Falcidia, esto es, una doceava parte de la herencia en época clásica).

De esta forma, a la vez que se iba transformando la noción de familia agnaticia, se fue eliminando en la práctica la impugnación del testamento por inoficioso por parte de los *heredes sui*, que solo se iniciaba en los casos en que realmente se podía probar que el testador no estaba en su sano juicio al testar. Pero subsistió, en cambio, la posibilidad de impugnar el testamento por parte de cualquier heredero instituido, cuando el testador le dejó una parte menor a la que por ley le correspondía.

Y así, en época justinianea existió una acción que era específica para pedir el suplemento de la legítima (*adimplenda legitima portione*, C. 3.28.30pr del año 528). Si esta acción se interponía por quienes tenían derecho a la antigua *querela inofficiosi testamenti*, se excluyó expresamente la acusación de estos por ingratitud[52]. Por tanto, el *heres suus* que había sido instituido heredero podía pedir el suplemento de su parte legítima como cualquier otro heredero, sin ningún estigma social. Pero además, esta acción podían interponerla no solo los hijos, sino también cualesquiera otras personas que hubiesen sido instituidas herederas, dejándoles alguna parte de la herencia (o por legado o por fideicomiso), siempre que esta fuese menor que la porción legítima.

6.   Los legados

6.1.   Formas de establecer legados

La noción de legado proviene del verbo *legare*, que era el establecimiento de un ley sucesoria (*lex successionis*) por parte del *paterfamilias* en la *mancipatio*

---

52   En concordancia, dejó de tener sentido la desheredación o preterición en el testamento. Hasta que, finalmente se prohibió por Justiniano (Nov. 115, cap. 3) la preterición o desheredación en el testamento del hijo o hija, o de los demás descendientes. Lo único que admitió que podía hacerse era declarar su ingratitud, por unas causas que, con gran extensión, pero taxativamente, enumera Justiniano. Y esta declaración de ingratitud era posible incluso aunque les hubiese sido dada la parte que por ley les correspondía. Solo en el caso del nacimiento de un hijo póstumo, si no había sido instituido heredero ni desheredado, se rompía el testamento, esto es, no se trataba de preterición, sino de un caso en el que el pretor concedía la posesión de los bienes en contra de lo establecido en el testamento (*contra tabulas*).

familiae, determinando cómo se repartirán los bienes que componen su patrimonio tras su muerte.

Existían diferentes formas de establecer legados.

En el *legatum per vindicationem* el testador atribuía un bien concreto al legatario, en la forma «doy y lego a Ticio el esclavo Stico». Esto implica que el legatario se hacía dueño en el momento en que la herencia era aceptada, y, por tanto,
podía interponer la acción reivindicatoria frente al heredero o frente al tercero que
poseyese la cosa (Gayo 2.193-200). En consecuencia, solo se podían legar por
vindicación las cosas de las que el testador era propietario civil (*dominus ex iure
Quiritium*), tanto en el momento de hacer testamento como en el momento de la
muerte (a excepción de las cosas que se cuentan, pesan o miden, que basta con
que sean propiedad civil del testador solo en el momento de su muerte).

En el *legatum per damnationem* el testador establece una obligación a cargo
del heredero, de transmitir una cosa al legatario, en la forma «que mi heredero
esté obligado a transmitir mi esclavo Stico» (Gayo 2. 201-205). Con esta modalidad se puede legar incluso una cosa ajena, de forma que el heredero tendrá
que comprarla y responder por ella, o pagar su valor. Incluso se puede legar una
cosa que no existe, pero que existirá (cosa futura), como los frutos de un fundo
o el parto de una esclava. Lo que es objeto de legado, en esta modalidad, es propiedad del heredero, y por eso el legatario tiene contra él una acción *in personam*,
porque el heredero le debe dar una cosa cierta (*dare oportere*) y se la tiene que
transmitir. Pero basta la entrega de la cosa por medio de *traditio*, ya que, si se
trata de una *res mancipi*, entonces el legatario se hace propietario por usucapión.

Una categoría intermedia es el legado *sinendi modo*, en el que el testador
establece a cargo del heredero un dejar hacer o permitir que el legatario tome
una cosa de la herencia y se quede con ella («que mi heredero quede obligado a
permitir que Lucio Ticio tome el esclavo Stico y se quede con él»). Para que este
legado produzca efectos la cosa tiene que ser propiedad del testador o del heredero en el momento de la muerte de aquél. La diferencia con los otros legados
es que aquí se le exige al heredero no una cosa cierta, sino un hacer o un tolerar,
que le impuso el testador. Por este motivo, el legatario tiene una acción *in personam* contra el heredero, para que cumpla todo lo que daba dar o hacer conforme
al testamento (*quidquid heredem ex testamento dare facere oportet*, Gayo 2.213).

Finalmente, con el *legatum per praeceptionem* el testador da permiso a uno
de los herederos a coger con preferencia algún bien de la herencia del siguiente
modo: «que Lucio tenga preferencia para coger a mi esclavo Stico» (Gayo 2.216-
223). Precepción es elegir con preferencia, y por eso solo puede elegir quien ya
es heredero en una parte de la herencia, que se queda con el legado como parte

de su porción hereditaria. En esta modalidad de legado, la acción para exigir su cumplimiento es la *actio familiae erciscundae*, que es la que se da entre herederos, de forma que el juez adjudicará a quien corresponda lo que ha sido legado por precepción.

No será válido el legado dejado a título de pena (Gayo 2.235), que es aquel en el que se pretende que el heredero haga o deje de hacer algo (p. ej. si mi heredero casa a su hija con Ticio, deberá dar diez mil a Seyo, o también si mi heredero no me hace un sepulcro en dos años, deberá dar diez mil a Ticio), ni tampoco era válido el que se deja a persona incierta, cuando el testador no concretó la persona que debía recibir el legado. Así, sería legado a persona incierta el que el testador establece a favor de «la persona que primero concurra a mi funeral», o también a favor de «todo el que concurra a mi funeral» (Gayo 2.238). Pero, en cambio, contiene una designación cierta del legatario si el testador lo dispone a favor de «aquel de mis parientes que concurra el primero a mi funeral».

6.2. Objeto de los legados

Podían ser objeto de legado las cosas materiales (*res corporales*), como las inmateriales (*res incorporales*). Se podía legar un derecho de crédito (*legatum nominis*), o legar una deuda (*legatum debiti*), o hacer un *legatum liberationis*, consistente en liberar una deuda que una persona tenía con el testador.

En el legado de crédito se legaba la condición de sujeto activo (acreedor) de una deuda. El heredero debe ceder el crédito al legatario, y esto se hacía cediéndole la acción, para que pudiese ejercitar su derecho en juicio. Para la validez del legado es necesario que el crédito exista y que no se haya extinguido. Para concretar la cuantía del crédito que se legaba se podía decir por el testador la cantidad a la que ascendía el crédito legado (*centum quae mihi Titius debet*), o bien mencionarla de modo genérico (*id, quod mihi Titius debet*), o bien indicar un documento, en que figure el crédito (*chirographum, quo debitum Titii describitur*).

En el legado de deuda, el heredero sucede al testador en el papel de deudor, de forma que debe satisfacer la deuda al legatario que tiene la función de acreedor. Deben darse dos condiciones para que exista este legado: que la deuda (todavía) exista, y que el legado implique una ventaja para el acreedor. Así sucede, por ejemplo, cuando preexistía una deuda sujeta a condición, que es legada sin condición. Imperaba el principio de que el legado debía superar en ventaja al débito (*plus est in legato quam in debito*), puesto que si la obligación tiene el mismo contenido, lo que se hace es sustituir una deuda por otra nueva, nacida del testamento (*ex testamento*).

Una especie de legado de deuda era el *legatum dotis*. Aquí el marido le confiere a la mujer un legado con los bienes dotales que ella aportó al matrimonio. Esto significa que la esposa podía apoderarse de los bienes dotales con preferencia, antes de la partición de la herencia (*praecipere*). Los bienes dotales constituían un conjunto separado dentro de la masa hereditaria, cuya identificación era inconfundible.

El *legatum liberationis* sirve para que el heredero libere al legatario de una deuda que este tenía frente al propio testador o frente a un tercero. Se impone, pues, al heredero, la extinción de un crédito. El legatario puede exigir al heredero la cancelación solemne de la deuda (*acceptilatio*), y si el legado consiste en liberar al legatario de una deuda con un tercero, el heredero deberá cumplir el legado y satisfacer al acreedor del legatario y así liberar a este.

Cabía también legar una cosa genérica (*legatum generis*), de forma que no se legaba un objeto determinado, sino una cantidad de cosas fungibles que se cuentan, pesan o miden. O también el *legatum optionis*, en el que no lega una cosa concreta, sino que se otorga al legatario la facultad de optar, por medio de la cual se hace propietario de la cosa que elija, normalmente un esclavo (*optio servi*). También existió el legado de una parte de la herencia (*legatum partitionis*), esto es, de una cuota o fracción de la herencia que heredero deberá proporcionar al legatario. Aquí el objeto del legado es un conjunto patrimonial, y no cosas concretas de la herencia.

7.   El fideicomiso

7.1.   Concepto y origen

El fideicomiso era un encargo de fidelidad hecho por el *paterfamilias* al heredero, para que este restituyese toda la herencia, o una parte de esta, o una cosa singular, a otra persona.

Gayo 2.252 describe cómo se hacían en época más antigua (*olim*) los fideicomisos. El heredero que debía restituir la herencia celebraba una venta simulada (a cambio de una moneda, *nummo I*, o venta *dicis causa*), con aquel al que se restituía la herencia. Se realizaba el mismo formalismo que en la *mancipatio familiae*, siendo el comprador (*familiae emptor*) el que recibía la herencia por restitución, que así adquiría la herencia porque se convertía en titular de las acciones hereditarias[53].

---

53   Vid. en Gayo 2.252 describe el formalismo: se realizaba entre las partes un cruce de estipulaciones para el traspaso de las acciones hereditarias, formalismo que fue

El fideicomiso como institución de derecho sucesorio romano nació a partir de que la *mancipatio familiae* decayó y se convirtió en *testamentum* (*per aes et libram*), que imprescindiblemente debía contener la institución de heredero, que era, como hemos dicho, esencialmente, un encargo de fidelidad al heredero para que aceptase la herencia. Pero también podía el testador encomendar a la fidelidad del heredero el cumplimiento de otro encargo relativo a su herencia, que sería entonces el *fideicommissum hereditatis*. Una vez admitida la existencia del *testamentum*, es cuando emprendieron caminos separados la institución de heredero y el fideicomiso, que acabó por consolidarse como institución de derecho de sucesiones, conservando el originario significado pero desligada de sus orígenes[54].

En época clásica el fideicomiso consiste en el encargo o ruego que se hace al heredero de que restituya a otra persona toda, o una parte de la herencia, o una cosa singular de esta. Para que exista un fideicomiso es necesario que alguien haya sido instituido válidamente heredero y que se haya encomendado a la fidelidad de este que esa herencia la restituya a otro (*eiusque fide committatur ut eam hereditatem alii restituat,* Gayo 2.248). Además, los términos válidos más usados para el fideicomiso son: pido, ruego, quiero, encomiendo a la fe (*peto, rogo, volo, fidei committo,* Gayo 2.249). Y se podría rogar la restitución del todo o de una parte de la herencia, teniendo libertad, como dice Gayo 2.250, para dejar fideicomisos bajo condición o sin ella, o a término.

7.2. Clases de fideicomisos y defensa procesal

Se fueron admitiendo diferentes clases de fideicomisos. La mayoría de ellos se debían cumplir tras la muerte del heredero a cuya fidelidad se encomendaban (*heres rogatus*). Existió el fideicomiso en el que el testador rogaba la restitución de la herencia, o parte de ella, si el heredero moría sin hijos, expresado con las palabras *si sine liberis decesserit*; también el fideicomiso de residuo, en el que se rogaba la restitución de lo que quedase de la herencia a la muerte del *heres rogatus*. También, entre otros, existió el *fideicommissum libertatis*, cuando

---

suprimido luego por el Senadoconsulto Trebeliano, según Gayo 2.253, de forma que el que aceptaba la herencia por restitución se convertía directamente en titular de las acciones hereditarias.

54   Vid. FUENTESECA, M., *El fideicomiso o el encargo de fidelidad al heres*, Derecho de sucesiones: antiguas y nuevas controversias, ed. JMBosch, 2020, p. 193-225.

un mismo esclavo era dado en fideicomiso con la orden de que, a la vez, fuese liberado.

Pero el fideicomiso como tal encargo de fidelidad era un ruego, que el testador confiaba que se cumpliría, y, por tanto, estaba fuera del sistema de acciones civiles durante toda la época republicana romana, porque su cumplimiento solamente dependía de la buena voluntad del *heres rogatus*. Esto cambió cuando se instauró una magistratura especial a la que se encomendaron los litigios en materia de fideicomisos.

Según relata Justiniano (I. 2.23.1), fue el emperador Augusto el que ordenó la intervención de la autoridad de los cónsules en materia de fideicomisos, lo que más tarde se convirtió en una magistratura especial para conocer de esta materia, que fue el *praetor fideicommissarius*. Es así como nació el fideicomiso como institución exigible jurídicamente.

El *praetor fideicommissarius* era una magistratura especial, cuya función era administrar justicia en materia de fideicomisos (*ius dicere de fideicommissis*, Gayo 2.278). Su instauración en la *civitas* tuvo lugar en la época del emperador Claudio, en número de dos, aunque luego Tito los redujo a uno (Pomponio D. 1.2.2.32). Coincide la creación de esta pretura especial con el momento de mayor auge y esplendor del procedimiento formulario.

La función del cónsul o del *praetor fideicommissarius* consistía en analizar si el heredero fideicomisario tenía derecho al fideicomiso. Porque el encargo de fidelidad establecido por el testador o se cumple o se incumple. Los estadios intermedios, p. ej. el cumplimiento en parte o según el arbitrio del heredero fiduciario eran circunstancias que tendrían que ser valoradas por el magistrado en el momento de admitir o denegar la *petitio fideicommissi*. Por tanto, la especialidad de este procedimiento radicaba en que, si el pretor fideicomisario reconocía o denegaba la existencia del derecho del heredero fideicomisario, su decisión se formulaba en forma de decreto, y, por tanto, el procedimiento terminaba con la resolución del pretor, sin necesidad de una fase ante el juez. Esta pretura especial desapareció antes de la etapa justinianea.

LECCIÓN 27

La sucesión intestada (o *ab intestato*)

1. La familia agnaticia y el patrimonio familiar

A falta de testamento, o cuando este era inválido o ineficaz, se abría en Roma la sucesión intestada, cuyos orígenes solamente se pueden explicar partiendo de la organización social romana más antigua, que se ordenaba en torno a los familiares agnados. Agnados (*agnati*) eran los parientes que tenían como ascendiente común a otro varón, ciudadano romano, y esto les permitía tener el mismo *status* de ciudadano romano que su antecesor. El antiguo *ius civile* nació como un derecho aplicable solo a las personas que eran ciudadanos romanos, que por eso tenían que estar perfectamente identificados, y esto se hacía tomando como referencia la agnación (*agnatio*).

La mujer era ciudadana romana en cuanto estaba integrada en la familia agnaticia o bien como hija de familia, bajo la patria potestad del padre, o bien como esposa (*uxor in manu*), y en este caso era considerada cabeza de la familia, igual que el varón, pero a diferencia de este no era tomada como referencia para la creación de una estirpe familiar de ciudadanos romanos. Por eso Ulpiano dice que la mujer es *caput et finis familiae suae* (en *lib. 46 ad ed.* D. 50.16.195.5).

Los varones integrados en una familia de parientes agnados eran los titulares de los derechos civiles –incluidos los derechos sucesorios– según el *ius civile*. Pero a la vez que se iba consolidando el funcionamiento de todas las instituciones de derecho de familia del *ius civile*, se fueron introduciendo cambios por medio del derecho pretorio en la estructura de la familia agnaticia. Se entendió que debía prevalecer, en la organización jurídica de la familia romana, el criterio de la consanguinidad, que se llamó cognación (*cognatio*), según el cual la familia estaba formada por las personas que tenían vínculos de consanguinidad, y, por tanto, estaría formada por los descendientes, los ascendientes y los parientes colaterales consanguíneos de una persona. Toda la regulación de los derechos sucesorios *ab intestato* en Derecho romano se fue transformando a medida que en el criterio de la *agnatio* se fue integrando el de la *cognatio*, como vamos a ver.

La familia agnaticia tenía como patrimonio el *mancipium*, en el cual no se distinguía el aspecto personal y el patrimonial: era una unidad de bienes (*res mancipi*) y de personas (*personae in mancipio*), que figuraba unitariamente en el *census populi*. El heredero o *heres* primitivo velaba por la continuidad patrimonial de la unidad familiar, y también del culto de la familia (*sacra familiaria*) y del nombre de la estirpe (*nomen familiae*). Para el reparto del patrimonio entre los integrantes de la familia cuando moría el *paterfamilias* se tenía que cumplir una *lex successionis*, que era o bien la establecida por este en el testamento, o bien la establecida en la ley, llamada por eso también sucesión legítima o *ex lege*. Esta última es la que vamos a analizar ahora.

2. La sucesión intestada del *ius civile* y sus sucesivas reformas

En las XII Tablas se estableció el orden de las llamadas que se debían hacer cuando el *paterfamilias* moría sin testamento. En primer lugar, había que llamar al *heres suus*, y a falta de este, al agnado próximo (*agnatus proximus*) o pariente varón más cercano por línea paterna. A falta de los anteriores, se llamaría a los *gentiles* (XII Tablas V, 4-5: *si intestato moritur, cui suus heres nec escit, agnatus proximus familiam habeto. Si agnatus nec escit, gentiles familiam habeto* (I. 3.1.1.; Coll. 16.2.1; Ep. Gai. 2.8.pr). Veamos cómo se fueron transformando estas llamadas de herederos a lo largo de los siglos.

2.1. La llamada a los *heredes sui*

2.1.1. En la etapa arcaica

La herencia, en la sucesión *ab intestato*, según la ley de la XII Tablas, corresponde en primer lugar, a los *heredes sui* (herederos por derecho propio), que se llaman también herederos domésticos (*domestici heredes*), porque, en vida del padre son considerados ya en cierto modo propietarios del patrimonio familiar (Gayo 2.157). Ellos mismos han contribuido a crear ese patrimonio, ya que las personas que están sujetas a la potestad del *paterfamilias* adquieren para este, que es el único titular del patrimonio. Por eso, cuando muere el padre sin testamento, son llamados con preferencia a la sucesión. Se llamaban herederos necesarios, porque eran considerados herederos siempre, quieran o no quieran, ya hubiese testamento o no.

El *heres suus* es el varón que está sujeto a la patria potestad del padre fallecido. La mujer en la etapa arcaica del Derecho romano tenía protegidos sus derechos sucesorios de forma diferente al varón. Si estaba integrada como hija (*filiafamilias*) en la familia de su padre, y este moría intestado, quedaba ella sujeta a la tutela de sus parientes agnados. Estos eran los que, cuando ella quería pasar a formar parte de la familia de su marido, celebraban la *coemptio* con entrega de la parte del patrimonio familiar que a ella le correspondía, con el que ella contribuía a sostener las cargas de su matrimonio. Y así quedaba ella integrada en la familia de su marido como esposa (*uxor in manu*), y se consideraba que estaba allí como si fuese una hija (*loco filiae*[55]), de forma que si era el marido el que fallecía intestado, ella tenía, junto a los hijos de este, derechos sucesorios, que se concretaban sobre los bienes que ella misma había aportado. Pero normalmente ella no los reclamaba si había tenido hijos con el fallecido, ya que su patrimonio continuaba formando entonces una unidad separada, que se convertía en propiedad de sus hijos cuando ella moría (*bona materna*).

2.1.2. En la etapa clásica (llamada *unde liberi*)

La antigua llamada al *heres suus* del *ius civile* resultaba demasiado restringida, y se fue transformando gracias a la intervención del pretor que podía corregir o transformar la rigidez del *ius civile* llamando a la herencia a las personas a las que consideraba con derecho a heredar. A estas les concedía la posesión de los bienes hereditarios (*bonorum possessio*), y esto significaba que los reconocía como herederos, igual que si lo fuesen conforme al *ius civile*. De esta forma, la llamada a los herederos por vía descendente en época clásica se amplió a todos los hijos e hijas del fallecido, y se llamó *unde liberi* (porque el pretor concedía la *bonorum possessio unde liberi*)

Este cambio tuvo lugar principalmente porque desde la aparición del procedimiento formulario la mujer tenía una acción para exigir que se le restituyera la dote, esto es, el patrimonio que ella aportó al matrimonio, la llamada *actio rei uxoriae*. A partir de entonces empezó a perder relevancia el formalismo de la ceremonia civil del matrimonio *cum manu* y comenzó a admitirse como válido el matrimonio basado en el continuado consentimiento de los cónyuges (la *affectio maritalis*). En consecuencia, la hija, aunque estuviese casada, era admitida siempre como heredera en el patrimonio de su padre junto a sus hermanos varones, pero para igualar a todos los herederos, mujeres y hombres, el pretor obligaba a colacionar a las primeras, esto es, a aportar o contabilizar en el momento del reparto de los bienes hereditarios aquellos bienes que ya había recibido como dote (*collatio dotis*).

El pretor introdujo además otro cambio. Según el *ius civile* solo se podía llamar a la herencia a los descendientes que estaban bajo la potestad del fallecido

---

55   Es Gayo el que reiteradamente dice que a consecuencia de la *conventio in manu* la mujer entra bajo la *manus* del marido, colocándose *loco filiae* a efectos hereditarios (Gayo 1.114; 1.155b; 1.118; 2.139; 2.159; 3.3).

en el momento de su muerte, pero el pretor consideró que debían ser llamados también los hijos emancipados (los que ya no estaban bajo la patria potestad del padre fallecido). Estos, durante el tiempo en que estuvieron emancipados, habían aumentado su propio patrimonio, y no el patrimonio familiar, a diferencia de los hijos que continuaban bajo la potestad del *paterfamilias*. Por este motivo, el pretor los llamaba a todos la herencia, pero imponía a los emancipados la obligación de colacionar todo lo que habían adquirido durante el tiempo en que estuvieron emancipados (*collatio emancipati*). Por tanto, a los hijos emancipados el pretor les daba la posesión de los bienes (la *bonorum possessio unde liberi*) como si todos ellos estuviesen bajo dicha potestad.

De esta forma el pretor con sus llamadas fue reformando y corrigiendo el *ius civile*. Y así, en época clásica, la primera llamada en la sucesión intestada se hacía a todos los descendientes que hubiesen estado bajo la potestad del difunto, el hijos e hijas, pero también el nieto y la nieta, habidos de un hijo, el bisnieto o la bisnieta habido o habida de un nieto, sin que haya diferencia entre los naturales o adoptivos (Gayo 3.2=I. 3.1.2).

Y esta llamada *unde liberi* se hacía en conjunto, sin que el grado más próximo excluya al más remoto. El conjunto de los *liberi* forma, por tanto, un bloque, al que son llamados todos a la vez, dividiéndose la herencia no por cabezas, sino por estirpes (Gayo 3.8; I. 3.1.6; *Epit. Ulp.* 26. 1). Esto significa que si uno de los hijos ha premuerto, tienen sus hijos derecho a su porción por derecho de representación. También se llama a los hijos póstumos, que, de haber nacido en vida del ascendiente, estarían bajo su potestad (Gayo 3.4).

2.2. Llamada al *agnatus proximus*

Cuando no hay ningún *heres suus*, según las XII Tablas, el que debe tener la familia (o el patrimonio familiar) es el agnado próximo (*agnatus proximus*). La *agnatio* era la forma de determinar la pertenencia a una estirpe familiar sobre la que se basó la antigua organización familiar regulada por el *ius civile*. Era el parentesco que se establecía por línea de varón, esto es, los pertenecientes a una familia agnaticia se identificaban por estar integrados en la familia de un mismo ascendiente varón (y se les reconocía por parentesco agnaticio el mismo *status* de ciudadano romano que tenía ese ascendiente varón). Y como este es el parentesco reconocido por el *ius civile*, la *agnatio* se llama también parentesco legítimo (*cognatio legitima*), frente al parentesco natural, que es la *cognatio*.

En la *sucesión ab intestato* se trata de buscar quien es titular de todos los derechos sobre el patrimonio familiar cuando muere un *paterfamilias*. Lo que se hace es buscar al ascendiente común varón. La norma general es que son parientes agnados los hijos de un mismo padre, sin que sea relevante si lo son de la misma madre. Por tanto, son agnados el tío paterno respecto del sobrino, hijo del hermano; y los primos, hijos de hermanos varones, y así en grados sucesivos (Gayo 3.10).

Dentro de esta familia agnaticia el *agnatus proximus* era el hermano (y la hermana), que estaba en segundo grado de consanguinidad respecto del fallecido (y no el tío, que estaba en tercer grado respecto del fallecido). Por este motivo, sabemos que a finales de la etapa clásica la llamada al *agnatus proximus* se hacía, en primer lugar a los hermanos y hermanas de un mismo padre, y a falta de estos a los hermanos varones por la línea materna de la misma familia (Epit. Ulp. 26. 1)[56].

Así se explica también que en la sucesión de los agnados el que está más próximo en el grado al que falleció sin testamento excluye al más remoto: si un hermano no acepta la herencia, la rechaza también para sus propios herederos. Aquí no hay derecho de representación, y si el agnado más próximo rechaza la herencia o muere antes de haberla aceptado, el pariente que se encuentre en el siguiente grado no tiene ningún derecho a la herencia (Gayo 3.9-11).

Finalmente, se abrió camino una tercera llamada, que nos describe Gayo (3.29-30). Dice que las mujeres agnadas, que excedían del grado de consanguinidad (esto es, las que, respecto del fallecido, no eran hermanas de un mismo padre), y las demás personas unidas por parentesco de línea femenina, eran llamadas a la herencia *ab intestato*, en lo que sería un tercer grado.

De esta forma se cumplía, en época clásica, el orden sucesorio *ab intestato* establecido en las XII Tablas, que, para conferir derechos sucesorios, buscaba siempre a los parientes consanguíneos que proceden de un mismo varón ascendiente común, pero siempre los más próximos en grado.

Finalmente, a falta del agnado próximo, según las XII Tablas, son llamados a la herencia los *gentiles*, que son los miembros de la *gens*, la estirpe o el clan en sentido amplio, que en derecho romano antiguo tuvo relevancia como organización social, dando lugar al derecho gentilicio, pero que, en época de Gayo, había caído en desuso (Gayo 3.17).

---

56   Y si no sobrevivía ningún tío varón, sería agnado el sobrino varón, descendiente de un hermano varón. Pero aquí todos los sobrinos y sobrinas (descendientes de hermanos varones) estaban en el mismo grado respecto al fallecido, y por eso heredarían todos en conjunto todo el patrimonio del fallecido.

3.   La sucesión *ab intestato* de la madre

El sistema sucesorio *ab intestato* del antiguo *ius civile* solo se aplicaba cuando el fallecido era un *paterfamilias*. Solo este podía tener *heredes sui*, y solo a partir de este se organizaba la familia agnaticia. En la sucesión de los agnados en realidad lo que se hacía era repartir el patrimonio que provenía por vía paterna entre los que hubieran heredado a ese ascendiente varón común. Por eso se llamaba a los hermanos de un hijo fallecido (que eran los que habrían obtenido la herencia de su padre, si este viviera). Pero la mujer, que sí tenía derechos sucesorios *ab intestato* como hija (bien sea en la familia de su padre o en la de su marido -*loco filiae*-), y como hermana (agnada consanguínea más próxima en grado), no tenía derechos sucesorios como madre, según el antiguo *ius civile*, si su hijo fallecía sin *heredes sui*.

A esta situación se le buscó remedio. Ya en tiempos de Claudio se ofrecía a la madre, para consuelo de la pérdida de sus hijos, la herencia legítima de estos (I. 3.3.1). Posteriormente, en tiempos de Adriano, con el senadoconsulto Tertuliano se introdujo una precisión, y es que debía ofrecerse la herencia a la madre (pero no a la abuela), si era nacida libre y tenía el *ius liberorum*[57], también aunque estuviese bajo la potestad de un ascendiente. Pero esto no tenía lugar en el caso de que el hijo tenga, a su vez, *heredes sui*, que serán antepuestos a la sucesión de la madre, cualquiera que fuese el grado que tuviesen. En cambio, cuando sea la hija fallecida la que tenga hijos, sus hijos son preferidos solo si la que sobrevive es la abuela materna (I. 3.2.3).

Por otra parte, podría surgir un problema a la inversa, y es que podía negarse a los hijos el acceso a la sucesión intestada de la madre cuando estos estaban bajo la potestad de un hombre que no era su padre biológico. Por eso se introdujo otra reforma por medio del senadoconsulto Orficiano, en tiempos de Marco Aurelio. Se estableció que, si una madre moría intestada, se llamaría a la herencia al hijo o a la hija, aunque estuviesen sometidos a la potestad de

---

57   En época imperial se liberaban de la tutela por el *ius liberorum* las madres que habían tenido tres hijos y las libertas que habían tenido cuatro, por petición o imprecación ante el príncipe (Fr. Vat. 170; PS 4.9.1, 4.9.2, 4.9.7 y 4.9.9; Tit. Ulp. 16.1a y 26.8). Y Justiniano corrigió el senadoconsulto Tertuliano, suprimiendo el requisito de que la madre tuviese el *ius liberorum* para que pudiese ser heredera legítima, esto es, heredera *ab intestato*, de sus hijos. En I. 3.3.4 dice Justiniano que sería impío que se admitiese en perjuicio de la madre un caso fortuito, consistente en que una madre ingenua no hubiese dado a luz tres veces o una liberta cuatro veces, por el cual eran estas injustamente privadas de la sucesión de sus hijos.

otro varón, y que estos serán preferidos a los consanguíneos y a los agnados de la madre (I. 3.4.pr)[58].

4. Las reformas de Justiniano en la sucesión *ab intestato*

La igualdad entre hombres y mujeres en la sucesión intestada de un varón solo se llegó a imponer por medio de una serie de reformas legislativas realizadas por Justiniano. Se fueron introduciendo, en el orden sucesorio *ab intestato*, los parientes consanguíneos (*cognati*), que son los que proceden de un padre y de una madre común.

Veamos, pues, las llamadas a la sucesión *ab intestato* que se hacían en la época justinianea, tras varios siglos de evolución.

4.1. La llamada *unde legitimi*

Se llamaba, en primer lugar, a los descendientes legítimos (a los que se ofrecía por el pretor la *bonorum possessio unde legitimi*). Estableció Justiniano que cuando los llamados a la herencia son los hijos o descendientes, la llamada comprende a todos, hombres y mujeres, descendientes de un varón, ya fuesen del género masculino o femenino, que serán llamados del mismo modo según la preferencia de su grado (I. 3.2.3 *in fine*). Y la misma igualdad de sexo se estableció para los ulteriores descendientes, ya que eran llamados a la herencia también los hijos e hijas de una hija o nieta (I. 3.1.16).

4.2. La llamada *unde cognati*

Como consecuencia de la inclusión de todos los parientes de padre y madre (*cognati*) en la sucesión *ab intestato* del varón, a falta de personas legítimas, la siguiente llamada se hacía a los *cognati* (a los que se ofrecía por el pretor la *bonorum possessio unde cognati*), incluyendo a todos los parientes consanguíneos que existían a partir de un padre y una madre que habían procreado, por vía ascendente y colateral (o transversal), y todos ellos conforme al criterio de la preferencia en grado.

---

58   Y, posteriormente, por medio de las constituciones imperiales se añadió que, a semejanza de los hijos, sean también llamados en estos casos los nietos y las nietas (I. 3.4.1).

Se iniciaba con una llamada conjunta a los padres, que significaba que ambos heredarían por mitad. Y si solo sobrevivía uno de ellos, recibiría este la totalidad de la herencia, por la preferencia en el grado. A falta de padres, la siguiente llamada se hacía a los *cognati* en segundo grado. Estos eran por la vía ascendente el abuelo y la abuela y por vía colateral el hermano y la hermana (I. 3.6.2).

Se hacía, pues, una llamada conjunta a los abuelos y las abuelas, y a los hermanos y hermanas (de padre y madre, Nov. 118, c.2). Si de los ascendientes queda uno solo, este hereda todo conforme a la preferencia en el grado. Pero si hay varios en el mismo grado, suceden conjuntamente, y se ofrece la mitad de la herencia a los paternos, y la otra mitad a los maternos, aunque sea desigual el número de ellos. Y si con los ascendientes sobrevivieran hermanos y hermanas unidos por ambas líneas al difunto, son llamados junto con los ascendientes más próximos en grado, de forma que se hagan porciones viriles, quedando excluida toda diferencia de sexo. Después son llamados los hermanos de una sola línea, junto con sus hijos, para el caso de premoriencia de alguno de aquellos (Nov. 118, c.3).

Y si no existía ninguno de estos *cognati*, en esta última llamada dice Justiniano en I. 3.5.5, que el pretor debía seguir el criterio de proximidad en grado, esto es, dar la *bonorum possessio* solo a los que estuviesen hasta dentro del sexto grado de cognación; y en el séptimo grado se ofrecerá la herencia al hijo o la hija de un primo hermano o de una prima hermana. Se trata aquí de poner fin a una posible dispersión del patrimonio del fallecido, porque, tratándose del séptimo grado, bastaba con que se ofreciese la herencia a uno solo de aquellos.

Estas reformas de Justiniano lograron integrar, en plena igualdad de derechos, a los parientes consanguíneos provenientes de un padre y de una madre (*cognati*), como herederos *ab intestato* en la herencia del padre. Faltaba el último paso, que se dio muy pronto en la historia del derecho español por el *Liber Iudiciorum*, una ley de época visigótica del año 654. Se instauró un criterio para ordenar la sucesión *ab intestato*, en el que ya no se diferenciaba entre la sucesión de un varón y de una mujer. Se estableció un orden de llamadas para la sucesión de todas las personas, hombres y mujeres, por líneas de parentesco, según el cual serían llamados a la herencia primero los descendientes, luego los ascendientes y junto a los parientes colaterales, criterio que, tras diferentes y complicadas vicisitudes histórico-jurídicas, ha subsistido siglos después en nuestro Código civil español.

5. La sucesión del viudo y de la viuda

Como hemos visto, hasta en época justinianea se regulaba la sucesión *ab intestado* del varón, porque desde las XII Tablas se estableció que la herencia se repartiría, a falta de *heredes sui*, entre los agnados, parientes por línea de varón. Pero entre estos se fueron integrando, a lo largo de los siglos, todos los parientes consanguíneos o que tenían un vínculo de cognación, que es el que se establece entre un padre y una madre y su prole, y es un criterio que rige por igual para hombres y mujeres.

La mujer, como hemos visto, era la cabeza y el fin de su familia, como dice Ulpiano (D. 50.16.195.5), porque dentro de la familia agnaticia adquiría derechos sucesorios como hija de familia (*filiafamilias*) o bien como esposa (*uxor*). También fue adquiriendo derechos sucesorios como hermana, y, además, en virtud de los senadoconsultos antes mencionados, como madre biológica de sus hijos, hasta que ya, en época justinianea, estaba plenamente integrada entre los *cognati* como heredera *ab intestato*, y, a la vez, a ella le sucedían *ab intestato* sus *cognati*, esto es, sus hijos y descendientes, y sus ascendientes y colaterales, sin distinción de sexo.

La lenta imposición del parentesco por consanguinidad en la sucesión *ab intestato* fue uno de los factores que produjo la desaparición del vínculo matrimonial *cum manu* que servía para identificar a los que pertenecían a una familia agnaticia. Del nuevo vínculo matrimonial que se establecía por la mera voluntad entre cónyuges (y que se mantenía por la mera *affectio maritalis*) no surgían derechos sucesorios ab intestato entre un marido y una esposa. Por este motivo fue necesaria la promulgación de una constitución del año 428, que, remitiéndose a una antigua norma, estableció que se suceden recíprocamente *ab intestato* el marido y la mujer en la totalidad de la herencia, siempre que no hubiese ninguna sucesión, legítima ni natural de descendientes, ni de ascendientes, o de parientes, excluido el fisco (C. 6.18.1). Esta norma beneficia al viudo también, como expresamente dice la constitución.

Además, Justiniano también confirió otros derechos sucesorios al viudo o la viuda (C. 6.18.1, Nov. 53, cap. 6). Quiso eliminar el grave de desequilibrio patrimonial que podía surgir cuando en un matrimonio no se habían otorgado instrumentos dotales, siendo el fallecido rico, y quedando la viuda o el viudo sin bienes suficientes para sobrevivir.

Justiniano dispuso que, en el caso de que no existiesen instrumentos dotales y existían hijos o descendientes del fallecido, se le concedía al cónyuge pobre por ley un derecho de usufructo sobre la cuarta parte de los bienes del cónyuge fallecido, si existían tres o menos hijos, comunes o de otro matrimonio. Si tuviese más hijos el fallecido, tendría el supérstite derecho de usufructo sobre una porción viril. Y, en segundo lugar, en el caso de que no existiesen hijos, o no los hubiesen tenido, el derecho a la cuarta parte la tendría el cónyuge sobreviviente en propiedad.

Esta disposición de Justiniano requiere una explicación. La inexistencia de instrumentos dotales, siendo uno de los cónyuges rico, indicaba que existía ya desde el inicio del matrimonio una desigualdad entre ellos. Y tras la muerte del cónyuge rico, el que no había aportado nada en concepto de dote, no tenía derecho a recibir nada. Con esta disposición trata Justiniano de equilibrar la situación patrimonial entre los cónyuges cuando el fallecido es rico y el otro no, pero siempre sin menoscabo de los derechos sucesorios de los hijos del primero, que serían siempre nudos propietarios de los bienes sobre los que recaía el derecho de usufructo del viudo o viuda. El cónyuge supérstite, viudo o viuda, en este caso se puede decir que era heredero por ley o heredero forzoso, porque lo era incluso aunque el fallecido hubiese hecho testamento.

Abreviaturas

FUENTES:

Cuerpo de Derecho Civil, *Corpus Iuris Civilis*
I. = Instituciones
D. = Digesto
C. = Código
Nov. = Novelas

G. = *Gai Institutionum*, Instituciones de Gayo
PS = *Pauli Sententiae*
Tit. Ulp. = *Tituli ex Corpore Ulpiani*

Varrón
l. l. = *De lingua latina*

Cicerón
Ad. Att. = *Epistolae ad Atticum*
De Off. = *De Officiis*
De Orat. = *De Oratore*
Pro Caec. = *Pro Caecina*
Top. = *Topica*

Festo
Verb. Signif. = *De verborum significatione*, ed. Lindsay.

EDICIONES DE FUENTES
FIRA = *Fontes Iuris Romani Antejustiniani*

MANUALES:

DPR = *Derecho Privado Romano*, P. FUENTESECA, Madrid, 1978.